周期力量训练

（第3版）

图德·O.邦帕（Tudor O. Bompa）

[美] 莫罗·迪·柏斯古（Mauro Di Pasquale） 著 李硕 杨斌 译

洛伦佐·J.科内齐（Lorenzo J. Cornacchia）

人民邮电出版社

北 京

图书在版编目（CIP）数据

周期力量训练：第3版 / （美）图德·O. 邦帕
(Tudor O. Bompa)，（美）莫罗·迪·柏斯古
(Mauro Di Pasquale)，（美）洛伦佐·J. 科内齐
(Lorenzo J. Cornacchia) 著；李硕，杨斌译. -- 北京：
人民邮电出版社，2018.8（2023.1重印）
ISBN 978-7-115-48685-1

Ⅰ. ①周… Ⅱ. ①图… ②莫… ③洛… ④李… ⑤杨
… Ⅲ. ①力量训练—研究 Ⅳ. ①G808.14

中国版本图书馆CIP数据核字(2018)第133629号

版权声明

免责声明

本书内容旨在为大众提供有用的信息。所有材料（包括文本、图形和图像）仅供参考，不能用于对特定疾病或症状的医疗诊断、建议或治疗。所有读者在针对任何一般性或特定的健康问题开始某项锻炼之前，均应向专业的医疗保健机构或医生进行咨询。作者和出版商都已尽可能确保本书技术上的准确性以及合理性，且并不特别推崇任何治疗方法、方案、建议或本书中的其他信息，并特别声明，不会承担由于使用本出版物中的材料而遭受的任何损伤所直接或间接产生的与个人或团体相关的一切责任、损失或风险。

内 容 提 要

本书是力量训练高阶训练者的专业指导书。全书介绍了力量训练和健美的革命性训练方法，通过周期训练，以及对身体、训练原则、运动营养和计划的理解，使练习者的身体自然而然地达到完美状态。为了使练习者变得更强壮、结实且肌肉线条明显，书中提供了科学的力量训练和健美的基本概念、训练原则、周期训练计划、运动营养计划，以及肌肉恢复技巧。更重要的是，针对身体不同部位和主要肌群书中介绍了65个力量训练动作练习的目标肌肉、开始姿势和练习技巧。同时，本书最末部分还给出了训练的六个阶段，帮助练习者全方位理解并运用力量训练和健美方法，打造完美体形和强悍体魄。

◆ 著　　　[美]图德·O. 邦帕（Tudor O. Bompa）
　　　　　[美]莫罗·迪·柏斯古（Mauro Di Pasquale）
　　　　　[美]洛伦佐·J. 科内齐（Lorenzo J. Cornacchia）
　　译　　　李　硕　杨　斌
　　责任编辑　寇佳音
　　责任印制　周昇亮

◆ 人民邮电出版社出版发行　　北京市丰台区成寿寺路11号
　　邮编　100164　　电子邮件　315@ptpress.com.cn
　　网址　http://www.ptpress.com.cn
　　北京虎彩文化传播有限公司印刷

◆ 开本：700×1000　1/16
　　印张：22.5　　　　　　　　　2018年8月第1版
　　字数：450千字　　　　　　　2023年1月北京第13次印刷
　　　　著作权合同登记号　图字：01-2016-10070 号

定价：128.00 元
读者服务热线：(010)81055296　印装质量热线：(010)81055316
反盗版热线：(010)81055315
广告经营许可证：京东市监广登字 20170147 号

请翻开本书

练就强大肌肉和力量的秘密就在这里

目录

前言

如果您翻开了这本书，那么显然您对健美和力量训练很感兴趣，但不要被书名或照片误导，以为本书只适用于专业健美运动员和力量训练者；事实并非如此。本书对初学者和业余运动员同样有帮助。书中有一些肌肉健美的照片，尽管它们令人惊叹，又突出了章节中的特定重点肌肉群，但是您可能并不希望看起来像专业的健美运动员，或者变得像力量运动员那么大块头。这是您的自由选择，选择何种健美和力量训练水平完全取决于您自己。

力量训练是唯一专门针对人体美学的运动。力量训练和健美源自古罗马和古希腊。这些文明以体育活动作为努力实现身体和心灵之间完美平衡的手段。来自这些古代社会的雕塑反映了他们对完美体型的看法——强壮、线条分明的肌肉，保持完美的比例或平衡。

然而，如今有些健美运动员和普通运动员已经放弃了完美体型的想法，而去追求异常的身体部位的新奇感。他们似乎更喜欢体积大，而不是对称美；更喜欢大块头，而不是清晰的线条；更喜欢隆起，而不是轮廓分明；更重视数量，而不是质量。虽然体积很重要，但我们必须认识到，其价值不及对称的线条、匀称的四肢和深层横纹肌的价值。为了达到最佳身体状态，绝对不能忽视塑造完美体型过程中的平衡。要实现这一发展水平，需要专注和耐心，还有最重要的，是对身体、训练原则、运动处方、营养和计划的深刻理解。本书介绍了力量训练和健美的革命性方法，通过周期化训练，身体自然而然地达到完美的状态。继续阅读，看看本书如何帮助您打造最佳体格！

变得更强壮！

图德·O.邦帕博士于1963年在罗马尼亚提出了周期训练体系。许多国家多年来一直使用这一体系。全世界的许多期刊和杂志上也发表过该体系。邦帕有多本著作，包括 *Theory and Methodology of Training: The Key to Athletic Performance*（1963、1985、1990 和 1994） 和 *Periodization of Strength: The New Wave in Strength Training*（1993）。1988 年，他将自己的周期化理念应用到健美运动中，自 1991 年以来，其健身周期化体系在 *Iron Man Magazine* 中发表，专栏名为 Iron Man Training System（铁人训练体系）。1996 年，邦帕博士与洛伦佐·科内齐（Lorenzo Cornacchia）合作撰写了一个名为 "EMG 分析（EMG Analysis）"（Iron Man Publications）的月刊专栏。此后，邦帕博士出版了 *Periodization Training for Sports, Second Edition*（2005）和 *The Theory and Methodology of Training, Fifth Edition*（2009）。

严格力量训练和健美的周期训练方案是一种组织训练的方法，有助于在体积、力量和线条方面实现最大的进步，而不会落入过度训练、停滞不前和受伤的陷阱。解剖学适应、肌肥大、最大力量、肌肉线条和转化等不同的训练阶段都是根据个人的训练目标进行操作的。这种方法可以确保运动员在适当的时间达到巅峰状态，并且可以培养极好的体质或在全年保持这种体质。无论您是刚刚开始训练还是经验丰富的专业人士，本书都有满足您需要的训练计划，并附有详细的每日训练安排。

变得结实并且线条明显！

本书包括与每个训练阶段相对应的营养和补剂计划。身体的需要会随着训练的变化而变化，所以我们必须考虑营养和补剂，而不要顺其自然。代谢饮食加上补剂的周期化使用，为运动员提供达到力量、体积和线条的最佳水平所需的工具。莫罗·迪·柏斯古博士投入了大量时间来研究补剂配方与代谢饮食的搭配。

莫罗·迪·柏斯古博士的世界级运动员生涯超过 15 年，他在 1976 年赢得了力量举重的世界冠军，并在 1981 年世运会上夺冠。现在，他是加拿大安大略省的一名持有执照的医师，其忙碌的职业生涯中还包括作为顾问和研究员的紧张日程安排。莫罗·迪·柏斯古博士持有执照的专业工作和研究工作可以帮助他积累训练、饮食和周期化补剂方面的经验和丰富知识。

变聪明！

由运动学家兼前 NWA（National Wrestling Alliance，美国摔跤联盟）轻量级摔跤手洛伦佐·科内齐指导的前沿研究为您提供了力量、体积和形状的最佳练习的最新信息。使用最先进的 EMG（肌电图）设备进行科学研究，确定产生最大量的肌肉电活动的练习。"第三部分，最大刺激训练"按照有效性的顺序排列各个练习动作，并为每个动作提供图片，以确保动作正确执行。

开始吧！

对于过去这些年中一直在使用周期训练体系的人来说，他们取得了更好的效果（肌肉更大、更结实，并且肌肉线条更清晰），不曾出现其他训练计划的典型症状，比如疼痛、紧张和疲惫等。对于即将开始使用这些技术的人，不要再回望过去了，新的训练即将开始！

致 谢

我们想把这本书献给保罗·里卡尔迪（Paul Ricciardi），他于2010年10月年仅36岁时在与霍奇金淋巴瘤（Hodgkin's lymphoma）的搏斗中败下阵来。然而他的力量和搏斗精神是值得钦佩的。

我们要感谢琳娜·塔乔（Leanna Taggio）在帮助编辑和组织本书出版过程中的努力工作和专业调研。

我们还要感谢克里斯蒂娜·桑加利（Christina Sangalli）在手稿准备初期阶段中的工作。

我们非常感谢以下人士为完成本书所做的专业贡献。

兰尼·韦康蒂（Lenny Visconti），BPHE，BSc（PT），CAFC
杰奎·拉弗雷博伊西（Jacquie Laframboise），博士
卡桑德拉·沃尔佩（Cassandra Volpe），博士
路易·梅洛（Louis Melow），博士
希雷斯·卡潘迪亚（Shiraz Kapadia），BSc（PT）
马尼·佩珀（Marni Pepper），BSc（PT）
泰迪·谭默佐格罗（Teddy Temertzoglou），BPHE

我们同样感谢约克大学（York University）提供其EMG研究设施和设备。
我们感谢直接或间接为完成本书做出贡献的亲朋好友：

伯纳迪特·塔焦（Bernadette Taggio）
凯利·加拉彻（Kelly Gallacher）
邦妮·希克斯（Bonnie Hicks）
约翰·波普斯（John Poptsis）
劳拉·比内蒂（Laura Binetti）
迈克尔·伯格（Michael Berger）

迈克·科迪克（Mike Cotic）
卡梅拉·卡吉尼埃略（Carmela Caggianiello）
帕特里夏·加拉赫（Patricia Gallacher）
特雷弗·巴特勒（Trevor Butler）

弗兰克·科维利（Frank Covelli）

特别感谢我们的合作伙伴迈克·科迪克和特雷弗·巴特勒在进行 Fitness Fanatix Gym Facility 时的协调和安排。

我们感谢特里·派克（Terry Park）在拍摄和编辑所需要的照片时长时间工作中所表现出来的高度敬业精神。特别感谢萨米·黄（Sammy Wong）和彼得·鲁滨逊（Peter Robinson）提供的照片和辛勤工作。

特别感谢所有摆出各种姿势来拍摄照片的健美运动员和健身模特们。

特别感谢史蒂芬·霍尔曼（Stephen Holman），*Iron Man Magazine* 主编；汤姆·德特（Tom Deters），DC，*Flex* 杂志（Weider Publications）的副主编；以及马克·卡塞尔曼（Mark Casselman），*Muscle & Fitness* 的科学编辑。

最后，我们要感谢 Human Kinetics 出版社各位专业人士的贡献。

我们感谢贾斯汀·克鲁格和希瑟·希利，他们的帮助使这个项目获得了巨大的成功。

资料来源

图 1.5、图 3.1、图 3.2、图 3.3、图 3.4、图 3.5、图 3.6、图 3.7、图 3.8、图 3.9、图 3.10、图 12.1，表 3.1、表 3.3、表 4.2、表 12.1，附录 C 和附录 D 表格：转载自 T.O.Bompa，1996，*Periodization of strength*, 4th ed.（Toronto:Veritas）。

图 3.11 转载自 T. O. Bompa，1983，*Theory and methodology of training:The key to athletic performance*, 3rd ed.（Dubuque:Kendall Hunt）。改编自 N. Yakovlev，1967，*Sports biochemistry*（Leipzig:Deutsche Hochschule für Körperkultur）。

图 3.12 和图 3.13 经许可转载自 T. O. Bompa，1983，*Theory and methodology of training:The key to athletic performance*, 3rd ed.（Dubuque:Kendall Hunt）。

图 5.3、图 5.4、图 5.5、图 5.6，第 96 页上的文字：改编自 M. Di Pasquale，2002，*The anabolic solution for recreational and competitive bodybuilders*, 3rd ed.

表 6.1、表 6.2、表 6.3、表 6.4、表 7.1，表 6.1：转载自 M. Di Pasquale，2002，*The anabolic solution for recreational and competitive bodybuilders*, 3rd ed.

第一部分

力量训练的科学

适应训练刺激 **1**

理解力量训练和健美的某些理论基础和基本概念，以及总体知识，可以使任何级别的运动员都能制订适当的训练计划，从而帮助他们实现自己的目标并满足特定的训练需求。为了有效地利用本书中的知识，你必须了解肌肉收缩和肌肉产生作用的原理。

肌肉和肌肉收缩

有 3 个独立的结缔组织层包围着骨骼肌（图 1.1）。最外层是肌外膜。中间结缔组织（肌束膜）包围肌肉纤维的各个束，被称为肌束（fasciculi，单数形式为 fasciculus）。肌束内的每条肌纤维都被称为"肌内膜"的结缔组织包围。围绕肌纤维细胞的膜被称为"肌膜"。位于肌膜之上的附属细胞在肌肉生长和修复中起着关键作用（Wozniak et al.，2005）。

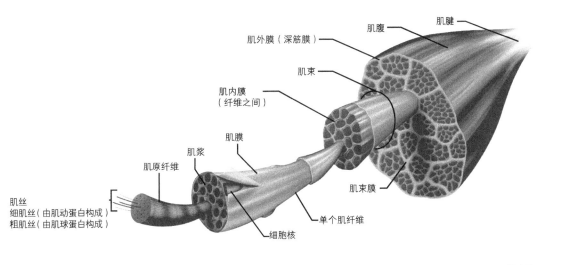

图 1.1 骨骼肌中的 3 层结缔组织：肌外膜（外层）、肌束膜（包围肌束的中间层）和肌内膜（包围单条肌纤维）

每条肌纤维都有被称为"肌原纤维"的线状蛋白质链，其中含有收缩蛋白质肌球蛋白（粗肌丝）和肌动蛋白（细肌丝），对肌肉收缩有着非常重要的作用（图1.2）。肌肉收缩和产生作用力的能力取决于肌肉的结构、横截面积、纤维长度和肌肉内的纤维数量。特定的训练会让肌丝变粗，从而增加肌肉的大小和收缩力。

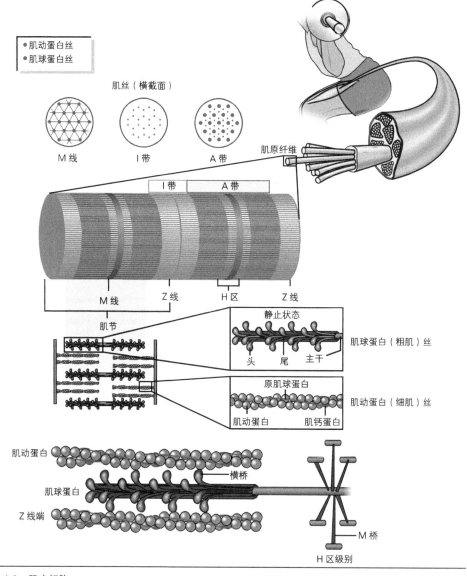

图1.2　肌肉细胞

肌肉收缩机制：肌丝滑行理论

根据肌丝滑行理论，肌肉收缩主要涉及两种收缩蛋白质（肌动蛋白和肌球蛋白）。每根肌球蛋白丝被 6 根肌动蛋白丝包围。肌球蛋白丝含有横桥，即向着肌动蛋白丝伸出的微小延伸。当来自运动神经的脉冲到达肌肉细胞时，它刺激整条纤维，产生化学变化，使肌动蛋白丝与肌球蛋白的横断面连接起来。肌球蛋白通过横桥与肌动蛋白结合并释放能量，导致横桥转动，将肌球蛋白丝在肌动蛋白丝上面拉过或滑过。这种滑动使肌肉缩短（收缩），产生作用力（图 1.3）。一旦刺激停止，肌动蛋白和肌球蛋白丝就会分离，使肌肉恢复到静止的长度。这种横桥活动解释了肌肉产生的作用力为什么会取决于肌肉在收缩前的初始长度。肌肉收缩前的最佳长度是静止长度（或稍大），因为所有的横桥都可以与肌动蛋白丝连接，减缓最大张力的形成。

当关节起始角度为 110 度 ~ 120 度时进行收缩，产生的作用力最大。如果收缩前的肌肉长度短于或长于静止长度，则收缩力减弱。当长度明显短于静止长度时（即已经部分收缩），肌动蛋白丝和肌球蛋白丝已经重叠，留下较少的横桥可以在肌动蛋白丝上"滑动"。当肌肉在收缩前明显长于静止长度时，潜在的作用力较小，因为肌动蛋白丝离横桥太远，无法连接并使肌肉收缩。

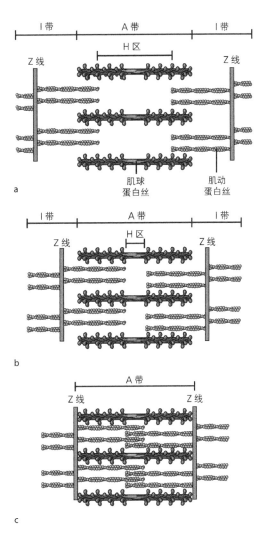

图 1.3　肌肉已缩短时的收缩

运动单位

骨骼肌细胞连接到神经细胞，后者被称为运动神经元，从脊髓向外延伸。运动单位由运动神经元及其支配的所有肌肉纤维组成（图1.4）。肌肉中的收缩过程是受到运动神经元的刺激产生的。运动神经元和肌肉细胞连接的位点被称为神经肌肉接头。该接头是肌膜形成一个口袋（被称为"运动终板"）的位置。

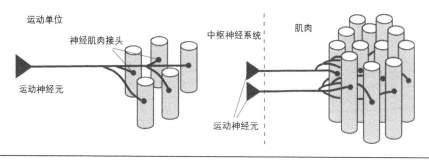

图1.4　运动单位

[图片来源：A.J.Vander, J.H.Sherman, and D.S. Luciano, 1990, *Human physiology:The mechanisms of body function*, 5th ed. (New York:McGraw-Hill), 296.© The McGraw-Hill Companies, Inc.]

必须明确的是，运动神经元实际上没有与肌肉纤维接触，而是被一个称为"突触间隙"的裂隙分开。当神经脉冲到达运动神经的末端时，神经递质乙酰胆碱被释放出来。乙酰胆碱扩散越过突触间隙，与运动终板上的受体结合。这一关键过程允许肌膜提高钠的渗透度，导致去极化（细胞膜电位的变化，使其正电位增加或负电位减少），这种作用被称为"终板电位"（EPP）。如果达到阈值电位，则发生动作电位，脉冲沿肌肉细胞膜行进，从而肌肉收缩（Ruegg，1992）。

肌纤维类型

各种肌纤维的生化（代谢）功能均有所不同。人类骨骼肌中存在3种肌纤维类型：被称为Ⅰ型的慢肌纤维，以及被定义为Ⅱa型和Ⅱx型的快肌纤维。Ⅰ型纤维含有大量的氧化酶（大量线粒体）。这种纤维被更多毛细管（血管）包围，并且具有比任何其他纤维更高浓度的肌红蛋白（含有原血红素的一种红色蛋白质，它在肌肉细胞中携带并储存氧）。这些关键组成部分为Ⅰ型纤维提供大容量的有氧代谢能力和具有较强的耐疲劳性。

Ⅱa型纤维被称为中间纤维或快速氧化糖酵解纤维。这种类型的纤维含有介于Ⅰ型和Ⅱx型之间的生物化学和疲劳特性。Ⅱa型纤维的适应性非常强。就耐力训练而言，它们可以将其氧化能力提高到与Ⅰ型纤维相同的水平（Booth and Thomason，1991）。Ⅱx型纤维被称为快肌纤维或快速糖酵解纤维，并且其线粒体的体积相对较小。由于富含糖酵解酶，所以Ⅱx型纤维的有氧代谢能力有限，并且耐疲劳能力较差（Powers and Howley，2009）。

慢肌纤维和快肌纤维在体内以大约相等的比例存在，力量训练和健美并不会对该比例造成很大的影响。在同一肌肉内和不同肌肉之间的纤维类型分布都是千差万别的。手臂的快肌纤维比例往往高于腿部；肱二头肌的快肌纤维比例平均约为55%，肱三头肌则为60%，而比目鱼肌（小腿）的快肌纤维比例平均约为24%（Fox、Bowes and Foss，1989）。肌肉中的快肌纤维在力量训练和健美中起着重要作用。含有较高比例快肌纤维的肌肉能够更快、更有力地收缩，而较多慢肌纤维的肌肉则可以抵抗疲劳并且更适合耐力活动。

用到哪些肌纤维则取决于负荷。在中低强度的活动中，慢肌纤维承担主要的工作。随着负荷的增加，在收缩期间会激活更多的快肌纤维。

男女运动员的肌纤维分布差异不明显。从遗传的角度来说，体质中快肌纤维偏多的人比慢肌纤维偏多的人更适合于力量训练和健美。虽然遗传学是决定成功的重要因素，但并不是唯一的因素。无论基因组成如何，每个人都可以通过强化训练和适当的营养来改变肌肉的大小、结实度和线条清晰度。

肌肉的工作机理

身体的肌肉骨骼框架是指骨骼通过一系列韧带在称为"关节"的结构处彼此附接。跨越这些关节的肌肉提供身体动作所需的力量。骨骼肌不会孤立地收缩；一个关节的运动会涉及几块肌肉，每块肌肉都发挥着不同的作用。

主动肌和协同肌是作为一个团队在一起工作的肌肉，彼此配合执行一个动作。主动肌是主要的行动者，而协同肌则提供辅助。在动作过程中，拮抗肌与主动肌的作用相反。主动肌群和拮抗肌群之间的相互作用直接影响着动作。在大多数情况下，特别是熟练和有经验的运动员，拮抗肌会放松，从而更容易地执行动作。看起来笨拙或僵硬的动作可能是由于这两个肌群之间存在不适当的互相作用引起的。运动员只有放松拮抗肌才能改善肌肉收缩的流畅性。

主动肌是主要负责产生综合力量动作的肌肉。例如，在肱二头肌弯举过程中，原动肌是肱二头肌，而肱三头肌作为拮抗肌，需要放松才能促使屈臂动作做得流畅。

奥林匹亚·罗尼·科尔曼（Olympia Ronnie Coleman）先生的健美体魄。

　　力量训练和健美的拉力线是纵向穿过肌肉的假想线，连接肌肉的两个极端。当沿拉力线执行时，肌肉收缩在生理和力学上均能达到其最高效率。举个例子：你可以将手掌放在几个不同的位置并弯曲手肘。若掌心向上，拉力线是笔直的，创造最高的效率。若掌心向下，收缩效率会降低，因为肱二头肌的肌腱包着桡骨。在这种情况下，拉力线是弯曲的，这会浪费大部分的收缩力。为了获得最大的力量增益和最佳肌肉效率，要沿拉力线进行力量练习。

　　稳定肌（或固定肌）是较小的肌肉，以等长收缩来固定或稳定骨骼，使原动肌的拉力具有稳固的基础。稳定肌可以是同一肢体中的另一块肌肉，但是其他身体部位的肌肉也可以作为稳定肌，使该肢体能够执行动作。例如，在牧师椅弯举（屈肘，上臂靠在稳固的支撑上）中，肩部、上臂和腹肌等长收缩，以稳定肩部，使肱二头肌具有稳定的拉力基础。

肌肉收缩的类型

　　骨骼肌负责收缩和放松。当肌肉受到刺激时就会收缩，并且当收缩停止时，肌肉就会放松。健美运动员和力量运动员根据训练阶段和所使用的设备来使用各种类型的收缩形式。有三种类型的收缩形式——等张收缩、等长收缩和等动收缩。

　　等张收缩 "Isotonic"（等张），来自希腊语 "isos + tonikos"（相等的张力）。等张收缩是大家最熟悉的肌肉收缩类型。顾名思义，在等张收缩过程中，整个运动范围内的张力是恒定的。有两种类型的等张收缩：向心收缩和离心收缩。

- "concentric"（向心），来自拉丁文 "com + centrum"（有一个共同的中心）。在向心收缩中，肌肉的长度缩短。只有当阻力（即重量负荷）小于运动员的最大潜力时，才有可能发生向心收缩。向心收缩的例子有：肱二头肌弯举中的曲臂动作，以及股四头肌收缩时的伸膝动作。

- 离心收缩（或负收缩）与向心运动的过程相反——也就是说，离心收缩使肌肉回到起点。在肱二头肌弯举过程中，离心的动作在手臂屈曲之后伸直回到起点的时候发生。在腿部伸展的过程中，当屈膝让腿部恢复起始位置时，完成了离心部分的练习。在离心收缩期间，肌肉顺从重力（如自由重量）或机器的牵引力。在这种情况下，随着关节角度的增加，肌肉会被拉长，从而释放受控的张力。

　　等长收缩　"Isometric"（等长），来自希腊语"isos + metrikos"（长度相等）。在等长收缩中，肌肉产生张力而长度不改变。在等长收缩过程中，对不可移动的对象施力，迫使肌肉产生更大的张力而不改变其长度。例如，如果你去推墙，尽管在你的肌肉中产生了张力，但是它们的长度保持不变。在这种类型的收缩中产生的张力通常高于等张收缩过程中所产生的张力。

　　等动收缩　"Isokinetic"（等动），来自希腊语"isos + kineticos"（相等的运动）。等动收缩是指在整个运动范围内具有恒定速度的收缩。等动工作需要特殊的器材，其设计是不管负荷如何均保持恒定的收缩速度。在运动过程中，运动员同时进行向心和离心收缩，同时机器提供的阻力应等同于运动员所产生的力。这种训练的好处是，它可以让肌肉在整个运动中最大限度地得到锻炼。它消除在每一次练习动作中存在的"黏滞点"或弱点。

力量类型及其在训练中的意义

　　需要各种类型的力量训练来打造和雕刻尽可能肌肉发达、线条清晰、对称但无伤病的体魄。

　　一般力量（General strength）是整个力量和健美计划的基础。在经验丰富的举重者的早期训练阶段，它必须是唯一的训练重点。对于入门级力量训练者或健美运动员来说，它必须是前几年训练的唯一重点。一般力量不足可能会让整体进度受限，使身体容易受伤，并且降低增加肌肉力量和尺寸的能力。

　　最大力量（Maximum strength）是指在最大收缩期间可由神经肌肉系统执行的最大作用力。它反映了运动员在一次尝试中可以举起的最重负荷，以最大值的100%或一次重复最大值（1RM）表示。针对训练目的，要了解运动员在每项练习中的最大力量，这是至关重要的，因为它是为每个力量阶段计算负荷的基础。（1RM范围内的常用百分比请参阅附录C。确定1RM的另一种方法请参阅附录D。）

　　肌肉耐力（Muscle endurance）是肌肉长期维持工作的能力。它在很大程度上用于耐力训练，并且在健美和力量训练计划中也起着至关重要的作用。这种类型的耐力在训练的肌肉线条（或"雕刻"）阶段被广泛使用。

罗兰·席乌洛克（Roland Cziurlok）的惊人肌肉尺寸和力量是采用最大力量训练的结果。

力量训练和健美的原则

训练是一种复杂的活动，其管理原则和指导方法旨在帮助运动员实现最大的肌肉尺寸和线条。本节介绍的训练原则是非常重要的训练指南，必须在系统训练计划开始时就加以考虑。

原则1：训练多样性

健美和力量训练是要求极高的运动，需要长时间的专门训练。不断增加训练量和强度以及举重的重复性很容易让人觉得无聊，这对于积极性和成功来说可能是一个障碍。

单调训练的最佳药方是多样化。为了增加多样性，必须熟悉训练方法和周期化规划（见第四部分），并适应针对每个肌群的多种不同练习（见第三部分）。训练的多样化可以提高心理健康和训练反应。以下建议将有助于在训练中增加多样性。

- 为每个特定的身体部位选择不同的练习，而不是每次都做自己最喜欢的练习。改变执行某些练习的顺序。记住，身心都会觉得无聊；它们都需要多样化。
- 根据阶梯式增加负荷原则（在原则3中讨论）的建议，将多样性融入负荷系统。
- 改变锻炼中的肌肉收缩类型（即包括向心和离心收缩）。
- 改变收缩的速度（慢、中、快）。
- 使用不同的器材，从自由调节重量训练到机器配重到等动锻炼等。

雷切尔·麦克利希（Rachel McLish）明白，自由调节重量的训练与其他器材的结合为她的训练提供了多样性。

原则2：个体化差异

参加训练的人极少会有完全相同的训练历史和训练日程。每个人在遗传、运动背景、饮食习惯、新陈代谢、训练欲望和适应潜力方面都有所不同。力量运动员和健美运动员无论其发展水平如何，都必须有个性化的训练计划。入门级运动员往往被鼓动去遵循高级运动员的训练计划。这些经验丰富的运动员所提供的建议不管意图有多好，对于新手来说都是不合适的。初学者的肌肉、韧带和肌腱未习惯大强度重量训练的压力，需要更长时间的调整或适应，以避免受伤。

以下因素通常影响一个人的锻炼能力。

- 训练背景。锻炼需求应与经验、背景和年龄成正比。
- 个人锻炼能力。并非所有在结构和外观上相似的运动员都具有相同的锻炼承受度。在确定锻炼的量和强度之前，必须对个人锻炼能力进行评估。这将使获得成功和保持不受伤的可能性增大。
- 训练负荷和恢复速度。在规划和评估训练负荷时，要考虑除训练以外的对你提出高要求的因素。例如，你必须考虑在学校、工作或家庭中投入的时间，甚至要考虑到健身房的距离，因为这些因素可能会影响训练课程之间的恢复速度。你还应该考虑到有可能影响恢复速度的任何破坏性或消极的生活习惯。

没有任何两位健美运动员是一样的。多利安·伊茨（Dorian Yates）和肖恩·雷（Shawn Ray）——两者的肌肉尺寸和对称性都值得称道，但各自都有独特的外表、风格和训练需求。

原则3：阶梯式增加负荷

自古以来，在力量训练中渐进式增加负荷的理论就是众所周知的，并且得到了广泛的应用。根据希腊神话，第一个应用该理论的人是克罗托那的米罗（Milo of Croton），他是著名的数学家毕达哥拉斯（Pythagoras）（公元前 580 ~ 前 500 年）的学生，也是奥林匹克摔跤冠军。在他十几岁的时候，米罗决心要成为世界上最强壮的人，并且通过每天都扛起一头小牛来开始这项任务。随着小牛长大并变得越来越重，米罗也变得越来越强壮。最后，当小牛长成一只成熟的公牛时，由于米罗长期的进步，也能够扛起这头公牛，并确实成为地球上最强壮的人。肌肉更大、更结实，并且线条更清晰，这是长时间执行大量优质训练的直接结果。从入门级到奥林匹亚先生或女士的级别，如果肌肉的尺寸、结实度和线条清晰度的进步要持续下去，都必须根据每个人的生理和心理能力逐渐增加训练负荷。

最有效的负荷模式化技巧是阶梯式增加负荷原则，因为它满足生理和心理要求，即增加训练负荷之后必须有一段时间去荷。去荷阶段是一个关键因素，让身体可以适应强度更大的新压力，并让自己重新振作，为下一次增加负荷做好准备。由于每个人对压力的反应不同，每个运动员都必须制订一个适合其特定需求和适应速度的负荷计划。例如，如果负荷增加得太突然，就可能会超出身体的适应能力，破坏"从过载到适应"周期的生理平衡。一旦发生这种破坏，适应将无法达到最佳效果，并且可能会发生伤病。

阶梯式方法包括重复一个微循环或一周的训练，在训练中分几步增加阻力，然后是去荷步骤，以确保恢复（图 1.5）。

请注意，每一步都代表多次锻炼，这意味着并非每节训练课都增加负荷。一次锻炼提供的刺激不足以在体内产生明显的变化。这种适应仅在重复相同训练负荷之后发生。在图 1.5 中，每一级代表 1 周，每条垂直线代表负荷的变化，每条水平线代表用于适应该负荷的一周。每个步骤上面显示的百分比是建议的最大百分比。

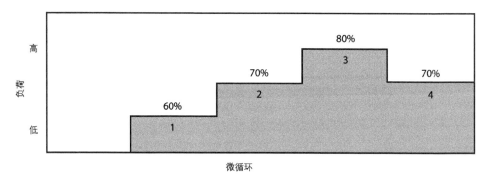

图 1.5 阶梯式增加训练负荷的方法

（图片来源：Bompa 1996.）

你可以看到，在前3周是递增负荷，在第4周的去荷阶段则降低负荷。

让我们看看身体对阶梯式增加训练负荷的方法有何反应。例如，周一，通过增加锻炼负荷来开始一个微循环（新的一步）。在周一的锻炼之后，身体处于疲劳状态（一种生理危机），因为它不习惯这种压力。当同一水平持续时，到了周三，身体可能会适应这种负荷，并在接下来的两天里做好调整。到周五的时候，身体应该感觉不错，甚至有能力举起更重的负荷。疲劳危机之后出现适应阶段，然后是生理反弹或提高。在下一个周一，身体和精神上都应该感觉舒适，这表明是时候再次挑战适应水平了。

达雷尔·查尔斯（Darrem Charles）摆出一个肱二头肌的姿势。只有遵循精心策划的训练才会达到这种肌肉发达的水平。

微循环的每个步骤带来进步，直至达到去荷（再生）阶段（步骤4）。这个阶段为身体提供足够的时间去补充其能量储存，恢复心理平衡，并摆脱前3周所积累的疲劳。该示例中的第4步将成为下一个负荷递增阶段中新的最低梯级。图1.6说明了微循环（步骤）是如何融入以增大肌肉为目标的更长训练周期中的。

虽然负荷增量看起来可能很小，但请记住，由于你变得更强壮，所以你的最大重量值也在增加，这意味着最大百分比也在增加。例如，当你第一次达到80%的最高梯级时，特定练习的最大重量的80%可能是55千克。3周之后，由于你的适应能力和力量的提高，你的80%可能会增加到60千克。因此，尽管你的最大百分比保持不变，但长期来看，你会逐渐使用更重的负荷。

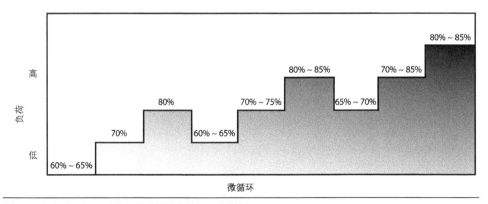

图1.6　如何在更长的时间内构建训练负荷的一个例子

力量训练和健美的三大法则

刚刚讨论的训练原则为一般的训练提供了大体的指引。如果运动员要从避免伤病的训练进展至更全面、严格的训练计划，还必须遵守3项力量训练法则。入门级健美运动员和力量运动员在开始训练计划时往往并不知道自己将遇到的压力，并不了解程序背后的进度或训练方法。这些人通常倾向于向有经验的运动员（这些运动员可能尚未有资格提供建议）寻求建议，因此，他们会觉得力不从心，会在练习中受伤。遵守以下训练法则将确保年轻或未经训练的身体有适当的解剖学适应，然后再接受苛刻的力量训练。

法则1：在培养肌肉力量之前，先培养关节的柔韧性

力量训练的大多数练习，特别是使用自由调节重量的练习，都围绕主关节的完整活动范围进行。在一些练习中，杠铃的重量将压缩关节，如果练习者没有良好的柔韧性，则会感觉到压力和疼痛。

以深蹲为例：在深蹲的过程中，膝关节的压缩可能导致身体僵硬的运动员感到疼痛，甚至会使其受伤。此外，在深蹲姿势中，若脚踝没有良好的柔韧性，练习者就被迫只有前脚掌和脚趾着地，而不是全脚掌平放在地面上，无法确保良好的支撑和平衡基础。培养脚踝柔韧性（即背屈或让脚趾向着胫骨）对所有力量训练者而言尤为重要，尤其是入门级运动员（Bompa et al., 2003）。

良好的柔韧性可以大大减少或消除受伤的发生（Fredrick and Fredrick, 2006）。柔韧性有助于提高肌肉的弹性，并增大关节的活动范围。不幸的是，关于这个问题的研究产生了不同的观点，导致各级运动员忽视了拉伸程序。定期拉伸会带来几个基本的训练益处。例如提高柔韧性，减少肌肉酸痛，具有良好的肌肉和关节活动能力，以及肌肉运动效率更高且动作更流畅（Nelson and Kokkonen, 2007）。

柔韧性是一个完善的训练计划的基石。

法则2：在培养肌肉力量之前，先锻炼肌腱

肌肉力量的增长速度总是有可能超过肌腱和韧带，从而适应更大张力的速度。让肌腱和韧带有足够的适应时间，这是至关重要的。但是由于许多人缺乏远虑，过早地使用重负荷来发展特定的肌肉群，而不去强化这些肌肉的支撑系统。这就像在沙滩上建房子一样——可能看起来不错，但是在涨潮的时候就全毁了。为身体打造一个坚实的基础，这种灾难就不会发生在你身上。

肌腱和韧带是可训练的，并且通过正确的解剖学适应训练可以增加其直径（参阅第12章），这会增加其承受张力和磨损的能力。这项训练通过在训练的最初1～2年的一个低负荷程序完成。捷径并不能打造出一个健全、没有伤病的身体。耐心最终将得到回报。

法则3：在锻炼四肢之前，先锻炼身体的核心

肌肉发达的手臂、肩膀和腿的确令人印象深刻，并且必须针对这些区域进行大量的训练。然而，躯干是这些区域之间的联系，四肢最多只能像躯干一样强壮。躯干有丰富的腹部和背部肌肉：沿不同方向生长的肌肉束用牢固而有力的支撑系统包裹着身体的核心。发育不良的躯干代表着努力锻炼的手臂和腿部只有薄弱的支撑系统。所以尽管这个训练方向极具诱惑力，但入门级的训练计划不能以腿部、手臂和肩膀为重点。重点必须是首先强化身体的核心区域——腹部、背部和脊柱的肌肉。

背部肌肉由沿着脊柱延伸的长短不一的肌肉组成。它们包括旋转肌和斜肌，作为一个单位配合工作，执行许多动作。腹部肌肉的生长方向包括纵向（腹直肌）、横向（腹横肌）和对角线（腹斜角），使躯干可以向前和向侧面弯曲，可以旋转和扭曲。由于腹部肌肉在许多练习中有着重要的作用，因此该区域的薄弱将严重影响许多力量动作的效果。

安雅·朗格（Anja Langer）是对称性的代表，她知道建立坚实基础的重要性。

了解周期训练体系 2

力量训练领域，特别是健美运动领域，充斥着未经验证并且往往缺乏逻辑的方法和程序。科学研究无法支持那些在杂志和互联网上以惊人的速度冒出来的创新体系。忽略这些新潮的东西，并遵循研究和竞赛验证了的方法，这也会让你获得很好的成果。以下关于周期化训练的讨论将帮助你理解和运用在第二部分和第三部分中提出的周期化训练计划及营养计划。

周期化体系

虽然图德·邦帕的 *Periodization of Bodybuilding* 在 1988 年 5 月受到版权保护（作为对早期制作的 *Periodization of Strength* 的改编），但许多运动员和作者仍然没有完全理解这个非常成功的训练体系。有些作者将周期化描述为"重复次数与组数背后的科学"或"每周训练负荷渐进"的原则，而其他作者将其定义为"哲学"。还有一些人没有经过研究、理解或测试就简单地认为，周期化没有用。为了对周期化训练体系的公平起见，我们建议你先试一试它，然后得出自己的结论。

本书的主要目标之一是帮助所有运动员学习规划自己的训练计划，并最终帮助更多的健美运动员和力量训练者正确使用周期化体系。周期化是组织训练计划的最有效方式。这种组织是指两大要素：

米洛·萨尔切夫（Milo Sarcev）明白，在训练中，没有任何偶然；进度都是有意设计的。

1. 如何将较长的时间（如一年的训练）有结构地分成较短且更易于管理的阶段。
2. 如何将计划有结构地分成具体的训练阶段，如：

- **解剖学适应（AA）**——在休息或长时间没有运动后进行的起步性和渐进性训练
- **肥大（H）**——以增加肌肉尺寸为目标的训练阶段
- **混合训练（M）**——从 H 阶段到 MxS 阶段的逐渐过渡；在混合训练计划中要利用好这两个阶段
- **最大力量（MxS）**——以增加肌肉结实度和密度为目标的训练阶段
- **肌肉塑形（MD）**——使用特定训练方法的训练阶段，其目标是燃烧脂肪，并在该过程中让肌肉的条纹和血管化更明显
- **过渡（T）**——目标是在开始另一阶段之前恢复和再生

上述训练阶段是必不可少的，因为它拟定了整个训练周期。首先，通过肥大阶段促进肌肉尺寸的增大。然后在最大力量阶段提高肌肉结实度和肌肉分离度。一旦肌肉的大小和结实度达到目标水平，训练就集中在肌肉线条上，即让肌肉的条纹更分明。

周期化不是一个僵化的体系，并非只有基本的模型才是正确的。相反，由于基本模型有几种变体，你可以选择最适合自己的训练目标的模型。第四部分的章节针对每个阶段提供了训练和营养计划建议，这将帮助你提高根据具体需求制订真正的周期化计划的能力。除了提供高度条理化的阶段性训练计划外，周期化还提供多种全年性训练方法，以及使用肌肉刺激和收缩的不同组合的阶段性训练负荷，让肌肉生长和力量实现最佳成果。

很少有力量训练者和健美运动员遵循经过仔细调整和精心设计的计划。通过周期化，我们意在培养一种新型的运动员——能够掌控自己身体，并且其训练有助于完成身体发育的运动员。新型的运动员将拥有令人印象深刻的肌肉发育，并将培养肌肉密度、结实度、线条、对称性和力量，超越使用过时训练理念的传统健美运动员。无论训练是为了看起来有吸引力还是为了参加专业竞赛，每个运动员的理想成果都是获得所需的肌肉量，

约翰·麦戈（John McGough）通过结构良好的训练阶段收获了成果。

并且不牺牲身体的外观。

图 2.1 中给出了周期化的基本模型，说明了训练阶段的正确顺序，我们可以对其进行调整，以满足每个运动员的特定需求。这个计划可以有许多变化，以满足每个健美运动员和力量训练者的不同需求。这个具体的计划以 9 月为起点，但你可以在制订自己的计划时使用一年中的任何一个月。

每个月下面的小方块代表周或微循环。必须提前计划每个阶段适合用多少周。表中

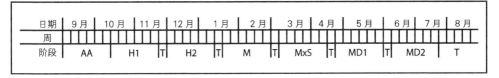

日期	9 月	10 月	11 月	12 月	1 月	2 月	3 月	4 月	5 月	6 月	7 月	8 月
周												
阶段	AA	H1	T	H2	T	M	T	MxS	T	MD1	T	MD2	T

图 2.1 健身和力量训练的周期化年度计划的基本模型。AA 是解剖学适应，H 是肥大，M 是混合训练，MxS 是最大力量，MD 是肌肉塑形，T 是过渡

最下面的一行将一年划分为多个训练阶段。安排好这些阶段，以确保在适当的时间达到目标。例如，参加竞赛的运动员可能会设计一个年度计划，让自己在主要赛事中达到巅峰状态。更关心外表的业余健美运动员和力量训练者可能希望计划休假及其他活动。

增加肌肉大小的周期化训练

周期化不是一个僵化的概念。图 2.1 是一个基本结构，并不适用于每个健美运动员和力量训练者。每个运动员都有不同的个人和专业需求，所以我们提供不同的训练计划。请记住，建议的计划并没有排除所有可能的选择。你应根据自己的独特需求和义务来设计个人的周期化计划。这里提出的选项旨在帮助根据个人需求实施周期化的概念。

对于无法执行图 2.1 中推荐的全年训练计划的人来说，双重周期化是另一个选择。对于拥有更好的训练背景的人，或者希望训练多样化的人来说，它也是一种选择。

每个运动员的理想成果都是获得所需的肌肉量，并且不牺牲身体的外观。

在双重周期化模型（图 2.2）中，每个月份都被编号，而不是命名，让你在一年中的任何时候都可以开始训练。该模型中的阶段与基本模型（图 2.1）中的阶段顺序相同，但年度计划被分为两半，并且按顺序重复。此外，对于图 2.2 中的每个训练阶段，最下面一行每个方框右上角的数字表示每个阶段的周数。

1	2	3	4	5	6	7	8	9	10	11	12
4	6		6	6	2	4	6		6	6	4
AA	H	T	MxS	MD	T	AA	H	T	MxS	MD	T

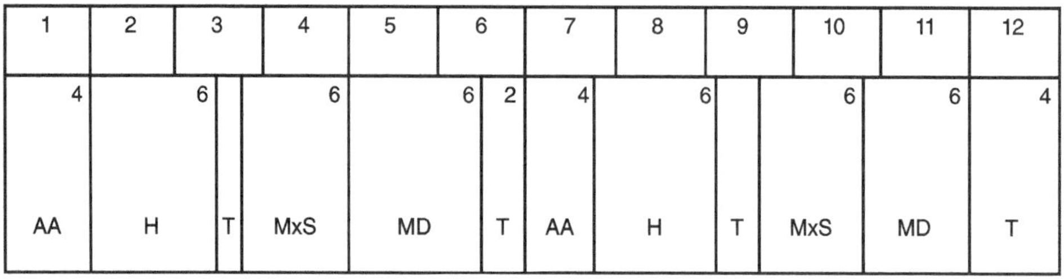

图 2.2 双重周期化模型

需履行家庭义务的运动员的双重周期化 图 2.3 显示了基本模型的另一种变化，专门针对有家室的人在一年中最繁忙的时期。在圣诞节和暑假期间，由于家庭事务繁多，训练往往会被打乱和中断。为了防止因零散的训练而带来的挫折，最好在实际构建年度计划时考虑到这些主要假期。同样，右上角的数字表示每个阶段的周数。

9 月	10 月	11 月	12 月	1 月	2 月	3 月	4 月	5 月	6 月	7 月	8 月
4	6	6	2	4	6		6	6		6	4
AA	H	MxS	T	AA	H1	T	H2	MxS	T	MD	T

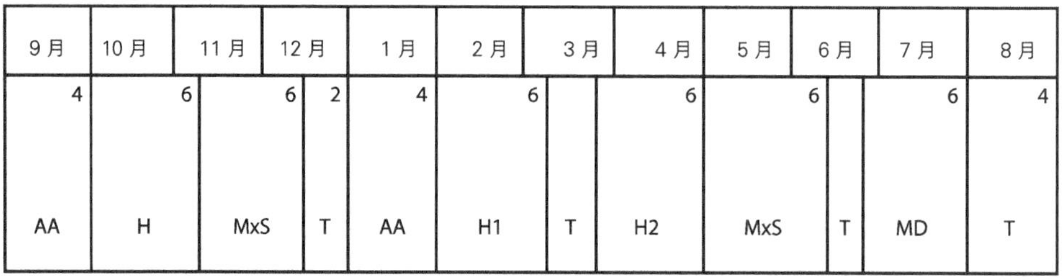

图 2.3 针对每年节假日的双重周期化模型

如图 2.3 所示，在节假日期间计划了小过渡阶段。该计划规定了两个肥大阶段，其训练目的是增加肌肉尺寸。当然，基本结构还有其他变化。例如，

·可用 H 和 MxS 的混合程序代替 H2，具体的混合比例由运动员决定；
·如果目标是最大力量，可以用 MxS 来代替 H2；或者，可以将 H2 划分为 3 周的 MxS 加之后 3 周的 H。

入门级健美运动员的周期化计划　入门级健美运动员和力量训练者应该创建自己的计划或遵循图 2.4 中的模型。该图按数字显示月份——月份 1 代表新计划中第一个月的训练。抵制住诱惑，不要全盘照抄有经验的健美运动员的计划。入门级运动员的身体不够强壮，还没有为针对经验丰富的运动员所设计的挑战做好准备。初学者必须特别注意逐步增加训练负荷，应每周执行较少次数的训练课时来规划更长的 AA 阶段，并在训练中让身体承受较少的整体压力。

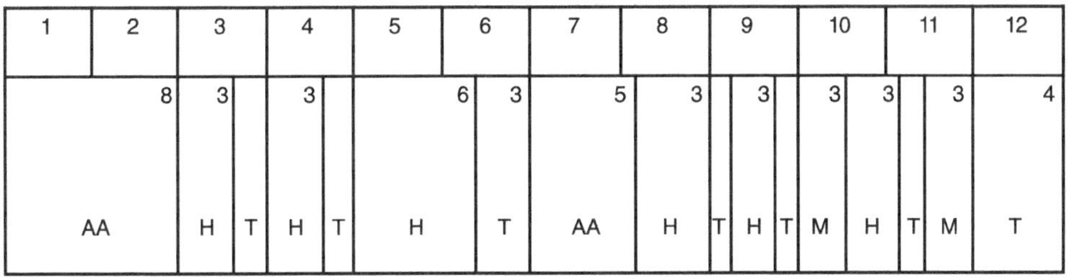

1	2	3	4	5	6	7	8	9	10	11	12
	8	3	3		6 3		5 3	3	3 3	3	4
AA		H	T H	T	H	T	AA	H	T H T M	H	T M	T

图 2.4　入门级健美运动员和力量训练者的周期化计划

在这个入门级计划中，AA 有 8 周时间，让肌肉组织、韧带和肌腱有足够的时间去准备即将到来的训练阶段。为了使肥大适应成为一个谨慎的渐进过程，前两个 H 阶段都只有 3 周时间，并且中间隔了 1 周的再生 T 阶段。4 个月后，入门级运动员的机体应已逐渐适应训练，可以执行更长的 H 阶段。该计划的上半部分以为期 3 周的 T 阶段结束，在开始稍微更困难的新计划之前，给予身体一段较长的再生时间。

业余健美运动员的周期化计划　已完成 1 ~ 2 年健美或力量训练的人可以遵循图 2.5 所示的年度计划。T 阶段安排在圣诞节和暑假期间，以便业余健美运动员有时间享受其他活动。注意，除了第一组 AA 和 H 阶段以外，还规划了 1 ~ 2 周的 T 阶段，以避免过于疲劳和过度训练。与其他图表一样，最上面一行中的数字表示月份，最下面一行的方框中右上角的数字表示该阶段所需周数。

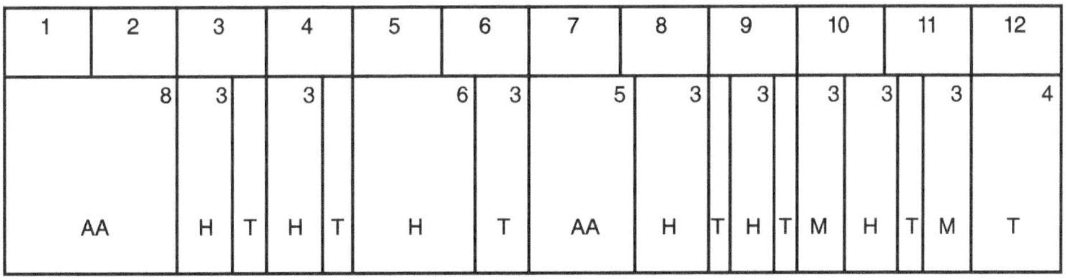

1	2	3	4	5	6	7	8	9	10	11	12
	8	3	3		6 3		5 3	3	3 3	3	4
AA		H	T H	T	H	T	AA	H	T H T M	H	T M	T

图 2.5　业余健美运动员和力量训练者的周期化计划

结实且对称的体格。

女性运动员的非大块头计划　图2.6描述了在训练中寻求多样性的运动员的训练计划。这个高度多样化的课程在各训练阶段都有许多不同的替代方案。它是为那些想打造结实、强壮且对称的身体，又不想显得肌肉发达的健美运动员和力量训练者（特别是女性运动员）创造的。

9月	10月		11月	12月		1月	2月	3月		4月	5月		6月	7月	8月
3	3	3	3	3	3	4	3	3		3	3	3	3	4	4
AA	H	MxS T	M	MD	T		AA	H		M T	MD	MxS T	MD M T	MD	T

图2.6　针对女性或不想训练成大块头的健美运动员和力量训练者的周期化计划

三重周期化计划：设计和持续时间

三重周期化计划适用于业余健美运动员和力量训练者，也适用于忙碌的专业人士，他们很难坚持一年的计划（如基本模型），甚至连双重周期化计划也难以做到。时间更短的模块（图2.7）帮助这些运动员实现健美身材和提高身体素质的基本目标，同时考虑到他们在每年主要节假日期间的社交需求。

9月	10月	11月	12月		1月	2月	3月	4月	5月		6月	7月	8月
7	3	3	2		3	6	3	3	2	3	3	3	3	5
AA	H	T	M	T	AA	H	T M	MD	T	AA	H T	MxS MD	T

图2.7　三重周期化：为业余的健美运动员和力量训练者或忙碌的专业人士推荐的计划

肥大（肌肉量）计划

主要训练目标是增大肌肉的运动员可以使用图 2.8 中列出的计划。它遵循双重周期化计划，其中大部分训练方案致力于肌肉肥大。更长的 H 阶段，在每段结束时替换为 M 训练，这将尽可能地增加对肌肉的刺激。我们的周期化肌肉量训练方法与传统的方案不同，因为混合了肥大与最大力量训练的 M 阶段有一个重要的优点：在短期内实现肥大的效果，且更重要的是，实现慢性肥大。

纳尔逊·达·席尔瓦（Nelson Da Silva）知道如何获得肌肉量。

1	2	3	4	5	6	7	8	9	10	11	12
3	6		6	3	3	3 2	3	6		3 3	4	4
AA	H	T	H	T	M	H M	T	AA	H	T M	H	M	T

图 2.8　肥大（肌肉量）训练计划

强调最大力量的周期化计划

许多健美运动员想锻炼出大块肌肉，更看重肌肉的结实度、肌肉的高密度，当然，还要求肌肉更强壮。遵循如图 2.9 所示的训练计划，可以获得更多慢性肥大。如图 2.9 所示，力量最大化的方案遵循了一个双重周期化计划。事实上，MxS 在主导这个计划，这意味着训练会用到更多快缩肌纤维——导致慢性肥大，并且肌肉的线条清晰，条纹分明。如前所述，最上面一行中的数字是指月份，最下面一行中方框右上角的数字表示每个阶段的周数。

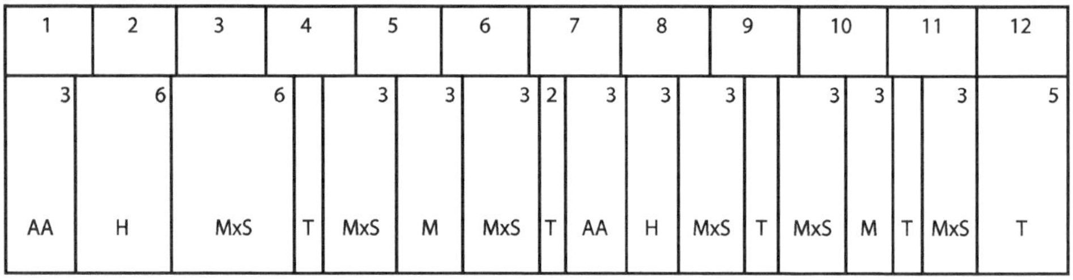

1	2	3	4	5	6	7	8	9	10	11	12
3	6	6	3	3	3	2 3	3	3	3 3	3	5
AA	H	MxS　T	MxS	M	MxS　T	AA　H	MxS　T	MxS	M　T	MxS	T

图 2.9　强调最大力量的周期化计划

强调肌肉线条的周期化计划

有些运动员已经达到了所需的肌肉肥大水平；他们现在想改善肌肉线条，以实现全身的发展。已经试用过我们的方案（特别是女性）的人的反馈：他们的身体发生了巨大的变化。大多数人腰围大大缩小了，同时上身、臀部和腿部的肌肉线条更加清晰，甚至有报告显示力量也增加了。在我们的一个女性团体中，68% 的人减轻了体重，改变了体型，所以她们不得不换掉自己衣柜里的衣服。她们通过自然的手段实现了这种减重，而不是通过一些饮食噱头——只是自然、诚实和专注的训练。这是健康的方式。

乔·韦德（Joe Weider）和阿诺德·施瓦辛格（Arnold Schwarzenegger）举起了肌肉条纹清晰得让人惊讶的凯文·莱维罗内（Kevin Levrone）的手臂。

　　如图 2.10 所示的这个计划是一个双重周期化计划，专注于燃烧皮下脂肪，从而产生条纹更加清晰可见的肌肉。周期化健美训练的目的是按顺序进行特定类型的力量训练，以获得最大的进步。可以结合这些阶段来创造一定的适应性，让健美运动员可以塑造其身体，以达到肌肉肥大、肌肉结实度或肌肉线条的最佳效果。在使用周期化训练计划的第一年后，健美运动员会越来越习惯于创造出符合自身需求的训练模型。

1	2	3	4	5	6	7	8	9	10	11	12
3	6	3	4		6	2	3	6	3	4	3	4
AA	H	MxS	T	MD	T	MD	T	AA	H	MxS	T	MD	MD	T

图 2.10　强调肌肉线条的周期化计划

设计完美的方案 3

为了获得持续提高，并在锻炼与再生之间取得必要的平衡，运动员必须一直关注自己在训练中使用的练习（量）和负荷（强度）。他们必须不断地记录自己所使用的负荷、练习数量、组数、休息间隔和分组程序的类型。希望动手设计自己训练计划的运动员需要理解所有的这些训练元素，并针对自己的身体将它们有效地结合在一起。

结构良好的周期化训练计划对成功至关重要。往往高度认可"没有疼痛就没有收获"理论的传统健身计划会导致训练过度。诸如低强度训练日和超级补偿等策略可以帮助防止过度训练。使用这些时间来享受不同类型的健美训练。

训练量和强度

训练量是所执行的锻炼的数量。它包含以下组成部分。

- 训练时间长度（小时）。
- 在每节训练课或每个训练阶段中累积的举起重量。
- 每节训练课的练习数量。
- 每个练习或每节训练课的组数和重复次数。

健美运动员应记录训练日志，以便正确记录所执行的锻炼总量，并帮助规划未来数周和数月的总训练量。根据训练背景、锻炼承受度和生物构成，不同人的训练量也有所不同。在力量训练方面具有扎实基础的成熟运动员比一般人能够承受更大的训练量。然而，不管一个人经验有多少，大幅度或突然地增加训练量都可能是有害的。这种增量可导致高水平的疲劳、肌肉的无效工作和更大的受伤风险。因此，精心设计的渐进式计划和用适当的方法来监控负荷增量对你的健康和训练的成功至关重要。

现在，我们来看一下强度：汤姆·普拉茨（Tom Platz）咕哝着，青筋暴现，咬牙切齿地使出自己最大的力气。

训练量也随着所执行的力量训练类型而变化。例如，在肌肉线条阶段中要规划大训练量，以燃烧更多的脂肪，从而让肌肉条纹更加清楚分明。另一方面，中等训练量最适合最大力量或爆发力训练。只有通过仔细和持续的生理适应来提升肌肉的大小和线条，而生理适应则取决于对训练量的适当控制。

由于逐渐增加训练量而产生的一种适应是，在各组之间和各训练课之间能够更有效、更快地恢复。更快地恢复使运动员在每节训练课和每周中可以执行更多的锻炼，从而支持进一步增加训练量。

在力量训练中，强度（以1RM的百分比表示）是训练中所采用的关于神经刺激力的函数。刺激的力量取决于负荷、执行动作的速度、重复和组之间的休息间隔的变化，以及在练习中产生的心理压力。因此，强度由力量训练期间所涉及的肌肉力量和中枢神经系统（CNS）所消耗的能量决定。表3.1列出了在力量训练中采用的强度和负荷。

超大负荷是指超出个人最大力量的负荷。在大多数情况下，使用100%～125%的1RM作为负荷，方式是施加离心作用力或抵抗重力。当使用超大负荷时，你应该有两位保护者，杠铃的两端各一人，他们可以帮助你并保护你，使你避免发生意外或受伤；如果你在仰卧推举时使用离心方法，并且没有保护者，杠铃可能会落在你的胸部，因为其重量实际上是大于你可以举起的重量。

在最大力量阶段，只有具备扎实的力量训练背景或基础的健美运动员才能使用超大负荷。大多数其他运动员应该将其负荷限制在最多100%，或1RM。然而，负荷也应与周期化计划中安排的正在培养的力量类型有关。

表 3.1　在力量和健美训练中使用的强度值（负荷）

强度值	负荷	1RM 的百分比	收缩的类型
1	超大	101～105	离心、等长
2	最大	90～100	向心
3	重	80～89	向心
4	中	50～79	向心
5	低	30～49	向心

（表格来源：Bompa 1996.）

练习数量

有效的训练方案的关键之一是有足够的练习目录可供选择。运动员应该建立自己的练习目录，以满足其训练方案的几个关键特征。

刺激最大量活动的练习　电活动越多，被用到的肌肉纤维越多，这将导致肌肉的力量和大小有着更加明显的增长（参阅第9章）。为了最大化这种效果，关键是要知道使用哪种负荷模式，该模式在给定的训练阶段中应该如何变化，还要知道使用哪种举重技术，以及如何改变负荷增量来引起超级补偿。

发展水平　入门级健美计划的主要目标之一是奠定强大的解剖和生理基础。没有这样的基础，就不可能获得持续的进步。入门级力量训练者和健美运动员需要共同处理身体主要肌肉群的大量练习（12 ~ 15个）。这种训练的持续时间可能是1 ~ 3年，取决于个人背景（和耐心水平）。高级健美运动员的训练方案采用完全不同的方法。这些运动员的主要训练目标是将肌肉的大小、密度、结实度和线条提高到最优水平。

个人需求　经过多年的训练后，有些健美运动员会出现身体不同部位发展不平衡的情况。在发生这种情况，他们应该调整方案，优先并重点针对身体欠发达部分进行练习。

训练阶段　如周期化概念所述，练习数量因训练阶段而有所不同（见第四部分第12 ~ 17章）。健美练习的顺序必须根据所处阶段来确定，同时要考虑到每个特定阶段的训练范围。正如休息间隔、训练量、练习等会因培养不同类型的力量而变化，执行练习的顺序也是如此。

例如，在最大力量训练阶段，练习按照日常程序表中的垂直顺序进行循环。运动员从头开始按顺序将每个练习分别执行1组，并按照规定来重复这个循环。这种方法的优点在于它可以帮助每个肌肉群更好地恢复。到了要重复练习1时，已经过去足够的时间，身体可以几乎完全恢复。当举起90% ~ 105%的1RM时，如果要在整节训练课中保持高强度训练，这么长的休息时间是必要的。

然而，如果是肥大的训练阶段，那么在执行下一个练习之前，就要完成练习1的所有组——这是一个横向顺序。这个顺序使肌肉群更快地感到筋疲力尽，导致肌肉的尺寸有更大幅度的增加。局部肌肉疲劳是肥大阶段的主要训练重点。

麦当娜·格雷姆斯（Madonna Grimes）通过选择适当的练习实现了超级身材。

举重技术和活动范围

正确的姿势和良好的技术可以提高针对特定肌肉群的效果。良好的技术也可以确保沿拉力线发生肌肉收缩。沿着拉力线执行的任何收缩都可以增加该特定练习的机械效能。例如，双脚距离大于肩宽，并且脚趾斜向外（通常在力量举中会有这种姿势）的深蹲的机械效能较低，因为股四头肌没有沿着拉力线收缩。双脚与肩同宽，并且脚趾指向前方并稍偏向侧面的姿势会更有效，因为肌肉收缩是沿着拉力线完成的。类似地，只有当掌心朝上（仰卧）时，旨在针对肱二头肌的臂弯举才会沿拉力线执行，如在牧师椅弯举中那样。

要使练习有效并且流畅，就必须在整个活动范围（ROM）中执行练习。使用全活动范围可以确保最大限度地激活运动单元。此外，健美运动员应该始终在热身结束时、在两组之间的休息间隔和放松运动时做拉伸，以保持良好的活动范围和极佳的柔韧性。良好的拉伸练习使肌肉被拉长，并且加快锻炼之后的恢复速度。拉伸也有助于重叠的肌球蛋白和肌动蛋白恢复到正常的解剖状态，而生化交换可以得到优化。

负荷模式

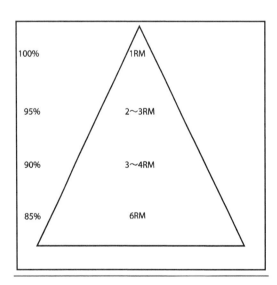

严格的训练计划遵循属于金字塔负荷构造的不同负荷模式的多种变化。这些变化包括金字塔负荷模式以及双金字塔、斜金字塔和平金字塔负荷模式。

金字塔 金字塔是健美中最流行的负荷模式之一（图 3.1）。请注意，随着负荷逐渐增加到最大值，组数要相应减少。使用金字塔的生理优势是确保激活或动员大多数（如果不是全部）运动单元。

图 3.1 金字塔负荷模式示例重复次数（在金字塔内）是指每节训练课中的重复次数

（图片来源：Bompa 1996.）

双金字塔 双金字塔是两个金字塔，彼此镜像（图 3.2）。在这种负荷模式中，从底部开始，负荷逐渐增加到 95% 的 1RM，然后在最后一组再次减少。请注意，随着负荷的增加，在金字塔内部显示的重复次数减少；反之亦然。

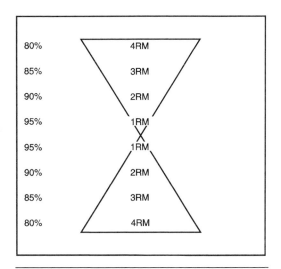

图 3.2 双金字塔负荷模式示例
（图片来源：Bompa 1996.）

斜金字塔 斜金字塔（图 3.3）是双金字塔的改进版本。在这种模式下，负荷在整节训练课中不断增加，但最后一组的负荷会降低。最后一组的目的是提供变化和动力，因为运动员必须尽可能快地执行该组。

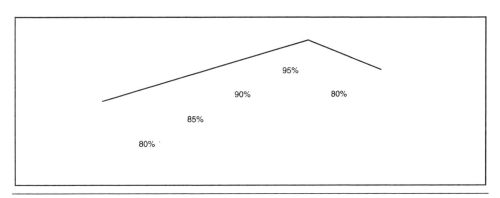

图 3.3 斜金字塔的建议负荷模式
（图片来源：Bompa 1996.）

平金字塔　平金字塔负荷模式（Bompa，1999）可以提供最大的训练效益（图3.4）。传统金字塔与平金字塔的比较解释了为什么这是最有效的负荷模式。在传统金字塔中，负荷变化太大，通常从60%的1RM到超过100%的1RM。这种幅度的负荷变化跨越3种强度（负荷）——中、重和最大。

为了产生肥大，负荷必须在60%至80%的1RM范围内，而对于最大力量，负荷必须为80%至超过100%的1RM。平金字塔可以提供的生理优势是，为给定类型的力量训练提供最好的神经肌肉适应，因为它将负荷保持在一定强度水平内。这会防止身体因几种不同的强度而感到混乱。

平金字塔开始于一组热身练习（60%的1RM），然后在整个练习中让负荷稳定在70%的1RM。可以在每个练习结束时以60%的1RM执行另一组练习，以使练习多样化。平金字塔也可以有所变化，具体取决于训练的阶段和范围，只要负荷保持在给定阶段所需强度的范围内即可：

70%—80%—80%—80%—80%—70%

80%—90%—90%—90%—90%—80%

85%—95%—95%—95%—95%—85%

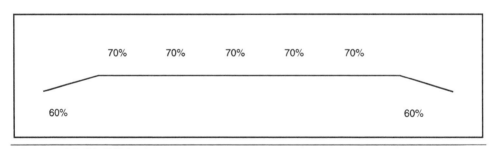

图 3.4　平金字塔负荷模式示例
（图片来源：Bompa 1996.）

每组的重复次数

遵循传统方法，并且重视每组重复次数的力量训练者和健美运动员，也就是每天都去健身房并且总是执行 8 ~ 12 组练习的人，他们将对表 3.2 中建议的数字感到震惊。很少有人想过要每组执行 150 次重复。在尝试增加要展示的肌肉量或准备竞赛时，应在 MD 阶段执行这种大量重复。记住，每个训练阶段都不同，针对负荷休息时间间隔、重复次数和练习顺序都需要有不同的安排。

表 3.2 每个训练阶段的适当重复次数

训练阶段	训练目的	重复次数
最大力量	增加肌肉力量和结实度	1 ~ 7
肥大	增加肌肉的大小	6 ~ 12
肌肉耐力	让肌肉线条更清晰	30 ~ 150

举重速度

举重速度是力量和健美训练的重要组成部分。为了获得最佳效果，必须快速执行某些类型的练习，而另一些类型的练习则必须以中等速度进行。然而，你的目标举重速度不一定反映在举重的表现上。例如，在举起相当于 90% 的 1RM 的重量时，执行的动作看起来可能很慢；然而，必须尽可能快地对阻力施加作用力。只有在这种情况下，你才能够同步并动员所有必要的运动原单元来对抗阻力。

只有快速和有力地施加作用力时，才会用到快缩肌纤维。通常可以在一组的前半部分保持最佳速度。一旦开始疲劳，速度往往就会下降，需要集中精神才能完成预期的重复次数。

组数

一组表示在休息间隔之前的练习重复次数。每个练习和每次锻炼所规定的组数取决于几个因素，包括在一节训练课中要执行的练习个数、训练阶段、要训练的肌肉群数量，以及个人的训练经验。

训练课中的练习 随着练习数量的增加，每个练习的组数减少——因为随着能量和锻炼潜力下降，执行多组的多种练习和每组大量重复次数的能力也会下降。然而，随着锻炼潜力的提高，对每次锻炼可以承受的组数也将提高。

训练阶段 如第 2 章所述，运动员在一年的训练中要经历若干个训练阶段。每个阶段都有一个与创造最佳体型有关的特定目标。在适应阶段中，训练范围只是整体适应，每个练习的组数不多（2 组或 3 组）。然而，在肥大阶段，目标是增加肌肉尺寸，必须执行你可以承受的最大组数。

从健美运动员到电影明星再到加利福尼亚州州长，无论何时阿诺德·施瓦辛格都会挤出时间来保持身材，并激励他人。

每节训练课要训练的肌肉群 如果在一节给定的训练课中只训练一两个肌肉群，与训练三四个肌肉群的情况相比，你可以让每个肌肉群执行更多组数。但是，在选择每节训练课要训练的肌肉群时，必须考虑每周计划多少节训练课，以及每次锻炼可以投入多少时间。每周的训练课节数越多，每节训练课中需要关注的肌肉群就越少。如果时间不足，请使用多点（复合）练习。

健美运动员的经验 在确定训练课中应包括的组数时，要考虑健美运动员的级别（即，入门级、业余、高级）。当你变得更有经验，并且能够达到对重量训练的高度适应状态时，你可以在每次锻炼中让每个身体部位执行更多组练习。例如，高级健美运动员准备比赛可能针对 2 个或 3 个肌肉群执行 20 组或 30 组练习，而业余运动员一般只用 15 组或 20 组来训练相同的肌肉群。

休息间隔 能量是健美中的重要因素。在给定的锻炼期间使用的能量系统的类型取决于训练阶段（例如，肥大与肌肉线条）、使用的负荷，以及活动的持续时间。高强度训练可以完全耗尽你的能源储备。要完成锻炼，你必须在每组练习之后有休息间隔（RI），以便在执行下一组练习之前补充被耗尽的能源储备。

健美运动员必须认识到，每组练习之后与每节训练课之后的 RI 和能量恢复与训练本身同样重要。在很大程度上，每组练习之后允许的休息时间长度就决定了在下一组练习之前的能量补充程度。如果要在训练过程中避免不必要的生理和心理压力，就必须仔细计划 RI。

设计训练计划的步骤

健美运动员和力量训练者应该了解他们正在努力实现的目标。你可以通过以下步骤设计有效的训练计划。

1. **选择所需的力量类型** 力量训练应该是阶段性的，旨在满足个人的需求。根据所要求的力量类型，决定要使用的 1RM 的适当百分比和重复次数。在肥大阶段，健美运动员和其他运动员尝试实现的力量训练收获可能是某个运动项目的具体要求，也可能是侧重于从整体的身体力量过渡到增大肌肉。有关训练方法和进度的详细信息，请参阅第四部分。

2. **选择练习** 确定原动肌，然后选择最能刺激这些肌肉的练习，以满足你的个人需求。这些需求可能取决于个人的背景或基础、个人的优缺点，或者肌肉群和身体部位的发展不平衡。例如，如果你的腿部有能力快速发展肌肉量，但你的上半身需要更长的时间才能发展，那么要选择适当的练习来补偿较弱的部分，以促进其生长并恢复其对称性。

劳拉·克拉瓦勒（Laura Creavalle）和莎伦·布鲁诺（Sharon Bruneau）炫耀自己的肌肉。

练习的选择也是特定于阶段的。例如，在解剖学适应阶段，大多数肌肉群的练习都是为了打下更好的整体基础；而在肌肉线条阶段，训练变得更加具体，并且要针对原动肌来选择练习。

3. 测试最大力量　知道每个练习的 1RM，这对于周期化的概念至关重要，因为要使用 1RM 的百分比去规划每次锻炼。如果出于某种原因，你无法测试每个练习的 1RM，请尝试至少测试在训练计划中的主导练习的 1RM。力量训练者通常会随机选择负荷和重复次数，或者按照他人的计划，而不是根据自己的具体数据，即每个练习的 1RM。因为最大力量、恢复能力、举重技术及其他因素的持续改善是在各阶段中都会发生的，所以除了每个练习的 1RM 以外，任何其他数据都只会在短时间内有效。

在健美界的一些成员毫无根据地认为，1RM 测试是危险的。有些训练者认为，如果举重者使出最大的力气，会造成受伤；然而，经过充分训练的运动员可以在 4 周的时间内，举起一次 100% 的 1RM，不会造成危险。但是，请记住，在任何 1RM 测试之前，必须进行非常彻底的渐进式热身。如果运动员仍然不愿意测试 100% 的 1RM，另一个选择是测试 3RM 或 5RM（即在耗尽力气之前可以举起 3 ~ 5 次的最大重量），然后推算出 1RM。（最大值的估计 1RM 请参阅附录 C 的图表。）

4. 制订实际的训练计划 第四步是制订实际的训练计划。此时，你知道要执行哪些练习，每个练习的 1RM 以及要培养的力量类型。有了这些信息，你就可以选择练习的数量、1RM 的百分比、重复次数和组数。

但是，每个训练阶段，这个计划都不一样。训练要求必须逐步提高，所以你被迫适应不断增加的工作负荷——这种适应是增加肌肉的尺寸、结实度和力量所必需的。你可以通过以下任何方式提高训练要求：增加负荷，缩短休息时间，增加重复次数或增加组数。

表 3.3 是一个假设的计划，用于说明如何设置自己的计划。在查看这个表之前，请务必了解用于表示负荷、重复次数和组数的符号。例如，以下公式

$$80/10 \times 4$$

代表负荷、重复次数和组数。数字 80 表示负荷为 1RM 的百分比，因此举重者使用的负荷为 1RM 的 80%。数字 10 表示每组的重复次数，数字 4 表示组数。

虽然关于这个问题的许多书籍和文章实际上都随意地规定所使用的负荷（以磅或千克为单位），但是请注意，我们没有这样做。若对运动员没有任何了解，就没有什么依据可以合理地建议运动员应该使用的重量！必须以 1RM 的百分比这种形式来建议负荷。这使得力量训练者和健美运动员能够在给定训练阶段的要求中根据个人潜力去专门计算每个练习的负荷。

表 3.3　假设的训练计划，用于说明设计的格式

编号	练习	负荷 / 重复次数 × 组数	RI（分钟）
1	腿推	80/6 × 4	3
2	平板卧推	75/8 × 4	3
3	屈腿	60/10 × 4	2
4	半深蹲	80/8 × 4	3
5	收腹	15 × 4	2
6	硬拉	60/8 × 3	2

（表格来源：Bompa 1996.）

表 3.3 的第一列中列出了练习的编号，即在训练期间执行这些练习的顺序。第二列是练习的名称。第三列显示负荷、重复次数和组数。最后一列给出每组练习后需要的 RI。

5. 测试并重新计算 1RM 最后，测试并重新计算 1RM。在每个新阶段开始之前，都需要再次进行 1RM 的测试，以确保了解进度，并且新的负荷是以力量的新进步为基础的。

训练周期

良好的健美计划可以改善肌肉的大小、结实度、密度和线条。训练计划只有在具备以下特点时才能取得成功：

- 它是更长期计划中的一部分。
- 它以现场的科学知识为依据。
- 它使用周期化作为规划全年训练的指导方针。

该计划必须具有针对具体阶段的短期目标和长期目标。每个训练阶段都有它自己的目标，所以有必要设计每天和每周的方案来实现这些目标，同时要符合总体计划。

制订具有短期和长期目标的计划必须考虑到个人的背景、身体潜力和对训练所带来的生理挑战的适应速度。在第 12 ~ 17 章中，我们将介绍几种类型的计划；由于规划理论非常复杂，所以我们只讨论与健美有关的年度规划。

训练课

训练课或日常计划包括热身、主要锻炼和放松。训练课的这 3 个部分都有各自的目标。第一部分让你为当天计划的训练做好准备；第二部分也是锻炼的主要部分，是完成练习；第三部分帮助你放松，并在下一节训练课之前加快恢复。

热身 热身的目的是让你为随后的训练做好准备。在热身过程中，你的体温上升，加快氧气的运输，并预防或减少韧带的扭伤和肌肉及肌腱的拉伤。它还会刺激负责协调全身所有系统的中枢神经系统的活动，通过更快的神经脉冲传输来加速运动反应，并提高协调能力。对于力量和健美训练，热身由两部分组成。

1. **一般热身（10 ~ 12 分钟）。** 这部分包括轻量慢跑、骑自行车或爬楼梯，然后是拉伸练习。这种程序通过增加血流量和体温来让肌肉和肌腱为锻炼做好准备。在此过程中，通过想象要执行的练习，并鼓励自己迎接最终的训练压力，为训练课的主要部分做好精神上的准备。

2. **特定的热身（3 ~ 5 分钟）。** 这部分是一个短暂的过渡期，其中包括使用轻得多的负荷来执行每个计划练习的几次重复。这让身体针对在锻炼的主要部分要完成的具体练习做好准备。

健身明星加亚斯·斯塔尔斯（Kasia Sitarz）在紧张的训练之前总是先热身。

主要锻炼 训练课的这一部分专门用于执行实际的健美练习。为了获得最好的效果，在锻炼之前要做好日常计划，并将其写在纸上，或者更好的做法是写在日志中。提前知道这个计划在心理上是有好处的，因为它可以让你更好地激励自己，更加注重手头的任务。

训练课的持续时间取决于要培养的力量类型和周期化模型的具体训练阶段。例如，肥大阶段需要最长时间的锻炼，因为要执行许多组练习。因此，肥大锻炼可能长达 2 小时，特别是如果有多个练习的情况。多关节练习有利于肥大锻炼，因为它们可以节省时间。

多年来，在体育运动和健美界所建议的锻炼时间都发生了巨大变化。从 20 世纪 60 年代到 70 年代初，建议的锻炼时间通常是 2.5 ~ 3 小时。许多科学调查的结果对建议锻炼持续时间产生了重大影响，研究证明，3 次 1 小时锻炼比单次 3 小时锻炼的提高效果更明显。在力量训练和健美的情况下，更长时间的锻炼会导致激素转变。具体来说，睾酮水平降低，促进蛋白质的分解（分解代谢），这对增肌有负面影响。

力量或健美训练的类型在很大程度上决定锻炼的持续时间。同样重要的是，要意识到所用的休息时间对训练课的持续时间也有很大影响。以下是针对每种类型的力量训练课程的建议持续时间。

- 解剖学适应和一般体能训练，1 ~ 1.25 小时。
- 肥大训练，1 ~ 2 小时。
- 最大力量训练，1 ~ 1.5 小时。
- 肌肉线条训练，1.5 小时。

放松 热身是将身体从正常生物状态转变为高度刺激状态的过渡期，而放松则是产生相反效果的过渡期。放松的任务是使身体逐渐恢复到正常的运作状态。

10 ~ 25 分钟的放松活动包括促进更快恢复和再生的活动。经过艰苦的锻炼后，肌肉会疲惫、紧张和僵硬。为了克服这个问题，你必须让肌肉恢复（见第 4 章）。在最后一个练习之后立即去淋浴，虽然这很诱人，但并非是最佳行动方式。

如果要快速消除疲劳的影响，就必须从血液和肌肉中去除乳酸。实现这一目标的最佳途径是进行 10 ~ 25 分钟的轻量、持续的有氧活动，如慢跑、骑自行车或划船，这将导致身体继续出汗。这将从体内除去大约一半的乳酸，并帮助你在训练课之后更快地恢复。请记住，恢复速度越快，在下一节训练课中可以执行的训练量就越大。

微循环

微循环是每周的训练计划，并且可能是规划中最重要的工具。在整个年度计划中，微循环的性质和动力将根据训练阶段、训练目标以及训练的生理和心理要求而改变。条理性好的健美运动员也应该认真考虑负荷变化。每个微循环的练习或总体压力主要是通过增加每周的训练天数来增加的。每周的总练习量遵循阶梯式负荷的原则。

负荷模式　由于主导健美和力量训练的不科学的理论，比如"没有疼痛就没有收获"和超负荷的理论，大部分运动员都认为，无论季节如何，每天都要艰苦训练。他们大多数人经常感到疲惫和沮丧，这并不奇怪，因为他们没有达到预期的效果，许多人退出，因为他们不再享受这项运动。为了避免这种不良后果，运动员需要遵循阶梯式负荷模式，并在每个微循环内交替强度。图 3.5 至图 3.7 说明了低、中、高强度的变化。（这 3 种微循环也代表图 3.9 和图 3.10 所示的大循环中的前 3 个微循环。请参阅下文的"大周期"部分的内容。）还可以有其他变化，取决于具体情况。

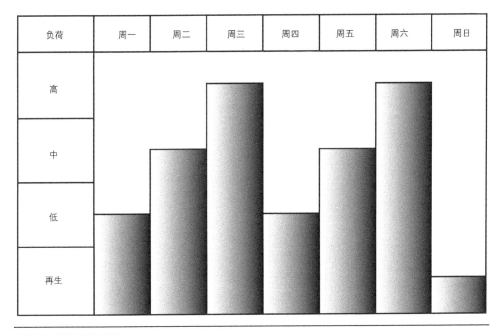

图 3.5　低强度微循环

（图片来源：Bompa 1996.）

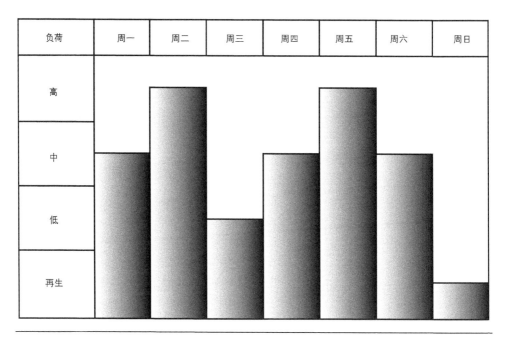

图 3.6 中强度微循环
（图片来源：Bompa 1996.）

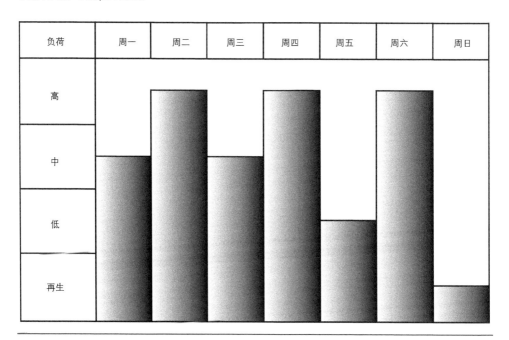

图 3.7 高强度微循环
（图片来源：Bompa 1996.）

所有微循环变化都包括低强度训练日，这些训练日代表着训练中的一个关键概念——不仅有助于实现恢复和超级补偿（参阅本章后面的"超级补偿"部分），还有助于防止过度训练。过度训练在遵循传统的"没有疼痛就没有收获"理念的健美运动员中很常见。运动员可能会质疑低强度训练日的作用，但它们自有其价值。身体使用的燃料是三磷酸腺苷（ATP）和磷酸肌酸（PC），它们是通过蛋白质和脂肪（糖异生）补充的。对于由低重复次数和 2 ~ 3 分钟的休息间隔组成的高强度训练（这是典型的最大力量训练），由 ATP-PC 系统提供能量。在这些情况下，能源储备可以在 24 小时内补足，这意味着第二天的锻炼也可以是高强度的。

然而，每节高强度的训练课都会产生生理压力以及心理或精神上的压力，这是由于需要高度集中精神来处理具有挑战性的负荷。因此，经过这种训练后，运动员必须关注两件事情：（1）他们的能源储备在下一次锻炼之前是否会补足，以及（2）他们是否在精神上为下一节训练课做好了准备。这些因素使得有必要提前计划在一两天的艰苦训练之后安排低强度训练日。图 3.5 至图 3.7 所示为低强度训练日。

在打造如此肌肉发达的身材所需的最大力量训练中，能源系统（ATP-PC）可在大约 24 小时内得到补充。

图 3.8 给出了规划微循环方案的另一种选择，其中安排背靠背的 2 天高难度训练日。请注意，这种类型的微循环仅适用于训练有素的力量训练者和健美运动员，他们具有较高的适应性反应，能够承受巨大的生理和心理压力。

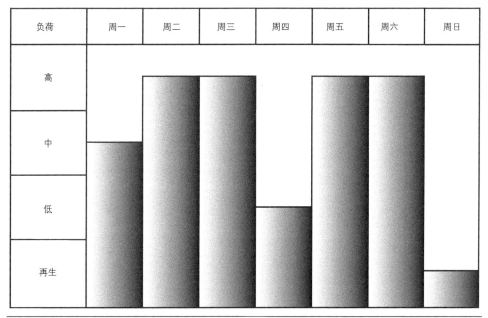

图 3.8　针对精英力量训练者和健美运动员的大循环的第三个高强度步骤建议的微循环
（图片来源：Bompa 1996.）

　　然而，如果训练课中每组训练都有高重复次数，如肌肉线条（"雕刻"）阶段的训练，或者如果锻炼时间特别长（2 ~ 3 小时），身体脂肪的分解和氧化提供了大部分的燃料。经过这些漫长而疲惫的锻炼，糖原的完全恢复通常需要 48 小时。蛋白质合成需要同样长的时间，这意味着只有在 48 小时之后，相同的肌肉群才准备好进行另一次锻炼。图 3.7 为这种训练提供了适当的微循环结构。

　　训练频率　训练课的频率取决于运动员的级别、训练阶段和训练背景。业余健美运动员必须逐步引入训练。起初他们可以在每个微循环中安排两个相对时间较短的力量训练。一旦可以轻松地完成这种训练方案，就可以将频率逐渐增加到每个微循环 3 或 4 节训练课。参加演出的高级运动员可以每个微循环计划 6 ~ 10 节训练课。

　　正如你将在第三部分中学到的，训练课节数也取决于训练阶段：解剖学适应阶段 3 ~ 5 节；专业健美运动员和力量训练者安排 4 ~ 6 节，甚至更高频率；在最大力量阶段和肥大阶段安排 6 ~ 10 节。

　　运动员的训练背景和所产生的锻炼承受度是确定每个微循环的训练课频率的重要因素。训练有素，具有 2 ~ 3 年经验的运动员可以轻松地在每个微循环至少完成 4 次训练，这可以显著地提高肌肉的大小和结实度。这些运动员可以比新手承受更多的训练。

大循环

　　要计划一个方案，就必须了解如何在更长的训练阶段（即大循环，或 4 周的训练）中安排微循环，以及如何计划每个微循环的训练负荷。大循环内的负荷增量必须遵循阶梯式进度。图 3.9 说明了大循环中微循环的负荷增量的标准方法。关于强度，大循环遵循阶梯式负荷的原则。在 3 个微循环（周）中逐渐增加负荷，然后在再生循环中降低负荷，以便在另一个大循环开始之前恢复和补充能量（图 3.5、图 3.6 和图 3.7 提供了如何计划图 3.9 中前 3 个微循环的相应示例）。

　　基于图 3.9 所示的模型，图 3.10 给出了一个实际的示例，使用本章所述的符号说明负荷增量。该图表明，训练中的练习或总压力逐步增加，最高点在步骤 3（图 3.5、图 3.6 和图 3.7 提供了如何计划图 3.10 中前 3 个微循环的相应示例）。步骤 4 是再生循环，在该循环中要降低负荷和组数。这减轻了前 3 个步骤中累积的疲劳，并让身体可以补充能量储备。步骤 4 也让运动员在心理上可以放松。

为了从步骤1到步骤3增加训练量，有2个选择：（1）增加负荷（最高点在步骤3）或（2）增加组数（从步骤1中的共5组，增加到步骤3中的共7组）。在这个例子中，同时使用这2个选择——对有扎实训练背景的运动员来说是一种合适的方法。其他选择将适合不同级别需求的人群。例如，入门级运动员难以承受更高负荷和更多组数，所以更重要的是增加练习的数量。这种方法将发展其整个肌肉系统，并帮助韧带和肌腱适应力量训练。

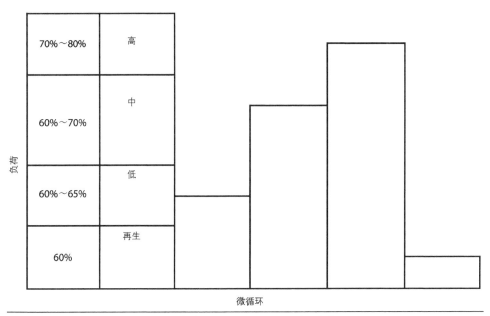

图 3.9 在 3 个微循环过程中增加训练负荷，加上再生循环，创造一个大循环
（图片来源：Bompa 1996.）

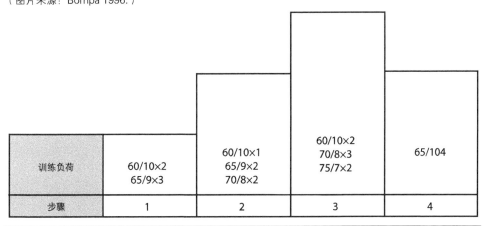

图 3.10 在大循环中增加负荷的实际示例
（图片来源：Bompa 1996.）

超级补偿

超级补偿是生理和心理唤醒的状态，最好是在高强度训练日之前发生。只有在为锻炼和再生精确安排好时间的前提下，才能实现超级补偿。时间安排不当会将增加锻炼的压力，使其变成每日的折磨。图 3.11 说明了训练课的超级补偿周期。

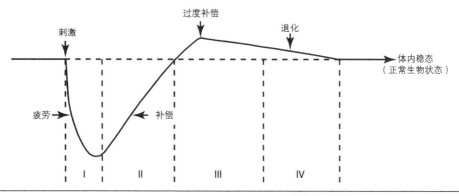

图 3.11 训练课的超级补偿周期
（图片来源：Bompa 1983.）

能量充足且健康的身体可以被推到极限，以获得最大的成果。

在正常的休息和适当的饮食条件下，人是处于平衡状态（体内稳态）的。如图 3.11 所示，在训练过程中和训练结束时都会达到一定程度的疲劳。这种疲劳是由燃料储备的消耗、接受训练的肌肉中的乳酸积累和心理压力引起的。体内稳态曲线的突然下降说明了执行高质量练习的功能性能力降低，游离脂肪酸耗尽，并且肌肉处于分解代谢状态或训练后的蛋白质降解状态。血液中的胰岛素（增加葡萄糖输送到接受训练的肌肉的速度）水平下降。

一节训练课结束后至另一节训练课开始之前的时间是补偿阶段，用于补充生化能源。曲线朝向正常生物状态（体内稳态）的回归是缓慢、渐进的，表明需要几个小时才可以补充失去的能量储备。如果正确地计划了两节高强度训练课之间的休息间隔，则能源（ATP-PC）被全部更新，并且身体还获得一些燃料储备。这种能量回升使运动员进入超级补偿状态，为他们提供更加努力训练所需的能量。此外，补偿状态代表肌肉合成代谢状态的开始，此时蛋白质被再次合成，并且血液中的胰岛素水平恢复正常。这个补偿阶段对于适应训练和因此导致的肌肉尺寸、结实度和线条方面的进步都是至关重要的。

如果两次锻炼之间的时间太长，超级补偿会逐渐消失（退化），导致锻炼能力几乎没有提高。超级补偿所需的最佳恢复期因训练的类型和强度而有所不同，如表3.4所示。

表 3.4　在不同类型的训练之后发生超级补偿所需的时间

训练的类型	能量系统	超级补偿所需的时间（小时）
有氧（心肺功能）	糖原，脂肪	6 ~ 8
最大力量	ATP−PC	24
肥大，肌肉线条	糖原	36

　　计划负荷的方式直接会影响身体对训练的反应。例如，如果运动员遵循"每天都举起尽可能重的负荷"的理念，并且每个微循环的训练强度没有变化，则超级补偿曲线的变化幅度很大。在这些情况下，身体没有时间补充能源储备，并且在每一次锻炼中越来越疲惫。图 3.12 说明了在长时间采用持续力竭式训练的情况下身体的反应以及训练潜力。

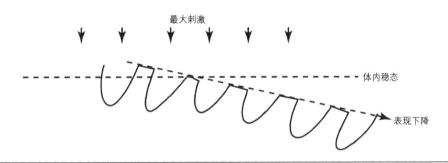

图 3.12　连续超负荷训练对身体和锻炼能力的影响
（图片来源：Bompa 1983.）

　　从图 3.12 可以看出，由于疲劳尚未影响到身体的整体潜力，所以在持续超负荷期间的最初两三天仍然有可能达到超级补偿。然而，随着持续超负荷训练的继续，疲劳增加，使身体更远离其平衡状态（体内稳态）。三四天后，每次锻炼都会从残留的疲劳状态开始。在这个阶段永远不会达到超级补偿，健美运动员的训练能力和增长潜力会受到抑制。最终，运动员的疲劳程度很高，动力水平很低。此时，过度训练和崩溃只有几步之遥。

　　相比之下，如果低强度训练日与高强度训练日交替，如图 3.5 至图 3.7（第39 ~ 40 页）所示，并遵循阶梯式负荷原则，超级补偿曲线会形成绕体内稳态水平线上下波动的图案，如图 3.13 所示。能源储备不断得到补充，身体不会试图在筋疲力尽或疲劳的状态下运行。当身体得到休息并充满燃料时，它可以被推到以前从未梦想过的高度。通过这种方式进行训练，可以预期每 2 ~ 4 天就会发生一次超级补偿。

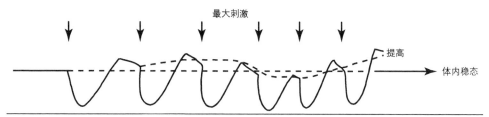

最大刺激

提高

体内稳态

图3.13 在高强度锻炼中穿插低强度和中等强度训练，可以产生波动的提高曲线
（图片来源：Bompa 1983.）

锻炼潜力和整体健康感的提高主要发生在体验到超级补偿的日子里。这也是生长和肌肉尺寸增加的时候。每个健美运动员和力量训练者都想实现这些成果，因此应该仔细规划训练方案，在大重量、高强度的训练之后安排轻松的一天，以促进超级补偿。

分组程序

尽管分组程序是认真投入的健美运动员的必要练习，但它们并不一定适合于以看起来健硕、强壮和结实为目标的业余运动员。这些业余健美运动员可以通过每周 3 次全身训练来获得最好的效果。

高级健美运动员训练非常频繁，每周 4 ~ 6 次。但在连续的训练课中难以挑战相同的肌肉。分组程序允许这些运动员每隔一天训练不同的肌肉群，以便在每次锻

性感和强壮的健身外表可以通过全身练习来实现，而不是许多骨灰级健美运动员喜欢的分组程序。

炼之后实现更好的恢复。表 3.5 是一个 6 天分组程序的经典例子。许多运动员认为，像经典分组程序那样，每周对每个肌肉群训练两次就足以刺激对训练的最佳适应性反应。另一些运动员认为，每周只将一个肌肉群训练到耗尽一次，就足以刺激肌肉的大小、结实度和线条的进步。

我们严重质疑这两种思维方式：每周两次是不够的。为了不断获得进步，锻炼必须不断挑战你现在的适应状态。为了引发新的适应反应，应该使用阶梯式负荷方法逐步增加训练负荷。根据所使用的负荷，这种方法将刺激肌肉尺寸或结实度和力量的增加。参加竞赛的健美运动员在特定的训练阶段应该每周让某些肌肉群锻炼 3 次（请注意，只有将每个肌肉群的组数和练习数量减少到合理的最低水平，以确保最有效地消耗能量，这个方法才可行）。表 3.6 建议每个肌肉或肌肉群在每次锻炼中的练习组数。这些建议适用于具有 2 ~ 3 年经验的业余健美运动员，以及高级和专业的健美运动员和力量训练者。

表 3.5 经典的 6 天分组程序

天	身体部位
1	腿、小腿和肩膀
2	胸部和肱二头肌
3	背部和肱三头肌
4	腿、小腿和肩膀
5	胸部和肱二头肌
6	背部和肱三头肌
7	休息

表 3.6 每次锻炼的建议组数

肌肉	每次锻炼的组数
胸部	8
背部	10
四头肌	6
腘绳肌	4 ~ 6
小腿	6 ~ 8
肱二头肌	6
肱三头肌	6
肩膀	10 ~ 12
腹部	6

劳拉·克拉瓦勒（Laura Creavalle）精雕细凿的体型归功于她结构良好的周期化训练计划。

表 3.7　高适应性反应的 6 天分组程序

天	身体部位
1	胸部、背部和手臂
2	腿、小腿、肩膀和腹部
3	胸部、背部和手臂
4	腿、小腿、肩膀和腹部
5	胸部、背部和手臂
6	腿、小腿、肩膀和腹部
7	休息

表 3.8　高适应性反应的 6 天双分组程序

天	时间	身体部位
1	上午	腿和小腿
	下午	胸部和肱二头肌
2	上午	肩膀和肱三头肌
	下午	背部和腹部
3	上午	腿和小腿
	下午	胸部和肱二头肌
4	上午	肩膀和肱三头肌
	下午	背部和腹部
5	上午	腿和小腿
	下午	胸部和肱二头肌
6	上午	肩膀和肱三头肌
	下午	背部和腹部
7		休息

表 3.7 中列出的高适应性反应 6 天分组程序每周对每个身体部位训练 3 次，并让每个肌肉群有 48 小时的恢复时间，然后再次接受训练。在双分组程序中可以使用同样的方法。可能的组合有许多，表 3.8 列出了其中之一。

虽然大多数健美运动员都认为分组程序可以在每节训练课之后实现充分的恢复，但是这一观点并不符合能量系统要求的现实。虽然分组程序有助于消除局部肌肉疲劳（一个肌肉群锻炼至力竭所导致的疲劳），但这并不足以促进身体能量储备的全面补充。如果运动员每天都锻炼至力竭，无论他们是否使用分组程序，他们的糖原储备都会耗尽。记住，让人力竭的锻炼是使用糖原作为主要燃料来源，而糖原来自接受训练的肌肉和肝脏。身体需要 48 小时才能完全恢复糖原水平并合成蛋白质，如果每 24 小时就训练到力竭一次，身体就无法达到最佳运行状态。

加速肌肉恢复 4

恢复是成功训练的最重要因素之一。理解此概念的运动员可以避免严重疲劳和过度训练。力量运动员不断使用各种类型的训练负荷、重复次数和组数，其中一些可能超过其承受阈值。因此，适应所要求的训练负荷的能力会降低，并且影响整体表现。当运动员迫使自己超越生理极限时，就会冒险进入疲劳状态，疲劳程度越高，训练后的影响越明显。比如恢复速度慢，协调性下降，爆发力减弱。如工作压力、学校或社会环境等个人因素也可能增加训练中的疲劳程度。

肌肉疲劳

疲劳的定义可以是：没有能力维持预期的力量和爆发力，导致锻炼能力下降（Maassen，1997；Powers and Howley，2009）。这种疲劳取决于许多因素，包括一个人的身体素质状态、纤维类型组成和运动项目。例如，接受耐力训练的运动员的疲劳与接受爆发力训练的运动员的疲劳不同。横断面研究表明，接受爆发力训练的运动员和接受耐力训练的运动员的训练背景对神经肌肉系统的功能组织有影响（Garrandes et al.，2007）。这些数据表明，神经肌肉功能会根据体育活动中主要使用的收缩类型进行调整。

特雷弗·巴特勒（Trevor Butler）迫使自己超出肌肉疲劳的极限。

中枢和周围神经系统

肌肉疲劳可分为中枢和周围两个部分。中枢神经系统（CNS）疲劳与神经输入到高层大脑中心和中央指挥中心的事件、α 运动神经元池的募集以及 α 运动神经元本身有关。CNS 疲劳是参与活动的正常运动单位的数量减少或其爆发频率降低的结果（Hubal et al.，2007）。周围神经系统（PNS）疲劳涉及神经肌肉接头、兴奋 – 收缩（EC）耦联（涉及表面膜的激活）的过程、这种激活在 T 细管上的传播（将激活带进细胞的深处）、钙的释放，以及参与生成作用力和爆发力的收缩元件的激活。损坏的收缩蛋白、损坏的肌纤维膜（围绕肌肉纤维的细胞膜）、瓦解的兴奋 – 收缩耦联，以及改变的细胞内环境（如 pH 或 ATP 水平的改变）都可能导致外周肌功能受损（Hubal，Rubinstein and Clarkson，2007）。

中枢和周围神经系统在疲劳中起重要作用，因为温度和心理因素（例如激励和压力）都可导致疲劳。在尼博（Nybo）（2008）的一项研究中，涉及热诱导疲劳的生理机制主要与导致中枢疲劳的 CNS 变化有关。据亚曼（Amann）等人（2008）的报告，在研究肌肉疲劳时一定不能忽视心理因素的重要性，心理因素最终也涉及神经生物学变化，以及骨骼肌代谢的各个方面。

中枢神经系统和周围神经系统在调节肌肉功能时有两个基本过程：激发和抑制。在整个训练过程中，这两个过程不断交替。在刺激的过程中，CNS 向正在锻炼的肌肉发出神经脉冲，使其收缩并执行工作。神经脉冲的速度、功率和频率直接取决于 CNS 的状态。

当受控的激发占优势时，神经脉冲是最有效的（良好的表现就是证据）。当相反的情况发生时，由于疲劳，神经细胞处于抑制状态，肌肉收缩较慢且较弱。收缩力与 CNS 发出的电激活和调动的运动单元数量直接相关；随着疲劳的增加，调动的运动单元的数量下降。神经细胞不能长时间维持其工作能力。在训练的压力或竞赛的消耗下，工作能力会下降。如果在疲劳状态下仍保持高强度运动，神经细胞就会呈现抑制状态，以保护自身免受外部刺激。因此，疲劳应该被看作是身体保护自身免受肌肉收缩机制损害的方式。

骨骼肌通过激活其运动原单元并调节其爆发频率而产生作用力，并且必须逐渐增加这些因素才可以增强输出的作用力。在某种程度上，身体可以发信号给运动单元，以改变其爆发频率，中和疲劳，从而让肌肉在一定的疲劳状态下可以更有效地保持作用力。如果保持最大收缩的时间加长，运动单元的爆发频率降低，抑制变得更加明显（Nybo and Nielsen，2001）。

一项研究表明，在 30 秒的最大自愿收缩中，爆发频率从开始到结束减少了 80%（Marsden et al., 1971）。其他研究报告指出，在短时间的疲劳任务中，大多数运动单元的爆发频率下降（Deluca and Forrest, 1973；Garland et al., 1994）。亚当（Adam）和德卢卡（Deluca）之后的一项研究与这些研究结果相抵触，他们的研究证明在最初的下降之后，随着肌肉继续收缩并逐渐力竭，运动单元的爆发频率会上升（2005）。最近的一项研究得出结论，离心运动后，可以发现运动单元活动发生了重大变化，其中包括运动单元爆发频率的上升（Dartnall et al., 2008）。关于改变运动诱发的肌肉疲劳和损伤与运动单元活动关联性的机制，仍有许多信息有待了解。

肌肉疲劳部位

大多数研究结果指出了两个肌肉疲劳部位。第一个是运动神经。神经系统通过运动神经将神经脉冲传递给肌肉纤维。神经脉冲具有作用力、速度和频率的特征。作用力脉冲越大，肌肉收缩越强，举起更重的负荷的能力越大。由于疲劳会极大地影响神经脉冲的作用力，疲劳程度的上升会导致收缩力的减弱。因此，在最大力量阶段，需要长达 7 分钟的较长的休息间隔（RI），以便 CNS 恢复。

第二个部位是神经肌肉接头。这是附着在肌肉纤维上的神经，将神经脉冲传递给工作的肌肉。这种类型的疲劳主要是由于神经末梢释放出更多化学递质（Bigland-Ritchie et al., 1982；Tesch et al., 1986；Kirkendall, 1990）。在一组练习后，2 ~ 3 分钟的休息间隔通常可以将神经的电学特性恢复到正常水平。然而，在强力收缩锻炼（例如最大力量训练）之后，需要超过 5 分钟的休息时间才能充分地恢复。

疲劳的代谢来源

肌肉收缩的复杂周期由神经脉冲触发，神经脉冲使肌肉细胞的表面膜去极化，然后被传入肌纤维。随后是一系列事件，其中钙与蛋白丝（肌动蛋白和肌球蛋白）结合在一起，导致收缩张力。疲劳的功能部位被认为是激发和收缩之间的联系，这导致上述两个过程的强度降低或对激活的敏感性降低。钙离子的流动影响兴奋 – 收缩耦联的机制（Duhamel et al., 2007）。

由肌肉细胞肌原纤维中的侧囊组成的肌质网用于存储肌肉收缩所需的钙（Powers and Howley, 2009）。每次肌肉收缩时，从肌质网释放出钙。钙释放功能若受到破坏，就可能导致各种类型的肌肉疲劳。现在有确凿的证据表明，肌质网中快速释放的钙的减少可能导致在疲劳过程中减少钙释放（Duhamel et al., 2007；Head, 2010）。

在剧烈运动中，肌肉细胞内的无机磷酸盐（Pi）浓度升高。无机磷酸盐可以进入肌质网，并与钙结合形成沉淀物（CaPi），从而减少肌质网中可释放钙的量（Allen，Lamb and Westerblad，2008）。其他机制也会导致在疲劳期间减少肌质网钙的释放。越来越多的证据表明糖原是正常兴奋 – 收缩耦联的基本要求，并且当糖原水平下降时，也会抑制肌质网释放钙。显然，这些因素会影响疲劳的各个方面（Allen et al.，2008）。

乳酸积聚　健美运动员主要使用厌氧能量系统，该系统会产生高水平的乳酸。这是厌氧代谢（即糖酵解）的主要最终产物。肌肉收缩期间的生化交换导致氢离子的释放，又导致酸中毒（乳酸疲劳），这似乎决定了疲劳点（Powers and Howley，2009）。

酸中毒水平的提高也使肌钙蛋白（一种蛋白质化合物）失活，并因此抑制了钙的结合能力。由于肌钙蛋白是肌肉细胞收缩的重要因素，因此其失活可能会扩大疲劳与运动之间的联系。酸中毒引起的不适也可能是心理疲劳的一个限制因素。

长期以来，大众的观点一直是乳酸盐积累对运动表现有不利影响，但这一观点受到了挑战，新的发现表明乳酸盐更可能对肌肉疲劳产生间接影响。乳酸盐是骨骼肌收缩的重要燃料，而不像以前所认为的仅仅是代谢副产物。此副产物以前被认为是肯定会进入科里循环（Cori cycle）的，或是进入在运动时肌肉中形成的乳酸盐通

训练中积累乳酸。

过血液转运到肝脏并转化为葡萄糖（Powers and Howley，2009）的过程。

在拉姆（Lamb）和斯蒂芬森（Stephenson）（2006）的研究中，乳酸不会引起疲劳，实际上还有助于以两种方式延缓疲劳发作：（1）抵消细胞外钾升高对膜刺激的负面影响，和（2）抑制肌质网钙泵，这有助于增加细胞质钙离子浓度和肌肉收缩产生的作用力。乳酸积累似乎是收缩活动过程中的一个优势；然而，钙摄取的减少将增加基础细胞内钙，这被认为是引起低频疲劳的重要原因（Westerblad et al.，2000）。

虽然一些新的研究结果表明，乳酸盐积聚对运动表现没有不利影响，但疲劳是训练过程中必须接受的现实。如果正确设计了训练计划，就可以提高承受疲劳的临界值。训练有素的运动员总是能够完成更多训练量，效率更高，并且效果更明显。同样重要的是，通过应用本书中提出的一些技术来避免疲劳，其中周期化方案是至关重要的。

ATP-PC 和糖原储备耗竭 当工作肌肉中的磷酸肌酸（PC）、肌肉糖原或碳水化合物储备耗尽时，能量系统就会出现疲劳（Conley，1994）。结果是，肌肉执行较少的工作，可能是因为它的细胞消耗 ATP 的速度比生产 ATP 更快。长时间中、高等重量的健美活动期间的耐力表现和运动前肌肉中的糖原量直接相关，这表明肌肉糖原的耗竭会导致疲劳（Fox et al.，1989）。对于高强度组，肌肉收缩的直接能量来源是ATP-PC。肌肉中的这些储备快速消耗肯定会限制肌肉收缩的能力（Sherwood，1993）。肌肉 ATP 随运动而流失，这直接导致肌肉损伤和疲劳（Harris et al.，1997）。

若运动员执行的重复次数较多，并且延长次最大锻炼水平的时间，用于产生能量的燃料将是葡萄糖和脂肪酸。氧气的可用性在这种类型的训练中至关重要，因为在有限量的情况下，被氧化的是碳水化合物，而不是游离脂肪酸。最大的游离脂肪酸氧化量由流入工作肌肉的脂肪酸量和运动员的有氧训练状态决定。运动员的饮食（参阅第 7 章）也是确定被酶作用物氧化（脂肪、蛋白质或碳水化合物）的重要因素。换句话说，饮食会影响是否燃烧脂肪、蛋白质或碳水化合物来取得能量。血液中携带氧气的能力变差和血液流量不足都会对肌肉疲劳有明显作用（Grimby，1992）。

肌肉损伤

任何接受过训练的人都知道在激烈锻炼之后几天里那种僵硬的感觉。探讨收缩纤维水平的过程将帮助你从科学角度去了解肌肉恢复。恢复是成功训练最重要的因素之一。有两个基本机制可以解释运动如何引发肌肉损伤。一个与代谢功能的紊乱有关，另一个来自肌肉细胞的机械破坏。

在长时间的次最大锻炼至力竭期间，会发生肌肉的代谢损伤。肌肉的直接负重，特别是在收缩阶段，会引起肌肉损伤，并且代谢的变化会让损伤加重。动作的向心部分发生在肌肉被激活并产生作用力，导致肌肉缩短的时候（Powers and Howley，2009）（例如，肱二头肌弯举的向上动作）。动作的离心部分发生在肌肉被激活并产生作用力，导致肌肉延长的时候（Powers and Howley，2009）（例如，肱二头肌弯举中抵抗向下的动作）。向心和离心运动都可能引起肌肉损伤。

根据埃文斯（Evans）和坎农（Cannon）（1991）及赖斯康（Ryschon）等人（1997）的研究，与离心收缩相比，向心收缩中的力分散在更多数量的肌肉纤维上，并且需要更多的代谢活动。向心动作中的最大 ATP 生产率最高，这表明在这些条件下能量代谢被激活。这些数据表明，人类肌肉从向心动作转变为离心动作的时候，代谢效率会提高。在 Muthalib 等人最近的一项研究（2010）中，与最大向心收缩相比，在最大离心收缩期间，肱二头肌使用的氧气量相对于氧气供应量的比例更低，但产生的扭矩输出更大。这最有可能使连接到肌动蛋白丝的肌球蛋白横桥产生作用力的固有能力在离心收缩期间比在向心收缩期间更高，并且 ATP 水解（即 ATP 降解为 ADP 和无机磷酸盐的反应）更低。

离心动作比向心动作使用更少的肌肉纤维。由于离心阶段往往使用较少的肌肉纤维，因此每条单独的纤维容易受到更大的物理伤害。在野坂（Nosaka）、牛顿（Newton）和萨科（Sacco）（2002）的研究中，与连续向心收缩相比，最大离心肌肉收缩会产生更大幅度的肌肉损伤。此外，豪厄特森（Howatson）和索默伦（Someren）（2008）发现，与向心收缩相比，离心收缩每单位扭矩所需的代谢成本更低。

肌肉酸痛

多年来，乳酸积聚被认为是肌肉酸痛的主要原因（Powers and Howley，2009）。现在的理解是，在锻炼之后，乳酸被迅速地从肌肉和血液中除去。邦德（Bond）等人（2005）证实：在运动恢复期间进行连续轻度运动可以更快速地从血液中除去乳酸。现在认为酸痛是因钙离子流入肌肉细胞引起的（Fahey，1991）。钙在肌肉收缩中非常重要。它刺激纤维收缩，并在收缩完成后迅速泵回钙储存区（肌质网）。

当肌肉疲劳明显时，钙从肌质网中漏出来。漏出来的钙集中在线粒体内，并抑制 ATP 生成（Proske and Allen，2005）。钙离子积聚在肌肉纤维中，导致蛋白酶（分解肌肉纤维的蛋白质降解酶）被释放出来。酸痛主要是由于形成了降解蛋白质成分或死亡组织的物质。对于受损的组织，身体将嗜中性粒细胞和巨噬细胞（白细胞的两种类型）引入损伤部位，启动清除阶段。虽然这些白细胞清除了受损组织，但也参与了自由基的生成。自由基会延长恢复时间并引起进一步的肌肉损伤（Pedersen et al.，2001；Close et al.，2005）。抗氧化剂是一种化学物质，保护细胞免受自由基引起的氧化损伤。抗氧化剂很重要，因为它们可以去除自由基，这可能会延缓运动引起的肌肉疲劳。

因此，很明显，肌肉损伤发生在运动中，可以通过力量的丧失来判断。如疼痛、肿胀和细胞内酶的释放等一些后果并不会立即发生（Howell et al.，1992）。延迟可能代表损伤的炎症反应的自然时间过程，因此可能在剧烈运动后 24 ~ 48 小时发生。延迟性肌肉酸痛（DOMS）被定义为肌肉劳损，在运动过程中呈现为肌肉的触痛和僵硬。与 DOMS 相关的疼痛刺激包括肌肉痉挛、结缔组织损伤、乳酸、肌肉损伤、炎症和酶的释放（Cheung et al.，2003）。DOMS 与肌肉损伤相关，肌肉损伤的特征在于肌纤维本身或将纤维的拉力传递到肌腱的结缔组织的破裂。

运动员使用未适应锻炼的肌肉时，DOMS 发生的频率更高（Powers and Howley，2009）。通过各种研究已经确定，离心运动比向心运动更容易诱发 DOMS（Cheung et al.，2003）。防止 DOMS 的一般建议是在训练课中慢慢地纳入特定的练习。在前 5 ~ 10 节训练课期间的缓慢进展模式使肌肉能够适应运动压力，并降低 DOMS 的发生率（Powers and Howley，2009）。

力量训练后的恢复

无论是疲劳、过度训练还是疲惫的训练课，运动员都应该了解可以加快恢复或让恢复更轻松的各种技巧。使用这些技巧与有效的训练同样重要。运动员不断努力在训练计划中实施新的负荷，但他们通常不会调整其恢复方法来匹配新的负荷。这种不平衡可能导致严重的挫折。运动员的最终表现约有 50% 取决于有效和快速恢复的能力。

运动员必须了解有助于恢复过程的所有因素，因为正是所有因素的组合才能导致最成功的恢复。主要的考虑因素如下。

· 年龄影响恢复速度。年龄较大的运动员通常比年轻运动员需要更长的复原期。

· 更加训练有素、更有经验的运动员通常需要更少的时间来恢复，因为他们能更快地在生理上适应给定的训练刺激。

· 女运动员的恢复速度往往比男运动员慢，这显然是因为男女内分泌系统的差异。

· 如飞行时差、海拔的短期变化和寒冷气候等环境因素往往会减缓恢复过程。

· 在细胞级的营养物质补充会影响恢复。肌肉细胞需要不断保持足够的蛋白质、脂肪、碳水化合物和 ATP-PC，以实现有效的一般细胞代谢并生产能量（Fox et al.，1989）。

· 如恐惧、犹豫不决、缺乏意志力等消极的情绪往往会损害恢复过程。

· 恢复过程是缓慢的，并且直接取决于训练中使用的负荷大小。

恢复时间取决于所使用的能量系统。表 4.1 提供了在力量训练至力竭后的建议恢复时间。这些是一般准则：你将需要确定自己的理想恢复时间。恢复时间的技巧性安排对其有效性的影响非常大——只要有可能，就应该在每节训练课的过程中和课后执行它们（Bompa，1999）。

表 4.1　力竭训练后的建议恢复时间

恢复过程	恢复时间
ATP-PC 的恢复	2 ~ 4 分钟
肌糖原的恢复： 长时间运动后	10 ~ 48 小时
间歇运动后（如力量训练）	24 小时
从肌肉和血液中去除乳酸	1 ~ 2 小时
维生素和酶的恢复	24 小时
高强度训练后的恢复（代谢和 CNS 都达到过度补偿）	2 ~ 3 天
偿还 ATP-PC 债务和氧债务（较快部分）	2 ~ 3 分钟
偿还乳酸债务和氧债务（较慢部分）	30 ~ 60 分钟

　　力量训练和健身后的恢复过程促使与肌肉损伤相关的症状发作。这些包括肌肉酸痛和僵硬、肌肉肿胀、活动范围减少，以及肌力下降。为了增加肌肉的动力，运动员利用了许多恢复技巧。研究表明，让损伤的肌肉群执行几组轻量练习可以减轻肌肉酸痛并诱发肌肉恢复更早发生（Saxton and Donnelly，1995；Sayers et al.，2000）。如按摩、冷热疗法和拉伸（图 4.1）等恢复技术可用于加快肌肉恢复过程。

休息间隔

　　在每组练习之后的休息间隔中，而不是在练习过程中，心脏将最大体积的血液泵到工作肌肉中。RI 不足会减少到达工作肌肉的血液量；没有这种燃料和氧气的供应，运动员将没有能量完成计划的训练课。表 4.2 提供了组间休息时间长度的指引。

　　组间休息间隔较短会导致更加依赖乳酸（LA）系统来提供能量。存储在肌肉中的高能化合物 ATP 和 PC 在组间补充的程度取决于休息间隔的持续时间。RI 越短，ATP-PC 的恢复就越少，因此在下一组练习中可用的能量越少。如果 RI 太短，则通过糖酵解提供随后各组所需的能量。糖酵解这种厌氧代谢途径的副产物是乳酸和氢

表 4.2　针对各种负荷的组间休息间隔指引

负荷百分比	执行速度	RI（分钟）	适用性
101 ~ 105（离心）	慢	4 ~ 7	提高最大力量和肌肉结实度
80 ~ 100	慢到中等速度	3 ~ 7	提高最大力量和肌肉结实度
60 ~ 80	慢到中等速度	2	增加肌肉肥大
50 ~ 79	快	4 ~ 5	提高爆发力
30 ~ 49	慢到中等速度	1 ~ 2	使肌肉线条更清晰

（表格来源：Bompa 1996.）

按摩治疗

按摩治疗是对身体软组织的治疗操作，目标是实现这些组织的正常化。按摩对机械、神经、心理和反射方面均有影响。它可用于减轻疼痛或粘连，加快镇静，让体液流通，让肌肉更放松，并促进血管舒张。

生理影响

- 软组织上的机械压力取代体液。
- 一旦流动的体液离开软组织，就会进入静脉或淋巴管的低压系统。
- 按摩导致组胺的释放，使表面血管舒张，可以帮助冲洗掉代谢废物。静脉回流增加，继而增强脉搏。
- 在按摩后显示出含量增加的其他血液化合物包括肌红蛋白、肌酸激酶和乳酸脱氢酶。
- 按摩可以减少炎症标志物。
- 按摩可减少肌肉痉挛，增加骨骼肌的收缩力。
- 减少痉挛，肌肉酸痛减轻，耐力增加，这些可能是因体液流通和血流量增加而冲洗掉代谢废物的结果。

热疗

热疗包括局部加热肌肉或关节——通常在受影响的部位加热 15 ~ 20 分钟，然后休息 15 ~ 30 分钟（无加热）。可以使用多种能源来实现热疗：
- 高频电流，如短波透热（深层热疗）
- 电磁辐射，如微波（深层热疗）
- 导电热，如热水浴、热敷包、电加热垫或热敷布（浅层热疗）

生理影响

- 热疗的局部作用是由于细胞功能对温度升高有反应。
- 在局部的血流量增加，并伴有毛细血管扩张和更高的毛细血管通透性的增加。
- 初始组织代谢增加，疼痛阈值可能有变化。
- 由于骨骼肌放松，加热目标位置的进一步变化包括反射性血管舒张和肌肉痉挛的减少。

冷疗（冷冻疗法）

冷冻治疗包括局部冷却肌肉或关节——通常在受影响的部位降温 10 ~ 15 分钟，然后休息 15 ~ 30 分钟（无冷冻）。最常见的冷冻治疗形式包括冰袋、冰浴、冷冻凝胶包和冰按摩。

生理影响

- 冷冻疗法通过以下方式缓解软组织肿胀
  - 收缩受伤部位内部和周围的血管，使血液变得更黏稠或不易流动，从而减慢受伤部位的血液循环，以及减少局部液体积聚并促进多余液体的吸收。
- 冷冻疗法也可以减少出血，并减少肌肉痉挛和疼痛。

拉伸

柔韧性是指在关节中的绝对移动范围，可以通过拉伸来提高柔韧性。

生理影响

- 拉伸可以增强本体感觉的发展。
- 拉伸可以减轻肌肉酸痛和肌肉紧张。

图 4.1 恢复技巧

（来源：Information on massage, heat therapy, and cryotherapy was partially adapted，with permission，from materials developed by Greg Wells, PhD. ）

休息间隔提示

· 30秒的 RI 让消耗的 ATP-PC 恢复约 50%。

· 3 ~ 5 分钟或更长的 RI 几乎可以完全恢复 ATP-PC。

· 在锻炼至力竭后，4 分钟的 RI 并不足以消除工作肌肉中的乳酸或补充糖原的能量储存

离子（H+），会导致酸中毒（Powers and Howley，2009）。更高的酸中毒水平通过失活肌钙蛋白（一种蛋白质化合物）来抑制钙的结合能力。肌钙蛋白的失活可能会加强疲劳与运动之间的联系。此外，酸中毒产生的不适可能是心理疲劳的限制因素。虽然最近的研究挑战了乳酸盐积累对运动表现有不利影响的旧理论，但仍然明显的是，乳酸盐可能对低频肌肉疲劳具有间接作用。

以下几个因素会影响组间休息间隔的时间：

· 运动员正在发展的力量类型；

· 所用负荷的大小；

· 收缩速度；

· 在训练课中要锻炼的肌肉群数量；

· 体能水平；

· 在训练日之间休息的时间；

· 运动员的总体重（肌肉较大、体重较大的运动员的再生速度通常比较轻的运动员更慢）。

大多数运动员在休息间隔什么都不做，以促进组间恢复。但是，可以采取一些措施来提高恢复的速度和完整性：

健身模特苏凌（Sue Ling）明白，有氧训练对运动员的恢复过程有帮助。

· **放松练习**。摇动腿、手臂和肩膀，或轻轻按摩等简单的技巧有助于促进组间恢复。使用重负荷的练习导致肌肉蛋白质的数量增加，从而引起肌肉僵硬（Baroga，1978）。这些基本的恢复技巧通过改善肌肉内的血液循环来帮助其去除疲劳。

· **转移活动**。转移包括在 RI 期间用非疲劳肌肉执行轻度收缩的活动（Asmussen and Mazin，1978）。这种身体活动可以促进原动肌更快地恢复。局部肌肉疲劳的信息通过感觉神经传递给 CNS。然后大脑向疲劳肌肉发出抑制信号，减少其在 RI 期间的工作输出。因为肌肉变得更加放松，其能量储备更容易恢复。

体能好的运动员比身体素质水平较低的运动员恢复得更快。我们强烈建议力量训练者和健美运动员除了训练肌肉系统外，还要通过心肺训练来训练其有氧系统。有氧训练的另一个优点是，它帮助健美运动员和力量训练者在整个年度计划中保持相对较瘦且健康，而不仅仅是在比赛准备期间。

在安排训练课之间的休息间隔时，训练过程中使用的能量来源可能是最重要的考虑因素。例如，在最大力量阶段，当你主要消耗来自 ATP-PC 系统的能量时，由于 ATP-PC 恢复在 24 小时内完成，因此每日都可以进行训练。另一方面，如果正在训练肌肉耐力（目的是肌肉线条），则应该每隔一天安排一次锻炼——糖原的完全恢复需要 48 小时。即使是富含碳水化合物的饮食，糖原水平也不会在不到 2 天的时间内恢复正常水平。

用于恢复的营养补剂

能量补剂可以预防或减轻疲劳的各个方面（参阅第 8 章中讨论的锻炼前和锻炼中的饮食）。大量的营养补剂可以对免疫系统产生有利的影响，并且有助于恢复并预防和治疗由于过度训练引起的损伤。综合的多方面协同补剂可以帮助满足所有这些条件，其中一个例子是 Joint Support，其成分如下：

盐酸甜菜碱（Betaine HCl）	甲基磺酰甲烷（MSM）
二型胶原蛋白（BioCell Collagen II）（含硫酸软骨素和透明质酸）	N- 乙酰半胱氨酸
	烟酸
硼	ω-3 鱼油（EPA、DHA）
芥子草提取物菠萝蛋白酶	木瓜蛋白酶
钙	槲皮素二水合物芦丁
辣椒	鲨鱼软骨
生姜	硅
硫酸葡萄糖胺	刺荨麻提取物
谷胱甘肽	姜黄
哈皮糖苷	维生素 C
卡瓦内酯	维生素 D
L- 精氨酸	维生素 E
L- 甲硫氨酸	白柳
镁	丝兰提取物
锰	锌

尽管大多数疼痛是由于肌肉组织创伤所导致的，但是也会在与肌肉连接的组织（包括骨骼、肌腱和韧带）上产生压力。这些组织也会老化。结缔组织创伤是运动员身体不适的主要来源。这并不奇怪，考虑到结缔组织在全身广泛分布——它连接我们的骨骼，包裹我们的器官，让我们的牙齿保持在正确的位置，缓冲和润滑我们的关节，并将肌肉连接到我们的骨骼上。

大多数结缔组织损伤涉及对组织的结构成分的损伤。在体育活动中，损伤分为两种：急性创伤和疲劳损伤。急性创伤因组织的部分或完全撕裂导致。疲劳损伤最常见的原因是慢性过载或重复动作。

炎症是这两种类型损伤的最突出症状。虽然炎症是愈合的必经过程，但慢性炎症可能导致组织退化更严重，并干扰其修复过程。实际上，慢性炎症是几种结缔组织疾病的主要因素，特别是在活动范围较大的关节内。通常用药物来治疗或减轻结缔组织炎症的症状——但是这些药物可能改变愈合过程，并且仅提供临时缓解。这些药物很多会引起副作用（如胃肠不适），长期来说，甚至可能会加速关节退化。

几个世纪以来，草药一直被用于缓解组织压力的症状。草药也被证明可以重建组织并恢复关节功能。许多天然药物有助于恢复，帮助治愈肌肉和关节疼痛，让拉伤和扭伤等损伤恢复得更好，并帮助加强肌肉骨骼支持组织。

第二部分

为肌肉生长提供
最充足的营养

营养和代谢饮食 5

在过去的 60 年里，营养被公认为是所有体育运动的重要组成部分，其中包括健美运动和力量运动。过去，许多人认为运动员的饮食不需要异于常人——毕竟我们的饮食（起码在精心规划饮食的情况下）为运动员提供了身体发育和竞赛所需的全部营养。然而，大量科学和医学信息表明，特殊的营养补充对于运动的成功至关重要。

本章讨论健美运动员所需的特殊营养物质，以及如何通过使用膳食和营养补剂来最大限度地提高肌肉质量并增强肌肉力量，同时减少身体脂肪。显而易见的是与久坐人群相比，经常坚持规律性锻炼的人群需要更多的热量。但对于其是否需要更多的蛋白质和其他宏量营养素、微量营养素和营养补剂，尚不很明确。此外，我们必须考虑如何最大限度地增加肌肉及其力量，并尽量减少身体脂肪。

代谢饮食

过去，大多数健美运动员和力量型运动员的全年饮食几乎都遵循高蛋白质、复合型碳水化合物、低脂的原则。唯一不同的是（当他们不规律饮食时除外）热量——以增加肌肉力量为目的时稍高；以精瘦为目的时则较低。尤其是健美运动员中，主要的饮食包含大量的高蛋白质食物，如蛋清、烘烤的无皮鸡、水包金枪鱼，当然还有大量的燕麦和米饭。

自从莫罗·迪·柏斯古（Mauro Di Pasquale）介绍了代谢饮食，许多力量型运动员，特别是健美运动员已经放弃了高碳水化合物、低脂的饮食。具有革命性意义的代谢饮食可以巧妙地控制瘦体重和身体脂肪。通过影响代谢变化，并改变身体的合成代谢激素和分解代谢激素及生长因子来达成此目的。

代谢饮食易于追踪，有 3 个主要优点：

1. 刺激你的代谢继续燃烧脂肪，以取代碳水化合物作为主要燃料。

2. 当降低热量摄入时，它会保持脂肪的燃烧，从而使身体主要从脂肪而不是糖原或肌肉蛋白来获取能量。

3. 节约并保存蛋白质，以增加肌肉质量。

代谢饮食的第一步是转化代谢方式，以脂肪作为其主要燃料。通过限制膳食中的碳水化合物并食用大量的脂肪来完成。在最初的适应阶段过后，逐渐转变为工作日采用低碳水化合物饮食，而周末采用高碳水化合物饮食。这样做可以控制肌肉生长和脂肪燃烧的进程和激素水平。低碳水化合物加高脂肪方案与高碳水化合物加低脂肪方案交替循环，这可以控制身体中的合成代谢和脂肪燃烧进程，从而在维持或增加肌肉质量的同时减少身体脂肪。训练机体主要以身体脂肪为首选燃料，而不是碳水化合物和蛋白质。

当身体调整适应为首选燃烧脂肪后，就可以根据个人的目标来调整热量。为了增加肌肉质量，通过食用更多的脂肪和蛋白质来增加每日热量摄入量。为了在保持肌肉力量的同时减少身体脂肪，要缓慢减少热量和脂肪的摄入量。通常较好的方法是首先控制体重的增加，然后降低额外的身体脂肪，同时保持在增加体重时所增加的大部分肌肉。当开始减少热量和脂肪的摄入量时，身体会获得更少的热量和更少的膳食脂肪，因此它将日益增加使用其脂肪储备（而不是肌肉）来弥补每一项能量亏损。在某些情况下，饮食可以只含有中等甚至低含量的脂肪，主要是必需脂肪酸和单不饱和脂肪酸的形式。

代谢饮食发挥作用是因为身体掌握使用燃烧脂肪，取代燃烧碳水化合物。当主要从膳食脂肪中减少热量时，身体会倾向于继续燃烧脂肪，以及一些碳水化合物，具体取决于膳食中碳水化合物的摄入量。你必须始终保持摄入大量蛋白质，用于增加肌肉。随着热量的下降，身体脂肪成为主要的燃料，即使此时大幅降低膳食脂肪摄入，也是如此。

适当的营养有助于创造令人难以置信的肌肉组织。

代谢饮食对身体的好处

代谢饮食的优点之一是不使用合成代谢类固醇来增加瘦体重。从激素的角度来看，这种饮食方法的作用确实与类固醇有很多相似之处，但前者是自然的，没有风险。代谢饮食的另一个优点是能够在不影响瘦体重的同时减少身体脂肪。

减少身体脂肪，不影响瘦体重 与高碳水化合物饮食不同，当通过代谢饮食增加体重时，增重中大部分是肌肉，小部分是身体脂肪。我们发现，摄入脂肪并不会产生肥胖。事实上，高膳食脂肪有助于增强脂解（即脂肪分解），并导致身体脂肪的减少。此外，健美运动员在节食阶段将保持更多瘦体重。

在选择高碳水化合物饮食的情况下，若合理地锻炼身体，并且正确地完成其他一切事情，就会发现，当你体重减轻时，其中脂肪约 60%，肌肉占 40%。你可能会降到自己的最佳体重并且有明显的肌肉线条，但是你的体型远远未达到最佳状态。在选择代谢饮食的情况下，在节食阶段，减重的比例会变成 90% 的脂肪和 10% 的肌肉。由于坚持高脂肪的饮食，得到自己想要的体重，但会发现自己保持更多的瘦体重。体型会变得更大更强壮。

减掉身体脂肪的同时，感觉更强壮 这便是原因。肌肉力量与肌肉质量成正比。当采用高碳水化合物饮食时，要通过减少瘦体重来减重，明显感觉会逐渐变得较弱。因为代谢饮食在碳水化合物加载阶段每星期循环，以刺激胰岛素生成并触发生长，个人也不会陷入每周一次节食之后引起的心理障碍。饮食的多样性可以帮助你比采用高碳水化合物饮食时更加精力充沛，并且更加易于坚持。

劳拉·比内（Laura Binetti）带展示了身体脂肪减少而不牺牲瘦体重的含义。

内源性合成代谢激素最大化的作用 代谢饮食可以最大限度地提高血清中的睾酮（甚至是女性）（Goldin et al., 1994）、生长激素和胰岛素的水平，以促进生长，并帮助你在减少身体脂肪的同时变得结实，拥有良好的体型。它基本上在调节激素系统，以形成一种内源性（天然）合成代谢（生长）环境。你会惊讶于当这些激素共同发挥作用，塑造自己想要的体型有多快。

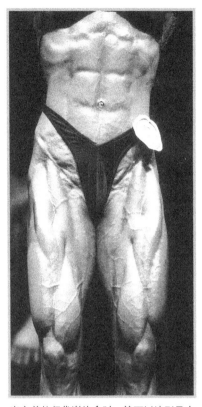

当完美执行代谢饮食时，就可以达到最大的合成代谢效果。

最大限度地提高 3 种激素的水平是代谢饮食最明显的作用之一。许多激素会对其他激素产生反应。例如，随着胰岛素升高，生长激素可能会下降。如果胰岛素减少，生长激素会增加。两种激素一般不能很好地协同工作，但它们可以合作。在锻炼过程中和锻炼之后，了解身体内血清中的睾酮和生长激素的减少十分重要。代谢饮食试图使 3 种合成代谢激素的效果最大化达 24 小时。因为与普遍的观点恰恰相反，你不仅在锻炼之后变得更强壮，同时形成肌肉，而且在锻炼过程中也是如此。如果可以让这两种激素含量提高，就将获得比单独增加其中一种激素更好的合成代谢作用效果。在细胞水平，合成代谢激素必须升高，以驱动氨基酸进入细胞，从而形成蛋白质。代谢饮食的每周循环（碳水化合物加载阶段）可以刺激产生胰岛素，而补剂的使用将优化蛋白质合成，同时促进最大化生长。

第 8 章推荐了可以配合代谢饮食使用的补剂，以便依据需要量提高胰岛素敏感性、睾酮、生长激素和胰岛素样生长因子 1（IGF-1）水平。补剂和运动训练的方式将主要取决于你想塑造身体的程度。无论你的目标是什么，都将发现代谢饮食是助力于减轻体重，保持身体素质，并使体型最美观方面的一个有效的方式。

增强力量 坚持代谢性饮食的人往往会发现，在减脂减重过程中，其力量素质反而增强了。大多数健美运动员对此感到大为惊奇。他们知道，当他们减体重时，同样也会减掉肌肉和力量。但是在采用代谢饮食的情况下，他们减掉的肌肉更少，并且结合身体在合成代谢环境中工作的实际，他们变得更强壮。他们无法相信，他们看到了脂肪消失，而同时他们的力量却在增强。

减少分解代谢活动 代谢饮食导致皮质醇水平较低，皮质醇是肾上腺分泌的一种激素，它分解肌肉（分解代谢）并利用其产生能量。当然某些补剂可以添加到饮食中（参阅第 8 章），以进一步减少在锻炼期间和锻炼之后的肌肉分解，同时在关键时刻提高胰岛素和生长激素水平，以促进合成代谢作用。简单来说，肌肉分解减少而增肌效果显著。

天然食品更好

使用药物会缩短身体的正常进程。通过从身体外部摄入激素和其他物质，就会让常规产生这些物质的内部结构停止运行。通过工厂的比喻可以更容易理解这一点。如果你提供了通常由这家工厂生产的货物，那么就无须运营这家工厂了。如果工厂停业很长的时间，有时就很难让它重新运行，由于你必须对工人和原材料进行整合，并使所有人和设备都再次回到最高工作效率。

当你从外部摄取激素和药物时，你身体内部的工厂也会发生同样的事情。当不再需要制造这些化合物或不再需要由这些化合物来完成其原来的工作时，身体中相关的工作过程基本上就会停止。这可能会导致身体长期不平衡，有时甚至是永久性的不平衡，对身体是有害的。

举个例子，合成代谢类固醇对男性的影响。使用类固醇会关闭下丘脑、垂体和睾丸生成睾酮的过程（萎缩的睾丸就是证明）。停止使用类固醇后，大部分使用药物时的结果和优点在身体恢复正常时总是会消失。但在某些情况下，系统再也不会真正回到初始状态，使运动员处于比从未使用药物前更差的状态。另一方面，按照内部工厂本来自然接受刺激的方式，通过最大化刺激或激活它们，你所要做的就是最大限度地提高自己身体的投入、运作和产出，使其以最高效率兴奋起来。

通过保持自然状态，也可以预防使用药物可能产生的短期和长期后果。其中包括激素、代谢和体内平衡过程的变化，并可能出现组织和器官功能障碍。使用某些机能增进类药物和改变身体成分类药物的长期后果尚有待明确，但可能会对心血管、激素产生严重的后果，并可能会致癌（产生或促发癌症）。

宏量营养素

宏量营养素是人体生存所需要的化学成分。三种主要的宏量营养素是碳水化合物、蛋白质和脂肪。本节讨论碳水化合物和蛋白质，第 6 章讨论脂肪。

碳水化合物

碳水化合物分为两类：简单的和复合的（图 5.1）。简单糖（简单碳水化合物）包括单糖和二糖。两种最常见的单糖是葡萄糖（是活生物体中的重要能量来源，并

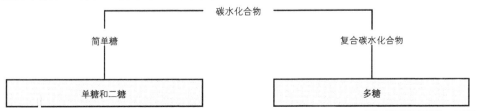

图 5.1 简单的碳水化合物和复合碳水化合物

且是许多碳水化合物的组成成分）和果糖（水果和蜂蜜中天然存在的糖）。二糖由两种单糖组成。两种最常见的二糖是蔗糖（也称为食糖）和乳糖（lactose，或写作 milk sugar）。一旦食用了糖，肝脏就会将其转化为葡萄糖，以便快速产生能量，或将其转移到糖原或脂肪储备中供以后使用。

食用过多这种类型的碳水化合物可能会对认真的运动员造成不利影响，原因有几个。就提供维生素、矿物质和蛋白质而言，含有简单糖的食物通常营养价值较低（Wardlaw and Insel，1990）。

多糖组成复合碳水化合物。顾名思义，多糖（polysaccharides）由许多（poly）葡萄糖单元组成。它们通常被称为淀粉，在蔬菜、水果和谷物中常见。这些碳水化合物被缓慢消化，因此不会引起胰岛素或血糖水平的巨大波动（Jenkins，1982）。

为了在遵循代谢饮食时选择适合的碳水化合物类食物，有一个简单的方法，就是查看血糖指数。消化速度慢且不会导致胰岛素大幅波动的食物具有低血糖指数。导致血糖和胰岛素水平迅速变化的食物具有高血糖指数（Jenkins，1987）。

蛋白质

蛋白质是由被称为"蛋白质的结构单元"的氨基酸链（AA）组成。有 20 种不同的氨基酸，机体可以从我们吃的食物中合成其中的 11 种（非必需氨基酸），而剩余的 9 种（必需氨基酸）必须通过饮食来提供（图 5.2）。全部 9 种必需氨基酸均必须存在于体内才能发生蛋白质合成（Wardlaw and Insel，1990）。

对于健美运动员和力量训练者来说，摄取正确的食物是非常重要的，以便所有的 20 种氨基酸可以一起工作形成蛋白质。重点是要获得身体无法合成的氨基酸——必须直接从饮食中获取的 9 种必需氨基酸。机体将负责合成 11 种非必需氨基酸。含有所有的 9 种必需氨基酸的食物被称为完全蛋白质（complete proteins），它们是运动员的朋友。不含有全部 9 种必需氨基酸的食物被称为不完全蛋白质（incomplete proteins）。表 5.1 简要列出了一些完全蛋白质和不完全蛋白质及其特点。

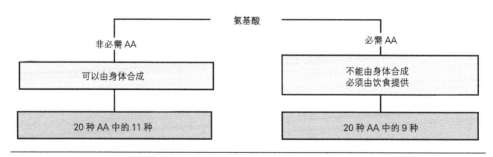

图 5.2　非必需氨基酸和必需氨基酸

表 5.1　比较完全蛋白质和不完全蛋白质

特点	蛋白质类型	
	完全蛋白质	不完全蛋白质
含有全部 9 种必需 AA？	是	否
支持身体的生长和保养？	是	否，但可以支持身体保养
来源	动物蛋白质	植物蛋白质
食物来源	牛肉、鸡肉、猪肉、鸡蛋、鱼、牛奶、奶酪、酸奶	大豆、豆类植物、豆腐、谷物、坚果、种子、蔬菜

　　肉食者可以自信已获得了所需要的全部氨基酸，正因如此，仅依靠植物蛋白质的素食健美运动员和力量训练者必须特别注意自身蛋白质摄入，要吃多种植物蛋白质来获得所有必需氨基酸。素食运动员必须通过组合植物蛋白质来获得所需要的东西。组合两种不完全蛋白质食物来获得完全蛋白质的例子是吃面包和花生酱。这种组合可以提供 9 种必需氨基酸，但这两种食材各自都无法单独做到这一点。

　　蛋白质的生物价值（BV）描述是从食物蛋白质中产生人体组织的有效性。根据沃德洛（Wardlaw）和因赛尔（Insel）（1990）的观点，食物的 BV 取决于其氨基酸模式与身体组织中的氨基酸模式接近程度；食物蛋白质越接近身体蛋白质越好。如果食物中的 AA 模式与人体组织氨基酸模式有非常大的差异，则食物蛋白质会变成葡萄糖（用作燃料）或脂肪（用于储存），而无法变成身体蛋白质。

　　人类和其他动物具有相似的氨基酸组成，而植物氨基酸组成则与人类的氨基酸组成差别很大。表 5.2 列出了运动员饮食中许多主要食物的生物价值和净蛋白质利用率（NPU）。净蛋白质利用率与食物的 BV 吻合，用于说明食物的消化率，并且由于大多数蛋白质几乎被完全消化和吸收，所以大多数蛋白质食品的 BV 和 NPU 类似。

重申一次，通过吃多种蛋白质，就可以大大提高一顿饭的蛋白质生物价值。这对于素食运动员来说尤其重要，因为从表 5.2 可以看出，BV 最高的食物中大部分属于动物蛋白质。

营养提示

· 阅读食品标签，了解宏量营养素含量。
· 确保摄入适合自己身材的足够的蛋白质。请参阅第 12 ～ 17 章中的营养部分。
· 种类多样的蛋白质食物。

表 5.2　比较不同食物的蛋白质价值

食物	生物价值（BV）	净蛋白质 利用率（NPU）
鸡蛋	100	94
牛奶	93	82
糙米	86	59
鱼	76	—
牛肉	74	67
大豆	73	61
玉米	72	36
燕麦	65	—
全麦面包	65	49
白米	64	57
豌豆	64	55
花生	55	55

[表格来源：G.M.Wardlaw and P.M. Insel, 1990, *Perspectives in nutrition* (St. Louis:Mosby)。© The McGraw–Hill Companies, Inc.]

饮食优势

现在可能需要一部分生物化学课，让你更好地了解为什么代谢饮食优于其竞争对手。三磷酸腺苷（ATP）是人体所有代谢活动的能量来源。为了获取身体用于肌肉收缩、呼吸、脑细胞功能以及几乎所有其他活动所需的能量，必须产生 ATP。人们已经认识到，身体需要通过糖原和来自碳水化合物食物的葡萄糖来产生和补充 ATP 并生存下去。

当饮食中主要是碳水化合物食物时，你基本上会将碳水化合物的葡萄糖（和像葡萄糖那样进入糖酵解途径的其他糖类）作为能源燃烧。葡萄糖进入血液，直接被用作能源物质，或作为糖原存储在肝脏和肌肉中。当需要能量时，储存的糖原被转化回葡萄糖并被细胞直接利用，或通过血液流动转运到身体其他细胞，再被转化和利用并产生能量。没有作为糖原储存的葡萄糖被转化生成甘油三酯（以游离脂肪酸的形式储存）并储存为身体脂肪。

当饮食中的脂肪和蛋白质占较大比例时，身体不再依靠大量的糖原或葡萄糖来产生能量。很大一部分的能量来自于饮食中的游离脂肪酸，或者来自身体脂肪的分解和氧化。身体无须摄取碳水化合物就可以产生葡萄糖（通过一个称作糖异生的过程），而且蛋白质和脂肪均可用于提供能量并补充 ATP。机体不用燃烧所储存的全部糖原或葡萄糖来产生能量，而是燃烧游离脂肪酸或甘油三酯以及它们所产生的葡萄糖。（第 6 章讨论好的脂肪和坏的脂肪，以及诸如心脏病和胆固醇水平等问题。）

有一个误解：必须摄入含碳水化合物膳食才能让身体正常工作。只有在机体的基因决定他无法有效利用脂肪的情况下，这种理解才可能是正确的。并且即使在这种情况下，也不太可能需要含极高水平碳水化合物的膳食。另外，这种观点对于我们为什么需要碳水化合物食物的理解也是错误的。这种观点提出的主要依据之一是大脑依赖碳水化合物来维持正常运作，但实际上乳酸盐是神经元的首选底物，并且这些脑细胞也能有效地利用代谢酮。同样，中枢神经系统中的其他细胞也会满足主要脑细胞的需求，并为其提供源自其他营养物质的能量。例如，有研究已经证明，星形胶质细胞会将营养物质运送至神经元（Magistretti and Pellerin, 2000；Deitmer, 2001）。

糖异生

通过改变膳食宏量营养素含量，可以大幅度改变细胞代谢通量。有些通路变得比其他通路更加活跃，有些过程在能源产出中占主导地位。在所有情况下，身体都将适应任何饮食的宏量营养素含量（无论多么极端），只要饮食提供某些必需的宏量营养素和微量营养素即可。

其中有必需氨基酸和非必需氨基酸，以及必需脂肪酸（关于必需脂肪酸的更多内容参阅第 6 章），但没有必需的糖或碳水化合物，因为身体可以从内部产生葡萄糖和碳水化合物。可根据需要通过糖异生产生葡萄糖。在这个过程中，包括氨基酸和甘油（身体脂肪的主要组成成分）在内的其他营养物质可以转化为葡萄糖或直接用来产生能量。尽管略有些复杂，但图 5.3 说明了身体如何从氨基酸、甘油（来源可以是身体脂肪的分解或饮食）、乳酸盐和丙酮酸盐在内的其他物质中产生葡萄糖。

因为所有这三种宏量营养素的代谢都有共同的通路，宏量营养素含量的变化导致身体的适应性，可以有效地制造用于能量生产和身体保养的化合物及底物。不管

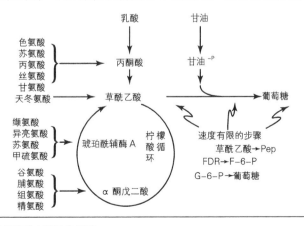

图 5.3 前体细胞进入糖异生通路
（图片来源：Di Pasquale 2002, p.34.）

宏量营养素如何组合，最终结果和最终通路都是一样的。宏量营养素的相互转化是能量代谢的重要组成部分，通常会消耗一些能量（蛋白质转化为脂肪），也有一些例外（无法从游离脂肪酸产生葡萄糖——虽然可以在有限的程度上利用甘油三酯和身体脂肪）。图5.4和图5.5说明了葡萄糖、游离脂肪酸、甘油和氨基酸如何被分解来提供能量。

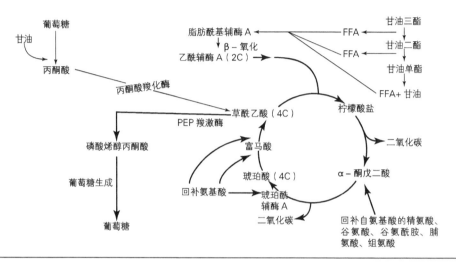

图5.4 除了甘油部分（10%的重量），没有来自脂质的净葡萄糖合成
（图片来源：Di Pasquale 2002，p.35.）

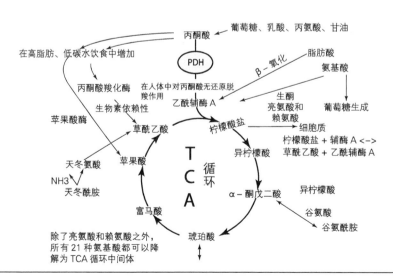

图5.5 代谢饮食控制身体中主要用于肌肉生长和脂肪燃烧的激素，最大限度地增加肌肉质量，并尽量减少身体脂肪。这些激素包括睾酮、生长激素、IGF-1、胰岛素、甲状腺激素和皮质醇
（图片来源：Di Pasquale 2002，p.36.）

脂解和脂肪氧化

代谢饮食同样增加激素敏感性脂肪酶（HSL）的活性，HSL 作为分解体脂肪的酶。脂肪组织的脂解通过细胞信号的逐级连接受到刺激，导致 HSL 的激活。基本上，高脂肪饮食会激活身体内的脂解（燃烧脂肪）酶，并降低脂肪生成（产生脂肪）酶的活性。膳食游离脂肪酸和甘油三酯成为身体的主要能量来源。甘油三酯被分解成游离脂肪酸，一些脂肪酸被代谢生成酮，然后又可以被身体细胞利用产生能量。使用酮产生能量对于大脑而言尤为重要，大脑只能使用葡萄糖和酮来产生能量。简而言之，游离脂肪酸和酮代替了葡萄糖，而甘油三酯则起到糖原的作用。

当碳水化合物作为身体的主要能量形式时，身体会产生胰岛素来处理并储存它。这一切都很好。但是胰岛素面临一个问题，就是它激活体内的脂肪生成（产生脂肪）酶，并降低脂解（燃烧脂肪）酶的活性。这导致身体脂肪的储备增加，而用于燃烧的脂肪储备量会减少。

而高脂肪、低碳水化合物饮食的效果则恰恰相反。在从碳水化合物燃烧机制转变为脂肪燃烧代谢之后，脂肪生成（脂肪在体内的产生和存放）减少，并且脂解（燃烧膳食脂肪和身体脂肪来产生能量）增加。以脂肪作为主要燃料来源，而不是使用糖原或较难分解的蛋白质。

这可能对身体总脂肪量有很大影响，研究表明，通过高脂肪、低碳水化合物的饮食，所减轻体重中大部分是源于身体脂肪的减少（Schurch et al.，1979 ；Yancy et al.，2004 ）。在人体受试者的理想体重研究中，高脂肪饮食伴随着非常强的脂解（燃烧脂肪）效应（Kather et al.，1987 ；Yancy et al.，2004 ）。

在另一项着重于肥胖受试者的研究中，我们发现，当提供高碳水化合物、相对低脂肪的饮食或较低碳水化合物、相对较高脂肪的饮食时，明显后一种饮食方案的受试者减掉的脂肪更多（Rabast et al.，1987 ；Brehm et al.，2003 ）。尽管主流观点所预测的是，高脂肪饮食只会使人更胖，但实际上，高脂肪饮食受试者却减掉了更多体重。

与大多数人的认知相反，脂肪氧化主要受碳水化合物摄入而不是脂肪摄入调节（Flatt，1995 ）。一旦适应了高脂肪、低碳水化合物的饮食，正确设计的高脂肪、低碳水化合物食谱并不会导致身体储存过多的脂肪。它实际上决定了更瘦的身体组成。

单单控制身体脂肪的形成（脂肪生成）和分解（脂解）是不够的。分解的脂肪也必须被身体利用产生能量（β – 氧化或脂肪氧化），而不是简单地用于重新形成身体脂肪。如果脂肪酸没有用完，脂解是没有作用的。例如，最近的一项研究表明，麻黄碱类化合物增加脂解作用，但减少脂肪氧化，因此整体效果可能是增加身体脂肪。代谢饮食不仅增加了脂肪分解，而且会利用更多脂肪作为燃料来满足身体的能量需求。这部分是通过控制胰岛素的增加和敏感性，部分是通过提高生长激素、IGF–1 和睾酮的水平（包括雄激素受体和结合的增加）来实现的。

代谢饮食不会让胰岛素水平忽上忽下，这种情况在碳水化合物饮食中很常见。

胰岛素调节

其他饮食方法鼓励持续的低碳水化合物摄入，代谢饮食则不同，并不认为胰岛素是敌人。事实上，只有当胰岛素水平长期较高或变化幅度极大时（正如采用碳水化合物饮食会发生的情况），胰岛素才是问题。事实上，代谢饮食利用胰岛素的合成代谢作用，同时又防止其对身体脂肪和胰岛素敏感性产生不良影响。

未受抑制的胰岛素减少身体脂肪的分解（脂解）和增加积累（脂肪生成），对身体脂肪造成负面影响。你想要做的，以及代谢饮食的重点，就是在适当的时候增加胰岛素，让它帮助增加肌肉质量，并通过增加氨基酸进入肌肉细胞的量来最大限度提高合成代谢潜力。胰岛素也对蛋白质合成、肌肉代谢和糖原超补偿有益处。

在同一时间让脂肪堆积起来是你们最不想见到的。这就是为什么需要控制和限制胰岛素分泌的原因。采用高碳水化合物饮食可能导致胰岛素水平的持续升高，代谢饮食则不然，它在平时谨慎地管理胰岛素，你既可以获得其合成代谢的益处，又不会积攒下其他不需要的脂肪。代谢饮食通过以下方式实现这种效果。

- 它只允许胰岛素在控制下增加，以获得所需的蛋白质合成效果。
- 减少了胰岛素对脂肪分解和脂肪生成的影响。
- 它在周末不同的时间提供胰岛素脉冲并控制胰岛素的增加。

总的来说，我们的经验是，当短期低碳水化合物饮食与额外碳水化合物交替时，对肌肉有快速合成代谢作用。通过水和额外的碳水化合物使细胞水合作用最大化，胰岛素敏感性增加，导致强烈的合成代谢刺激。计划性波动所带来的合成代谢作用是任何其他饮食无可匹敌的。这种合成代谢作用可以提高力量和瘦肌肉质量。

胰岛素、生长激素（GH）、睾酮和胰岛素样生长因子1（IGF-1）

胰岛素在胰腺中产生，在血液中运输，与载体蛋白结合并被运输到肌肉、肝脏和其他组织中。胰岛素的主要作用是调节血糖水平。因此，胰岛素影响糖和碳水化合物的代谢，也会影响脂肪和蛋白质的代谢（Boden et al.，1991）。图5.6显示胰岛素作用于肌肉蛋白质代谢的位点。胰岛素还可以影响其他合成代谢激素，包括生长激素（GH）、胰岛素样生长因子1（IGF-1）和睾酮，以进一步增强整体合成代谢作用。

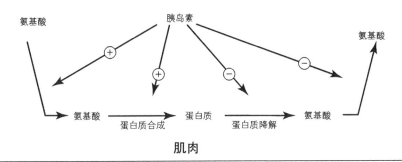

图5.6 胰岛素作用于肌肉蛋白质代谢的位点
（图片来源：Di Pasquale 2002，p.43.）

生长激素是非常重要的，由于它增加蛋白质合成并减少肌肉分解。在平时，当使用高脂肪、高蛋白、低碳水化合物的饮食时，由于生长激素的分泌增加，胰岛素水平不会大幅波动。除了为塑造形体创造极佳环境，生长激素也诱导细胞使用脂肪而不是糖来提供能量，从而增加身体脂肪的燃烧并限制脂肪的产生。

生长激素是一种由垂体前部产生的多肽。人类生长激素的代谢作用包括促进蛋白质保护、刺激脂肪分解和脂肪氧化（Sjogren et al.，2007）。生长激素的机制几乎像一种"饥饿"激素。当你的身体有麻烦，或者你处于受到威胁或压迫的情况时，生长激素就会开始调动身体的能量储备来应付压力和更多的能量需求，同时保存必需的肌肉量。在运动压力下，生长激素水平也有所增加。通常，胰岛素会降低生长激素的分泌，但似乎在代谢饮食的周末部分，身体将碳水化合物和胰岛素的大幅增加视作一种压力状况，就像运动一样，其实生长激素与胰岛素一同增加。这样，你可能会在平日或至少在周末的部分时间里都达到增加生长激素的正面效果。

睾酮是睾丸产生的雄激素性质的合成代谢物质。许多研究表明，睾酮可以增加肌肉蛋白质的合成，增强力量，增大体型并提高运动能力（Urban et al.，1995；Bhasin et al.，2001）。对于增强肌肉质量和力量，至关重要的睾酮也对代谢饮食有很好的效果。该领域的研究发现，睾酮水平与膳食脂肪含量呈正相关。例如，绝经前的妇女若采用低脂膳食，则出现非蛋白结合雌二醇和睾酮水平都会降低的情况（Ingram et al.，1987），而用高胆固醇或鱼油喂食的动物比用含亚麻子油的低胆固醇饮食喂食的动物产生更多睾酮（Sebokova et al.，1990）。另一项研究表明，在老年男性中，与奶蛋类素食相比，含有肉类的饮食（正如代谢饮食

激素（如生长激素和睾酮）在健美运动员的成功中发挥关键作用。

所推荐的）与抗阻训练配合，对无脂肪组织和骨骼肌质量更有好处（Campbell et al.，1999）。

最新的证据表明，与高脂肪饮食相比，低脂肪饮食会降低男性的血清基础睾酮浓度（Wang et al.，2005），并且在饮食中增加更多脂肪和蛋白质会提高年轻男性（Sallinen et al.，2004）和老年男性（Sallinen et al.，2007 年）在大重量抗阻练习后由运动诱导产生的血清睾酮水平。同样，低脂肪、高纤维饮食会降低男性的血清睾酮水平（Dorgan et al.，1996；Wang et al.，2005）。

胰岛素样生长因子 1 已经在动物的蛋白质代谢、生长及许多组织的生长过程中受到影响（O'Sullivan et al.，1989；Schoenle et al.，1982）。其结构类似于胰岛素（Zapf et al.，1984；Blundell et al.，1979），且被认为对体内生长激素（GH）的大部分合成代谢作用有影响。IGF-1 是在肝脏、软骨细胞、肾脏、肌肉、垂体和胃肠道中产生的。肝脏是循环 IGF-1 的主要场所（Underwood et al.，1986）。IGF 肽与血浆蛋白紧密结合（IGFBP）。由于这种结合，其活动持续时间延长了几个小时，而未结合的形式仅可以持续 20 ~ 30 分钟。

IGF-1 和 IGFBP-3（结合 IGF-1 的 GH 依赖性蛋白）的水平与 GH 分泌相关，并且随 GH 水平升高而升高。IGF-1 和 IGFBP-3 的水平也与年龄相关，幼儿期水平低，青春期时达到高峰值，在 50 岁后下降。由于与蛋白质的结合，并在此控制下释放，IGF-1 的浓度在一天内保持相对恒定，与 GH 水平的波动相反。IGF-1 似乎对骨骼肌发挥着与 GH 和胰岛素相似的作用，即增加蛋白质合成和减少蛋白质分解（Fryburg，1994）。GH 和 IGF-1 似乎都将代谢转化为减少脂肪形成和增加蛋白质合成。

皮质醇

皮质醇是一种重要的激素，因为它将对葡萄糖的利用从肌肉转移到大脑，促进儿茶酚胺（由肾上腺产生的激素）的作用，并防止免疫系统对受伤的过激反应（Ganong，1988）。皮质醇具有许多作用，包括刺激糖异生（从非碳水化合物来源合成葡萄糖）；增加蛋白质水解（蛋白质分解为氨基酸）（Simmons et al.，1984）和丙氨酸合成；使脂肪组织对脂肪分解激素（GH 和儿茶酚胺）的作用更敏感；并提供抗炎作用。此外，皮质醇通过降低胰岛素激活葡萄糖摄取系统的速度引起胰岛素抵抗，原因可能是后胰岛素受体阻断（Brown et al.，1987；Rizza et al.，1982）。

压力和更高的皮质醇水平对血清睾酮水平有消极影响。外源性睾酮和合成代谢类固醇的主要抗分解作用在于它们对肌肉皮质醇代谢的干扰（Hickson et al.，1986）。同样，这些化合物也可以避免皮质醇的生长抑制活动（Hickson et al.，1990）。生长激素还抑制皮质醇的肌肉分解代谢作用（Horber and Haymond，1990）。此外，降低血液中的皮质醇水平可增强健康成年人对 GH 释放激素的反应（Dinan et al.，1994）。

高水平的皮质醇通过增加释放生长抑制素来抑制运动期间的 GH 释放，生长抑制素可以在大脑中阻断 GH 释放。

IGF-1 可以削弱皮质醇的分解代谢作用，而从未注意到其在 GH 疗法中的副作用（Mauras and Beaufrere，1995）。皮质醇降，低 IGF-1 mRNA 水平，表明糖皮质激素在人体中的一些分解代谢作用是通过降低 IGF-1 的自分泌（细胞分泌激素的信号传递）和旁分泌（靶细胞在信号释放细胞附近的信号传递）进行调节的（Swolin et al.，1996）（信使 RNA 或 mRNA 将遗传编码信息携带到蛋白质合成的位点）。谷氨酰胺直接防止皮质醇诱导的肌肉收缩蛋白被破坏（Hickson et al.，1995）。动物体研究表明，高蛋白、高脂肪饮食加上合成代谢类固醇的使用将减少皮质醇诱导的肌肉分解（Ohtsuka et al.，1992）。

苏·普赖斯（Sue Price）在保持肌肉质量的同时甩掉了身体脂肪。

皮质醇的正常增加会刺激脂解、生酮作用（由于脂肪酸分解而产生酮体的过程）和蛋白质水解。此外，皮质醇浓度的昼夜变化在正常人体中具有一定生理意义，因为它有助于调节合成代谢和分解代谢（Dinneen et al.，1993）。血清皮质醇浓度在生理范围内即使轻微升高也可能会让健康人的血浆葡萄糖浓度和蛋白质分解代谢速率在数小时内增加（Simmons et al.，1984；Shamoon et al.，1980）。皮质醇（诱导细胞蛋白质的分解）随着剧烈运动的持续时间延长而增加。在有效训练的运动员体内，基础睾酮水平升高，皮质醇水平也上升。虽然运动会让皮质醇含量增加，但与身体素质不好的人相比，体能良好的运动员在运动中皮质醇分泌更少（Deschenes et al.，1991）。

保护肌肉蛋白质

当从高碳水化合物饮食转变为高脂肪、低碳水化合物饮食时，体内受脂肪保护的蛋白质是代谢转移的一个重要副产物。当利用碳水化合物作为主要能量来源时，身体往往会保存身体脂肪，并率先分解肌肉蛋白质来形成葡萄糖，作为直接能量储备耗尽时供燃烧的能源。这就是在高碳水化合物饮食中可能发生大量肌肉分解代谢的原因。

事实上，每当锻炼的时候，身体都需要能量，它会分解它需要的身体成分（包

纳尔逊·达·席尔瓦展示其轮廓清晰的体格。

括肌肉）来提供能量。运动员抵抗这种分解的方法之一就是在锻炼过程中摄入葡萄糖饮料。因为有一个可供不断摄取的外界能量来源，身体则不需要分解那么多肌肉来提供能量。这里的问题是，持续摄入葡萄糖将导致胰岛素水平的长期升高，并且身体脂肪氧化减少。实际上你并没有通过锻炼来减少脂肪，而是保留了脂肪。

在使用代谢饮食时，脂肪的工作方式与葡萄糖相同。它通过充当可用性更高的替代能量来源来保护肌肉，并且它不需要摄取更多的热量，因为身体已经学会通过氧化自身脂肪来提供所需的能量，所以当你锻炼身体时，并不需要摄取碳水化合物来保护肌肉。身体会燃烧多余的身体脂肪，以提供运动所需的能量，同时节约肌肉中的蛋白质。

要关注的问题是分解代谢，即肌肉组织的分解。大多数人认为运动只会产生肌肉，但运动也会分解肌肉。研究认为，代谢饮食也可以称为"抗分解饮食"。除了使身体的激素系统能够更好地燃烧脂肪，还可以通过保护肌肉蛋白来减少在锻炼过程中或在日常活动中可能失去的肌肉量。这对于想塑造出最具吸引力和健美身材的人来说是非常重要的。

研究表明，在高脂肪、低碳水化合物饮食中用于产生能量而燃烧的酮体（β-羟基氘代和乙酰乙酸酯）实际上降低了蛋白质分解代谢（Thompson and Wu，1991）。在实验室大鼠的研究中，用胰岛素、睾酮和高脂肪、高蛋白质饮食的联合治疗减少了因分解代谢激素皮质酮而引起的肌肉蛋白质的损失（Ohtsuka et al.，1992）。另一项研究显示，高脂肪饮食大鼠的蛋白质增长比例更高，脂肪增长比例更低（McCarger et al.，1992）。在采用高脂肪、低碳水化合物饮食的人类中，显然有与此类似的分解代谢减弱。

采用代谢饮食时，脂肪分布似乎更加均匀。身体储存的脂肪似乎更加平均地分布在骨骼上。就不会有那些困扰着一些人的脂肪堆积。全身的脂肪分布比例让人更加满意，使你的每一项塑形任务更加容易。

优质脂肪和劣质脂肪　**6**

脂肪酸被分为 3 种：饱和脂肪酸、多不饱和脂肪酸和单不饱和脂肪酸（图 6.1）。饱和脂肪酸在室温下通常是固体，来源于动物脂肪。牛肉和乳脂的饱和脂肪酸含量较高，是饱和脂肪中动物来源的典型例子。热带油（如椰子油、核仁油和棕榈油）也含有饱和脂肪，但它们在室温下不是固体。通常在食品加工中可以找到它们。乳制品（如低脂乳或脱脂乳）的饱和脂肪含量低得多。

脂肪和油由许多重复的分子单元组成。1 个脂肪分子包含 1 个甘油分子与 3 个脂肪酸分子的组合。脂肪酸由碳原子和氢原子的链条组成，其中一端具有甲基（3 个氢原子和 1 个碳原子），中间是碳和氢原子的链条，另一端是羧基（由碳、氧和氢组成）。氢原子连接到每个碳原子上，它们的数量和位置决定了脂肪酸的饱和度及其形状。

饱和脂肪酸含有与氢原子连接的碳原子。它们被称为饱和脂肪，是因为它们的氢原子饱和，并且这些碳原子都通过单键连接。图 6.2 显示了黄油中的脂肪酸（丁酸）结构，图 6.3 显示了硬脂酸的碳氢组成。

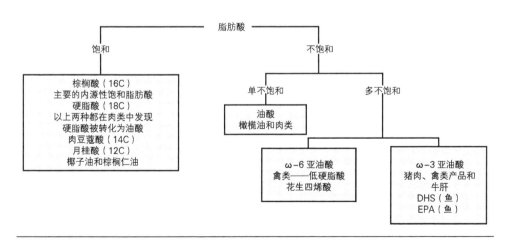

图 6.1　常见的脂肪酸
（图片来源：Di Pasquale 2002，p.74.）

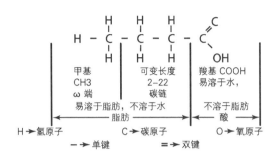

图 6.2 黄油中的丁酸（一种饱和脂肪酸）的结构
（图片来源：Di Pasquale 2002，p.72.）

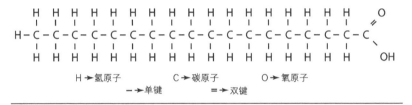

图 6.3 硬脂酸（一种饱和脂肪酸）
（图片来源：Di Pasquale 2002，p.72.）

脂肪也可以是不饱和的。不饱和脂肪在室温下通常是液态的。这种类型的脂肪来自坚果、蔬菜或种子。图 6.4 显示了一种不饱和脂肪酸。注意，在不饱和脂肪中，一个或多个双键将若干个碳原子连接在一起。当存在双键时，每个碳原子将仅连接到单个氢原子。碳原子不再与多个氢原子连接，因此说是不饱和的。

单不饱和脂肪酸在其整条碳链上仅含有单个双键。单不饱和脂肪酸（如油酸）常可在橄榄油和肉类中找到。多不饱和脂肪酸在其碳链上有两个或多个碳原子是通过双键连接的。

脂肪的硬度随碳链上双键的增加而降低。因此，大多数液体脂肪（如植物油和鱼油）是多不饱和的。有时，食品生产商将氢加入到碳链的双键上，降低其不饱和程度，该过程被称为"氢化"。如此一来，植物油可以硬化成起酥油，以用于烹饪。当不饱和脂肪被氢化时，所得脂肪由被称为"反式脂肪酸"的物质组成。许多研究表明，反式脂肪酸会提高血液中的胆固醇含量，并对心脏有害（Mozaffarian et al., 2006）。

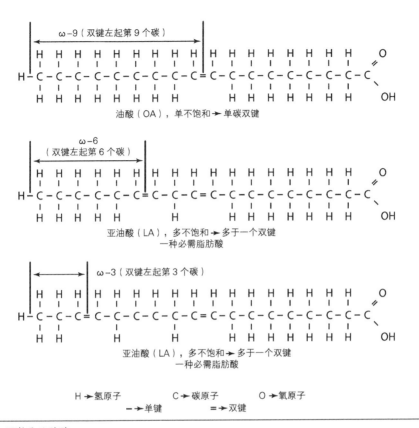

图 6.4 不饱和脂肪酸
（图片来源：Di Pasquale 2002，p.73.）

好脂肪

脂肪是健康饮食的重要组成部分。油酸（LA）和 α - 亚麻酸（LNA）是两种必需脂肪酸（EFA）（也称为 ω 脂肪酸），对健康至关重要，必须从饮食中得到供给，因为机体不能生成它们。亚油酸（图 6.4）被归类为 ω-6 脂肪酸。ω-6 脂肪酸是多不饱和脂肪酸，它们最远的双键与碳链的甲基端的距离为 6 个碳原子。α - 亚麻酸（图 6.4）是 ω-3 脂肪酸。ω-3 是多不饱和脂肪酸，其最远的双键与甲基端的距离为 3 个碳原子。

许多人的饮食中并没有足够量的 EFA。这可能会导致健康问题，因为这些 EFA 对于生长、细胞膜的完整性以及名称为"类二十烷酸"等重要激素类物质的合成是必不可少的（见下一节）。另外，缺乏 EFA 可导致高血压、激素功能障碍、免疫功能受损、凝血问题、炎性改变、皮肤干痒、外周水肿等许多病症。

大多数人的 ω-3 脂肪酸摄入量不足。ω-3 脂肪酸如 LNA、二十碳五烯酸（EPA）和二十二碳六烯酸（DHA）对于每一位注重健康的人都是至关重要的。它们增加脂肪酸氧化（脂肪燃烧），增加基础代谢率并降低胆固醇。ω-3 脂肪酸还通过增强 IGF-1 与骨骼肌的结合并提高胰岛素敏感性来达到合成代谢作用（Liu et al., 1994）。同时，鱼油可能对易患骨质疏松症（钙从骨骼中流失）的女性具有重要意义（Kruger, 1995）。

类二十烷酸

类二十烷酸是 EFA 的生理活性代谢物（代谢产生的物质），对免疫系统、心血管系统和中枢神经系统均具有重要作用。诸如 LA 和 LNA 等 EFA 被转化成其他脂肪酸（EPA、DHA 和二高 - γ - 亚麻酸 [DGLA]）和花生四烯酸，通过它们合成类二十烷酸。类二十烷酸的合成是通过信号传导逐级联合启动的，这导致来自细胞膜磷脂分子的游离花生四烯酸发生水解。由于类二十烷酸在产生它们的组织内和组织周围局部发挥作用，它们并非是激素，而是自体活性物质。自体活性物质具有与激素相似的效应，并影响激素功能。身体中几乎所有的细胞都可以形成一些类二十烷酸，但是由于组织的酶图谱不同，因此它们形成的产物也是不同的。组织受特定类二十烷酸影响的能力也有所不同。类二十烷酸没有任何储备量，并且是根据需要合成的。

前列腺素是类二十烷酸，可以即时调节身体细胞的活性，并参与如血压调节、胰岛素敏感性和免疫功能等关键功能。这些发现一大部分尚未在研究中得到充分确认。我们能够引导类二十烷酸的产生，优先产生好的类二十烷酸，而不是坏的类二十烷酸，尽管如此，由于类二十烷酸的产生、发挥作用和代谢的复杂性，这是很难实现的。

诸如衍生自花生四烯酸的 2 系列前列腺素（PGE-2）等坏的类二十烷酸会增加血小板聚集，增加炎症反应，并对心血管系统有不良影响。因此，我们相信，通过抑制催化花生四烯酸合成的酶，可以形成较少的 PGE-2。将保留更多的代谢物来产生一些好的类二十烷酸，例如 1 系列前列腺素（PGE-1），PGE-1 对血液凝固和心血管系统具有好的作用。我们知道，EPA 可以抑制花生四烯酸的形成或从花生四烯酸形成 PGE-2。我们需要进行更广泛的研究才可以充分理解这些化合物如何形成、发挥作用和代谢，然后才能确定如何操控类二十烷酸。

目前，已经制定了使用 EFA 的一些方法，以利用好的类二十烷酸。例如，在鱼油中发现的 ω-3 脂肪酸可以减少一些花生四烯酸代谢物的产生并增加某些前列腺素的水平。这些 ω-3 脂肪酸的摄取已被用于减少血小板聚集。据报道，减少 ω-6 脂肪酸的摄入并增加 ω-3 脂肪酸可以将 LA 的含量引导到好的类二十烷酸，而不是引导到坏的类二十烷酸。为了实现这种效果，我们可以加强 LA 向 γ - 亚麻酸（GLA）的转化，或使用富含 GLA 的油来补充 GLA。这样做最终结果是形成好的类二十烷酸，而不是花生四烯酸。

负责将 LA 转化为 GLA 的酶是 δ -6- 去饱和酶，有许多因素可以抑制它。包括 LNA（另一种必需脂肪酸）、反式脂肪酸（参阅"坏脂肪"部分）、压力和病毒感染。

通过限制这些因素，就可以从膳食 LA 自动形成更多的 GLA。

负责 DGLA 形成花生四烯酸的酶是 δ-5- 去饱和酶，同样有许多因素可以抑制它。包括胰高血糖素和 EPA。胰岛素增加了从 DGLA 形成花生四烯酸的数量，从而增加了坏的类二十烷酸的形成。

所以，在理论上，通过饮食就可以限制花生四烯酸的产生或转化，并促进 GLA 的产生和转化，从而最大限度地提高好的类二十烷酸生成量。如果可以通过研究进一步证实，那么这种通过膳食摄入 EFA 改变类二十烷酸合成的方式将成为有关类二十烷酸的科学研究中一个学以致用的例子。

代谢饮食不鼓励摄入过量的碳水化合物，并鼓励在饮食中要有好脂肪，如鱼、鱼油和 GLA 来源（月见草和琉璃苣种子油）。目前，这是确保饮食中含有合适比例的 EFA、ω-3 和 ω-6 的最有效方法。

必需脂肪酸和代谢饮食

即使没有任何营养元素缺乏，EFA 也是有益的。如果使用得当，EFA 可以让整体健康状况更好，帮助避免心脏病和减少身体脂肪。总体而言，随着我们生活中的加工食品越来越多，平均饮食中的 EFA 含量显著降低。富含 EFA 的食品高度易腐，大多数食品制作公司认为这种商品是不实际的，也无利可图。如前所述，从代谢饮食中可以获得额外的 EFA，这只是尝试使用这种饮食方法的另一个原因。

如上一节所述，ω-3 在高脂肪饮食中起积极作用。在鱼油中可以发现大量 ω-3（作为 EPA 和 DHA），ω-3 被认为是降低血清胆固醇水平，预防冠心病的重要因素（Hodgson et al.，1993；Davidson，1999；Harris and Bulchandani，2006），甚至或许可以预防或治愈动脉粥样硬化（Ni et al.，1994；Simopoulos，2008）。海产油是爱斯基摩部族饮食的重要组成部分。虽然他们的高脂肪饮食似乎会致使其成为心脏病和动脉粥样硬化的高危人群，但是已有研究发现他们几乎完全不存在心血管问题（至少在西式饮食进入之前）。为探究其原因，鱼油中的 ω-3 脂肪酸及其对心脏保护能力成了重点研究对象（Henzen，1995）。

对于采用代谢饮食（高脂肪、高蛋白质）的人来说，ω-3 可以提供良好的保护，无须担忧胆固醇含量。血压、凝血、免疫反应、胰岛素抗体和甘油三酯水平都会受到其积极影响（Simopoulos，1999）。即使在增加膳食胆固醇的情况下，ω-3 也有助于实际降低血清胆固醇（Garg et al.，1989）。有一些证据表明，在高脂饮食中，有氧运动也会降低血清胆固醇（Schurch et al.，1979），从而使富含 ω-3 的鱼油对胆固醇的影响更大。

LNA、EPA 和 DHA 还可以增强脂解（身体脂肪分解）（Awad and Zepp，1979；

Parrish et al.，1991），并减少脂肪生成（身体脂肪形成）（Belzung et al.，1993；Parrish Pathy and Angel，1990）。分解储存在身体内的脂肪，减少身体脂肪的积累，两者的结合可以使运动员达到非常好的效果。当你使用这些脂肪，最终实际上会形成更少的脂肪并分解更多身体中已经储存的脂肪。EPA 还会减少使用 GLA 补剂时可能引起的一些炎症反应，因为 EPA 可以减少花生四烯酸在一些细胞和组织中的积累，即 GLA 补剂的副作用（Barham et al.，2000）。

这就是为什么我们全心全意地支持在日常饮食中提高鱼和鱼油的比例。虽然大部分食物都含有多种类型的脂肪酸，但植物油通常比动物脂肪含有更丰富的不饱和脂肪酸成分。毫无意外的是，亚麻籽油、坚果、种子和未加工的植物油也含有丰富的必需脂肪酸。

劣质脂肪

有一个非常普遍的误解，市售植物油是必需脂肪酸和非必需脂肪酸的一种良好、健康的来源。事实正好相反。在超市货架上看到的大部分植物油都经过严格的处理。加工不仅消除了油本身的所有有用成分（如 EFA 或抗氧化剂），而且还可能使我们易于患上某些类型的癌症，且 HDL（高密度脂蛋白，好的胆固醇）含量偏低（Lichtenstein et al.，1993）。

了解优质脂肪和劣质脂肪的营养方面，加上心肺功能训练，就可以获得健康的身体。

几十年来，一直使用氢化过程来将天然油变成在室温下更稳定的脂肪，这样的脂肪具有更长保质期，并且更容易用于制作某些食物和烘焙食品。氢化包括在真空中加热油，然后迫使氢气在压力作用下通过它。该过程一直持续至达到所需的氢水平。

不幸的是，尽管用于精炼或改变油类的氢化和其他方法（如化学溶剂、漂白法和加热）对于工业使用来说可能是健康的，但它们对我们的身体不利。反式脂肪酸、交联脂肪酸链，以及氢化产生的脂肪酸链片段对血液胆固醇有明显不利影响，可能会增加心脏病的风险。通过与 EFA 竞争，这些脂肪会导致 EFA 不足，并引起其他一些健康问题，包括糖尿病、癌症和体重增加。还有一些猜测是，反式脂肪酸可能会对胰岛素敏感性产生不利影响，减少脂肪氧化并增加脂肪合成。所有这些影响将对于采用代谢饮食的人群产生反作用。

反式脂肪酸存在于精制植物油、起酥油、几乎所有人造黄油和其他使用油制作的食品，几乎所有油炸快餐，甚至烘烤和加工的零食（如曲奇饼、饼干和薯条）中。含有大量反式脂肪酸的食物通常在其成分列表中列出氢化或部分氢化的产品（有关阅读食品标签的更多信息，请参阅附录 A）。在油炸的过程和其他需要加热的大量食品制备程序中，烹饪油的过度加热也会产生大量的非天然反式脂肪酸，它们是食物污染源。

大部分问题在于，脂肪酸的结构对其正常运作至关重要。虽然反式脂肪酸与原始脂肪酸（称为顺式脂肪酸）具有相同数量的碳原子和氢原子，但其结构已经大大改变。从顺式脂肪酸到反式脂肪酸的这种结构变化导致现有的酶进行竞争。结果，顺式脂肪酸不能发挥其应有的生物学作用，这对细胞代谢和结构有负面影响。

在食物中发现的反式脂肪酸和其他有毒副产物的量因加工的程度和性质而异。通常，与在室温下呈液态的产品（如植物油）相比，在室温下会变硬的植物油产品（如起酥油和人造黄油）含有更多的反式脂肪酸。一些研究指出了氢化脂肪及其中的反式脂肪酸（特别是硬的人造黄油，甚至软的人造黄油也是可疑的）对健康的不利影响，包括增加心脏病发病率（Willett et al., 1993），可能对于血清脂蛋白产生不利变化，也是冠心病的重要危险因素（Mensink, 1992）。

除了公认的 EPA 的作用外，传统的爱斯基摩族的主要食物中并没有反式脂肪酸，这也可能是其心血管健康的原因。饮食包含从生理角度而言最佳浓度的顺式不饱和脂肪酸，并且几乎没有非天然且有潜在危险的反式脂肪酸以及这些脂肪酸的顺式异构体（Booyens, Louwrens and Katzeff, 1986）。爱斯基摩饮食中的这些差异有可能会确保由二高–γ–亚麻酸、花生四烯酸和二十碳五烯酸合成的类二十烷酸在最佳生理浓度时保持平衡。

总之，研究已经发现反式脂肪酸可以增加低密度脂蛋白（LDL，坏胆固醇）的含量，从而提高胆固醇总体水平。它们也降低睾酮和胰岛素反应，对肝酶活性造成不利影响，并损害免疫系统。因此，它们与心脏病、癌症以及其他老年病有关。应尽可能远离这些不健康的脂肪。而在下一节，将推荐可供食用的好脂肪。

要避免的脂肪

· 所有因含有高浓度反式脂肪酸而变成固体的人造黄油（用挤压瓶包装的液体人造黄油的反式脂肪酸浓度较低）。

· 氢化油产品和起酥油，几乎存在于所有加工食品中。

· 烘焙食品和油炸的食物，特别是油炸快餐食品。

· 已变质的任何类型的脂肪和油。储存时间过长的油可能发生氧化，导致体内自由基损伤。

用于代谢饮食的好脂肪来源

摄入足量的好脂肪可以帮助运动员保持健康并改善身体成分。本节探讨饮食中应涉及的好脂肪的几种来源。

亚麻籽油

最有名的可用 LNA 来源（和良好的 LA 来源）之一是亚麻籽油（也称为亚麻油或亚麻子油）。大麻油也含有丰富的 LNA（以及 LA，还有较少的 GLA），其可用性正在逐渐提高。亚麻籽油由 45% ~ 65% 的 LNA、15% 的 LA，以及较少量的单不饱和脂肪酸及饱和脂肪酸组成。因此，亚麻籽油是 LNA 的优良来源，是任何饮食，特别是代谢饮食的良好补充。

尽管 LNA 的浓度很高，但有些有争议的研究可能会限制亚麻籽油的使用。一些研究表明，增加膳食 LNA（如使用亚麻籽油）可以通过可预测的方式来提高组织 EPA 浓度（Mantzioris et al., 1995）。EPA 水平的提高将减少花生四烯酸，并且减少其代谢产物中的坏的类二十烷酸（Kobayashi et al., 1995）。然而，更高的 LNA 水平也会减少由 LA 生成 GLA 的量，因为 LNA 抑制了将 LA 转化为 GLA 的 δ-6- 去饱和酶的活性，从而减少某些好的前列腺素的形成。

虽然亚麻籽油对我们的饮食来说是一个很好的补充途径，但必须适度。应该使用足够的亚麻籽油来增加 EPA 的天然产量，但不能减少从 LA 形成的 GLA 量。因此，除了亚麻籽油以外，我们建议使用 GLA 和 EPA。稍后详述。

请确保使用的是新鲜的亚麻籽油。亚麻籽油和其他易腐食品一样会很快变质。这就是它需要在打开以后尽快冷藏和使用的原因。观察任何一家优质的健康食品店或营养中心，都可以在冷藏区里找到亚麻籽油。如果保持冷藏，亚麻籽油打开后的保质期通常是 6 周。

建议每天至少加入 1 茶匙（5 毫升）亚麻籽油，以确保获得必要的 EFA。市场上也有销售亚麻籽油胶囊，通常每粒胶囊剂量为 1 克。因此，可以通过使用液体或胶囊形式来达到每日的建议量。也可以将新鲜的未精制的亚麻籽油添加到蛋白质饮料或沙拉（1 ~ 3 汤匙）中，作为一种美味的 LNA 补充方式。

月见草油和琉璃苣籽油

月见草油和琉璃苣种子油富含亚油酸、维生素 E 和 GLA。月见草油中的 GLA 含量通常不到琉璃苣种子油中的一半。很容易就可以从 GLA 中生成 DGLA，使用 GLA 补剂可能导致机体产生好的前列腺素，有助于抵抗肌肉骨骼炎症，降低胆固醇水平和体液潴留，并且对身体中的几种激素起到有益的作用。由于 GLA 是 DGLA 的前体，已证明类固醇、酒精和其他药物会消耗 DGLA，所以有人建议补充 GLA，以保护肝脏。

因此，GLA 可以提供多种帮助。以月见草油为例，它被用于治疗，包括 PMS、慢性疲劳综合征和关节炎在内的各种病症。由于 GLA 对于产生用于抵抗体内炎症和肌肉酸痛的几种前列腺素非常重要，因此对参加高水平运动项目的人可能会非常有意义。如果你正在饱受这些疾病之苦，可以尝试一下这两种油。

无论如何，对于我们大多数人来说，用 GLA 来补充我们的饮食并无不妥。我们建议每天至少摄入 500 毫克的 GLA。常见于至少 6 颗月见草油胶囊或至少 3 颗琉璃苣种子油胶囊。所有好的健康食品商店的补剂区均可以买到这些产品。这些产品中每一款都会有一个标签，列出产品的明细成分，并说明在开启后应冷藏还是储存在干燥、阴凉的地方。

鱼和鱼油

如上所述，鱼油属于 α - 亚麻酸，ω-3 系列脂肪酸，富含二十碳五烯酸（EPA）。虽然身体能够将 α - 亚麻酸转化为较长链的 EPA 和 DHA，但其转化速度非常缓慢。从健康的角度出发，食用鱼油是合理的，因为它们含有丰富的 EPA 和 DHA。

鱼油可以提高脂肪燃烧能力并减少身体的脂肪含量，它们也有助于限制肌肉组织的分解，并增强肌肉结实度，塑造更好的体型。其中一种实现方式是通过提高胰岛素敏感性或降低胰岛素抵抗，采用高脂肪饮食时尤其如此（Taouis et al., 2002）。它们也可以降低血液胆固醇水平，具有血管扩张作用（将血管扩大），并且可以对抗某些癌症（Bartram et al., 1993），甚至可能对某些癌症有治疗作用（Rose et al., 1995）。EPA 似乎也会减少由 DGLA 生成的花生四烯酸，从而减少一些坏的前列腺素的形成。

鱼油似乎也对关节软骨具有显著的抗炎作用和保护作用，对于关节炎病症特别有效（Curtis et al., 2000）。EPA 和 DHA 似乎分别对身体有一些相似的独立影响。例如，一项研究发现，DHA（不是 EPA）具有鱼油的抗炎作用（Tomobe et al., 2000）。

获得鱼油的最佳方式是定期吃新鲜的多脂鱼，这也是补充 ω-3 方式中非常重要的一种。例如，100 克的大西洋鲑鱼有约 1 400 毫克的 ω-3 脂肪酸（EPA 和 DHA）。因此，230 克的大西洋鲑鱼会为你提供每日 omega-3 最佳补充量。

任何鱼（无论是贝类、淡水鱼、海鱼或任何水生环境的鱼类）都包含一定的 ω-3 脂肪酸。然而，有证据表明，比起淡水鱼类（湖鳟除外），海洋鱼类是更好的 ω-3 来源。来自较冷的北部水域（如北大西洋）的鱼类优于在赤道附近捕获的鱼类，而贝类比其他鱼类的 ω-3 含量少。在常见的鱼类中，ω-3 含量最高的鱼分别是鲑鱼、鲱鱼、沙丁鱼、鲭鱼和青鱼。每周可以吃 3 ~ 4 次其中一种或多种这些鱼类。

许多研究证明了鱼油的益处，基于此，我们建议尽可能每天食用鱼或鱼油，或者至少每隔一天食用一次。如果无法定期吃鱼，请使用鱼油补剂，如鲑鱼油胶囊。每天的目标是 2 000 毫克 EPA。鱼油通常含有 20% 的 EPA 和少量的 DHA，所以每天

10 粒 1 000 毫克的鱼油就可以为你提供所建议的摄取量。如果有需要，或者个人或家族有冠状动脉疾病史，可以摄入更多的鱼油，因为长期补充鱼油似乎不会产生不利的代谢作用（Eritsland et al.，1995）。

慎重购买用不透明容器包装的新鲜鱼油胶囊。如果胶囊有腥味，那么很有可能它们已部分变质，不应该使用。将鱼油胶囊放在冰箱中，避光，并尽快（至少在购买后几个月内）服用。

单不饱和脂肪

单不饱和脂肪酸由身体产生，在植物和动物来源的脂肪中均可以找到。油酸是主要的单不饱和脂肪酸。油酸的动物来源包括牛肉、猪肉、羊肉、鸡肉、火鸡、乳制品、鸡蛋和一些鱼类（如鳗鱼和鳟鱼）。虽然通常认为在这些食物中发现的脂肪都是饱和的，但事实并非如此。20% ~ 50% 的脂肪由油酸组成。

单不饱和脂肪酸的植物来源包括橄榄油、芥花籽（油菜籽）油、榛子油和花生油，以及可以从中提取这些油的食物。坚果（如杏仁、开心果和夏威夷果）和鳄梨中的油酸含量明显高于其他单不饱和脂肪酸。

单不饱和脂肪酸（特别是油酸）似乎拥有其他脂肪酸所不具备的一些优势。大量摄入单不饱和脂肪酸不单不会增加心脏病风险，甚至可能会通过它们对总胆固醇、HDL 和 LDL 的影响而降低这种风险（Wahrburg et al.，1992）。与其他单不饱和脂肪酸相比，身体似乎更容易代谢处理油酸。

芥花籽油含有芥酸，可能有一些毒性作用。芥花籽油因其提取方法而含有一些变形的脂肪酸。研究还表明，与可以降低总胆固醇和低密度脂蛋白的橄榄油不同，芥花籽油对血液胆固醇并没有这种作用（Lichtenstein et al.，1994）。

由于各种原因，橄榄油似乎是代谢饮食中应采用的更佳的脂肪之一。但只有部分橄榄油才是合适的。像其他油一样，加热、化学品、溶剂和其他精炼过程也会破坏橄榄油对健康的作用。最好的橄榄油是采用冷榨技术的特级初榨橄榄油，因为这种油是用温和的压力来提取的，而不是采用加热和溶剂。

一系列流行病学证据表明了橄榄油对健康的作用（Keys et al.，1986；Katsouya-nni，1991）。研究表明，橄榄油可减少动脉粥样化形成（在动脉血管壁的内壁形成脂肪沉积物，如动脉粥样硬化）（Aviram and Eias，1993）。橄榄油似乎是地中海饮食中对健康产生作用的主要因素（Massaro et al.，1999），也许部分原因是橄榄油中存在的可吸收酚类的抗氧化作用（Vissers et al.，2002；Leenen et al.，2002）。此外，种植橄榄只需要极少的农药和化学品；因此，这种脂肪来源似乎拥有让我们选择它的全部理由。橄榄油绝对是代谢饮食中有意义和必要的一部分。

饱和脂肪

代谢饮食中推荐的许多食物（如红肉、鸡蛋、奶酪和黄油）都含有饱和脂肪。这些脂肪通常确实会提高一些人的血清胆固醇和 LDL 水平，特别是那些曾经出现血液胆固醇问题的人。总胆固醇的增加主要来自 LDL 水平的增加，但 HDL 水平也有微量增加（McNamara，1992）。

然而，并不是所有饱和脂肪酸对总胆固醇都有不利影响。例如，硬脂酸（牛肉中主要的饱和脂肪酸）和中链饱和脂肪酸对总胆固醇几乎甚至完全没有影响。最新的研究表明，用硬脂酸替代碳水化合物（某种程度上是在代谢饮食的高脂肪、低碳水化合物阶段进行）对血浆中的脂质和脂蛋白浓度几乎没有影响（Denke and Grundy，1991；Katan et al.，1994）。此外，在这些研究中，油酸和亚油酸通过提高 HDL 并降低 LDL，对血脂产生有益的作用。

最重要的是要认识到，最新的研究表明，胆固醇和 LDL 的氧化形式会增加心血管疾病（CVD）的发生率，其中包括冠状动脉疾病（Hansen et al.，1994）。因此，降低 LDL 氧化趋势的因素（如食用单不饱和脂肪和海洋油）可以抵消高脂肪饮食可能给对心血管疾病带来的有害影响。顺式构型的天然脂肪酸没有在使用反式脂肪酸时带来的有毒有害影响。它们主要是高效和致密的能量来源。我们大多数人不会因食用这些饱和脂肪而出现真正的问题——我们的机体知道如何处理它们。

饱和脂肪是代谢饮食的组成部分。如果使用得当，天然饱和脂肪可以帮助你减轻体重和减少身体脂肪。由于身体内的饱和脂肪被用作主要的能量来源，它们对血液中总胆固醇可能产生的任何不良影响通常都会减少。因此，脂肪没有机会带来任何伤害（有关监测胆固醇的信息，请参阅第 7 章）。其他推荐的脂肪可以减少或消除因代谢饮食造成的对总胆固醇、HDL 和 LDL 的任何不利变化。

关键是当你适应了脂肪时，你的代谢就与标准的以碳水化合物燃烧为主的体系

黄油或人造黄油？

大多数健康专家在争论人造黄油和黄油的利弊。人造黄油不含胆固醇，具有高浓度的单不饱和脂肪酸和多不饱和脂肪酸，可减少 LDL。然而，人造黄油含有反式脂肪酸，因为它经历了氢化过程。反式脂肪酸曾经被认为比在黄油中发现的饱和脂肪更健康。然而，有些研究发现反式脂肪酸比饱和脂肪的缺点更多。黄油没有经过加工，因此不含反式脂肪酸。黄油的弊端是含有饱和脂肪酸。已发现饱和脂肪酸和反式脂肪酸对血液胆固醇和心脏病具有不利的健康影响。通常情况下，关键就是适度和分量控制。

不同。膳食脂肪（如饱和脂肪）在代谢过程中不会发生同样的反应。因此，由高脂肪、高碳水化合物饮食所引起的心血管和代谢问题并不会发生。

红肉

红肉在过去几十年里一直遭到诬蔑。除了说它在烧烤时非常好吃之外，似乎从未提及它的什么好处。但主流言论正在转向，研究显示，红肉不应该被过分低估（Hodgson et al., 2007）。

我们一直都说红肉好。主要有几个方面的原因。同样，就像饱和脂肪那样，有太多的矛盾之处。毕竟，红肉很早就已经是我们饮食中的主要食物。那么，为什么突然它就对我们来说是有害的呢？首先，红肉含有与饱和脂肪一样多的油酸（在橄榄油中同样存在的单不饱和脂肪）。油酸被认为具有显著的健康影响（Wahle et al., 2004）；它也被认为是感知营养物质，而当它存在时，食欲会下降（Obici et al., 2002）。

另外，红肉是氨基酸的最佳来源之一，维生素 A、维生素 E 和 B 族维生素的含量很高。肉类中含有丰富的维生素 B_{12}，而在蔬菜产品中则没有。红肉富含易于吸收的铁元素，与许多植物来源的铁质不同。红肉也是其他营养物质的极佳来源，其中包括左旋肉碱、牛磺酸、共轭亚油酸（CLA）、辅酶 Q10、钾、锌和镁——大部分重要营养素，特别适合想要改善身体成分的人。

左旋肉碱主要存在于肉类中，红肉是其最佳来源，每 100 克红肉约有 600 毫克左旋肉碱。每 100 克鱼只含有 35 毫克左旋肉碱。对于运动员来说，丰富的左旋肉碱不仅意味着比例较大的瘦肌肉，而且还可以在运动中更多地使用富含能量的脂肪作为燃料。共轭亚油酸可导致体内的总脂肪减少，并且增加瘦肌肉代谢（Gaullier et al., 2004；Eyjolfson et al., 2004；Steck et al., 2007）。

红肉也是最大限度地提高身体成分的最佳食物之一。最近的一项研究发现，采用低热量的红肉饮食的女性比采用低热量、少肉食的女生减掉更多体重，并且更健康（Clifton et al., 2003）。若采用高蛋白饮食，通常尿钙会增加，导致钙失衡。在这项研究中，没有发现对骨代谢吸收（钙从骨髓转移到血液中的过程）产生不利影响。这种骨吸收通常是骨质疏松症的先兆。

在另一项研究中，显示出红肉对血清胆固醇和甘油三酸酯（另一种重要的脂肪）起着有利作用（Davidson et al., 1999）。在 9 个月的研究结束时，红肉组的"坏"低密度脂蛋白（LDL）胆固醇平均下降 1% ~ 3%，"好"高密度脂蛋白（HDL）胆固醇平均上升 2%，而甘油三酯水平平均下降 6%。

尽管含有饱和脂肪，但红肉可以提高血清睾酮水平。我们已经在自己的临床研究中证实了这一点，我们要求参与这项研究的患者和运动员采用以红肉为重点的饮食。在其他一些研究中也显示了这种相关性（Hamalainen et al., 1983；Hamalainen et al., 1984；Massey et al., 1996）。

关于食用脂肪的建议

脂肪摄入量中的 25% 应来自上一节中提到的橄榄油和富含 EFA 的食物。其中包括坚果、种子、鱼、亚麻籽油、鲑鱼油和未加工的植物油。从超市购买有机植物油，因为它们未经过加工。如果财力充足购买食物时可全部选择有机食物，而不是精炼或加工的食物，那将非常理想。其他 75% 的脂肪摄入量应来自高品质的红肉、鸡肉、鸡蛋、奶酪、猪肉、贝类和其他鱼类，以及液体人造黄油或有机黄油。此外，还要尽量买富含 ω–3 的鸡蛋和奶制品。表 6.1 提供了一种简单判断一些常见食物和油中的各种脂肪的方法。

购买和食用以单不饱和脂肪酸为主的油（橄榄油）。采用烘烤、水煮、微波、炖或蒸的烹饪方式，而不是煎炸，并且只食用新鲜的食物。如上所述，用含 GLA 的油（如月见草或琉璃苣种子油）、未受污染的鱼油（如果鱼的摄入量不足），以及较少量的亚麻籽油来补充饮食。大量使用特级初榨橄榄油来制备食物、沙拉和蛋白质饮品，也可以根据自己的口味选用任何其他方式来食用它。

表 6.1　常见食品的脂肪酸组成

食品	% 饱和脂肪	% 单不饱和脂	% 多不饱和脂肪
黄油、奶油、牛奶	65	30	5
牛肉	46	48	6
培根和猪肉	38	50	12
猪油	42	45	13
鸡	33	39	28
鱼	29	31	40
椰子油	92	6	2
棕榈仁油	86	12	2
可可脂	63	34	3
橄榄油	15	76	9
花生油	20	48	32
棉籽油	27	20	53
大豆油	16	24	60
玉米油	13	26	61
葵花籽油	11	22	67
红花籽油	10	13	77

（表格来源：Di Pasquale 2002，p.95.）

执行代谢饮食计划 **7**

本章介绍如何通过启动阶段和评估阶段来将身体从以碳水化合物燃烧为主导的系统转移到以脂肪燃烧为主导的系统，从而，就能够操控身体在平日和周末（碳水化合物加载期）的最佳碳水化合物摄入量。一旦实现了这一点，就可以使用代谢饮食在不同的训练阶段中逐步最大化增强瘦体重和力量。

在开始之前

在开始代谢饮食之前，你应该在医生那里做一次全面的身体检查，以及一次血液检查，包括完整的血液计数、胆固醇水平（总胆固醇、LDL 和 HDL）、TSH（甲状腺功能测试）、空腹血糖、血清尿酸、血清钾、肝功能组合和 BUN（血尿素氮），还有你的医生可能建议进行的其他测试。

对于胆固醇问题，由于你正在燃烧脂肪来产生能量，所以在这个过程中，可能导致健康问题的大部分胆固醇和饱和脂肪都被消耗了。研究甚至表明，除了越来越多地利用脂肪作为能量来源和减轻更多体重，代谢饮食甚至可以降低血清胆固醇（Schurch et al., 1979）。事实上，2002 年 7 月发表的一项研究表明，长期使用低碳水化合物饮食导致减掉的体重和脂肪都更多，脂质分布水平显著改善（胆固醇、甘油三酯和 LDL 水平都降低，HDL 水平升高）（Westman et al., 2002）。

每当改变饮食时，都要跟踪胆固醇水平，如果你已经有胆固醇问题或有这个趋势，就更应该这样做。胆固醇水平在很大程度上取决于个体的代谢和身体化学，而遗传学也起了很大的作用。如果你的家族中有胆固醇问题，那么你也可能会有这种问题。如果有慢性胆固醇问题，就需要和医生探讨如何用代谢饮食来干预该问题，以及如何能抑制所有不利的影响。频繁监测脂质状态，这会让你了解自己的现状，以及是否需要改变饮食。

如果有需要，可以对代谢饮食进行一些调整，以控制胆固醇摄入量。海产油、亚麻籽油、橄榄油和其他营养补剂将有所助益。如果在开始时（在你适应以脂肪作为主要燃料时）或者当你要增重并摄入更多的脂肪时，血清 LDL 或 HDL 水平受到了饮食的不利影响，那么问题可能会在你调整碳水化合物水平以适应代谢时自行调节，或在你减少身体脂肪的过程中，例如当进入线条塑造或体形雕刻阶段时自行修正。也可能需要限制肉类的摄入。但是，这也是你需要与医生探讨的一点。如果代谢饮食似乎就是你的答案，则需要与医生一起制订一个计划，让你从减重和这种饮食方法所提供的身体成分优势中同时获益，同时要继续跟踪胆固醇水平。此外，当身体的主要燃料来源从碳水化合物转变为脂肪时，脂肪对血脂异常（异常的血脂分布）的影响并不像原来那么重要。

事实上，如果在初始脂肪适应阶段或增重期间遵循高脂肪饮食，在需要转变到消除不必要的身体脂肪时，则必须降低膳食脂肪的水平。为此，通常需要逐渐减少每日热量摄入，降低饮食脂肪摄入量（因为你不能再减少已经很低的碳水化合物摄入量了），并保持高蛋白质水平，以维持肌肉质量。因此，你必须逐渐降低自己的饮食脂肪摄入量，直至达到目标。如此一来，代谢饮食从高脂肪饮食转变为中等脂肪，甚至低脂肪饮食，具体还要取决于每天摄入热量的降低程度。而且因为你已适应了脂肪供能，降低膳食脂肪并不会影响使用脂肪作为主要燃料的能力。

因此，如果你有胆固醇问题，尽可能减少饱和脂肪摄入量，食用富含多不饱和脂肪和单不饱和脂肪（请自动使用亚麻油和橄榄油）、高蛋白质的食物，以及较低饱和脂肪的食物来弥补所缺少的热量。例如，可以吃牛排，但你必须去除所有可见的脂肪。再就是，减少食用蛋黄，同时可以保留蛋清。

了解并跟踪进度

除了去见医生做身体检查和血液检查，还应该测量自己的体重，并在开始代谢饮食之前进行身体脂肪分析。减轻体重很重要，但缩小腰围也同样重要。每周使用一次体重秤，以确定体重，但不要依赖其作为唯一的指标。并且可能不会在体重秤上反映出来的三围数字才是关键。还要依靠镜子，因为视觉总是能清楚判断出瘦体重和身体脂肪太多的区域。通过了解这一点，你将能够保持高度的积极性，这对于成功非常重要。

运动员的最佳身体脂肪百分比：女性为 10% ~ 18%，男性为 5% ~ 10%。需要了解的是许多男女运动员的体脂比例可以达到最低水平，并且是完全正常，不会影响运动表现。受过良好训练的运动员无须过于担心热量，因为他们能够在运动过程中燃烧热量，最终加强脂肪燃烧。因此，若要进行激烈运动，则不需要限制热量摄取，因为过度消耗身体脂肪储备是不健康的，并且在最大限度地改善身体成分和提高成绩方面具有消极效果。

女性运动员必须了解"女运动员三联征"，其特征是饮食习惯紊乱、月经不调和骨质疏松（骨质疏松症发病）（Kleiner and Greenwood-Robinson，2007）。女性健美运动员在这方面的风险较高，因为这项体育运动在参赛前需要经常检查体重和不断节食。在男性运动员中，迷恋于测量体重、过度训练、对镜凝视、对身体长期不满意，被称为身体畸形。在一个以貌取人的社会中，建立肌肉和避免肥胖的强烈愿望是可以被理解的。你不需要在代谢饮食中落入任何这些陷阱，因为你的主要燃料来源是脂肪，这样就可以在不牺牲肌肉质量的情况下将脂肪燃烧掉。采用健康、充满能量的饮食，并与身体成为一体，准确了解自身需要才会在自己所从事的运动项目中取得成功。

全身的脂肪百分比可以用皮褶钳测量。该技术涉及用卡尺评估关键的脂肪厚度，以计算身体的脂肪水平。可以由专业人员执行皮褶测试，或者可以购买卡尺并遵循说明书自行测量。可以使用卡尺测量髂前上棘的皮肤密度，以确定身体脂肪百分比（图7.1）。该区域在右髋骨向上约2.5厘米、向右约13厘米处，并位于肚脐的正下方。如图所示，站立时，左手的拇指和食指牢牢捏住髂前上棘皮褶。将卡尺的钳口放在皮肤上，同时用左手捏住皮褶。然后按照说明和图示进行测量。获得测量读数后，请参阅身体脂肪解读表（在卡钳包装中的配套说明）来确定身体脂肪百分比。

在采用代谢饮食时，衡量进度的最佳方法是代谢指数（MIDx）。MIDx是一个比例值，其计算不仅考虑体重和身高，还考虑到身体脂肪的百分比。MIDx考虑到了所有其他方法没有考虑的变量。使用MIDx可以了解当前的身体成分和饮食作用情况。

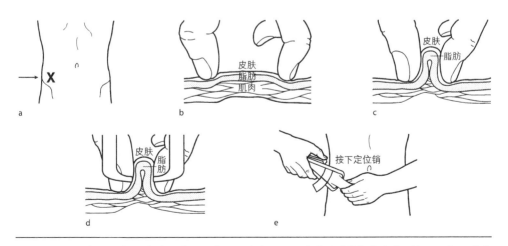

图7.1 为了完成在髂前上棘部位的皮褶测试，(a) 站直 (b 和 c) 拇指和食指捏住皮肤，并且 (d 和 e) 将卡尺的钳口放在皮肤上，同时继续用手捏住皮褶

（图片来源：Di Pasquale 2002, p.99.）

记录你的饮食

记住，要记录饮食的各个方面及其对身体的影响，是非常重要的。这可能很不方便，甚至有时会让人恼火，但是如果你想让自己的努力获得最大成效，就需要记录自己的进度和对饮食变化的反应。在周末时自己记录下来：何时开始适应、吃了什么、多少热量，以及任何其他重要信息。

记录自己的饮食日志，不仅可以记下做了什么，还可以通过在训练和饮食中的努力为自己增加信心。这是真正标准地测量你何时最好看以及如何获得这种效果的方式。在坚持这种饮食一段时间后，你可能想停止记录，并开始习惯它。但你在后续过程中，仍然要至少每周记录一次你的发现。

MIDx 很容易计算。*其实只要将体重（以磅为单位）、身高（以英寸为单位）、身体脂肪含量的百分比填入以下公式，然后进行计算。用体重（以磅为单位）除以身高（以英寸为单位）的平方。然后，将结果乘以 7 250，最后将这个结果除以身体脂肪百分比（Di Pasquale，2002 ~ 2008）。

MIDx = { 以磅为单位的体重 ÷（以英寸为单位的身高）^{2} × 7 250} ÷ % 身体脂肪

如果使用公制单位，请使用以下公式：

MIDx = { 以千克为单位的体重 ÷（以米为单位的身高）^{2} × 10.3} ÷ % 身体脂肪

例如，运动员体重 185 磅（84 千克），身高 5 英尺 6 英寸（168 厘米），并且总体脂肪为 10%，其计算如下：

$$MIDx = \{185\ lb \div (66\ in)^2 \times 7\ 250\} \div 10$$

$$MIDx = \{(185\ lb \div 4\ 356\ in) \times 7\ 250\} \div 10$$
$$MIDx = (0.0424701 \times 7\ 250) \div 10$$
$$MIDx = 307.90822 \div 10$$
$$MIDx = 30.8$$

（来源：Di Pasquale 2002，pp. 100–102.）

开始

低碳水化合物转换可以持续 2 周以上，并让你可以确定自己是否在有效地使用脂肪，如果是的话，不需要太多的碳水化合物就可以有相当不错的感觉。如果是这种情况，那么说明你已经完全准备好继续执行传统的"低碳水化合物 5 天，2 天（周末）"的转变方案。

适应阶段

代谢饮食的初始阶段显示身体在缺乏碳水化合物时如何运作，并且这个阶段是确定运动员利用脂肪作为主要燃料来源的能力的试验场。那些高效的脂肪氧化者在这个饮食阶段会有很好的效果。最终，代谢饮食将强调平日低碳水化合物和周末高碳水化合物的轮替。但是，在最初的 12 天里并不是采用这种方式。在适应阶段，最好的方法是在最初 12 天里极少或完全没有碳水化合物食物。这样做会激励和引导身体从燃烧碳水化合物转变为以脂肪作为其主要燃料来源。它还将提供判断你是否适合低碳水化合物饮食的即时指示。

代谢饮食的这个阶段要求从星期一到下周的星期五（总共 12 天）只采用高脂肪、高蛋白、低碳水化合物饮食。在此期间，你将被限制在每天最多 30 克碳水化合物。如果你可以应付得了更少（甚至为零）碳水化合物，则更好。脂肪摄入量应设定为热量的 50% ~ 65%，而蛋白质摄入占热量的 30% ~ 40%（表 7.1）。

在这个适应阶段，其实不需要改变正常的热量摄入量——只需用蛋白质和脂肪替代以前的碳水化合物热量。为此，用蛋白质和脂肪代替现在食用的碳水化合物。最初不要改变热量水平。（有关具体的食物建议，请参阅本章后面"吃什么"的部分。）

通过 12 天的高脂肪、低碳水化合物来开始实施这种饮食方法，在那些本来就是或者能够成为高效脂肪氧化者的人中，肯定无疑的是代谢转变将迅速地发生。完全不适合极低水平碳水化合物的人将受到很大的影响。症状包括疲劳和流感样症状，在这些症状中，你会觉得自己可能生病了。缺乏能量、虚弱、烦躁不安和肠胃不适是运动员在初期阶段会遇到的常见困难，特别是在对转变还不适应的时候。

表 7.1 适应阶段的摄入量

	碳水化合物摄入量	宏量营养元素占总热量的百分比		
		脂肪	蛋白质	碳水化合物
最初 12 天	30 克	50% ~ 65%	30% ~ 40%	4% ~ 10%
正常的平日最大值	30 克	50% ~ 65%	30% ~ 40%	4% ~ 10%
周末 12 ~ 48 小时 碳水化合物加载	没有真正的限制	25% ~ 40%	15% ~ 30%	35% ~ 55%

评估阶段

如果在最初 12 天的适应阶段取得成功，到了第二个星期六（第 13 天）时，你就要执行大逆转。在周末的 12 ~ 48 小时内可以采用高碳水化合物饮食。在此期间，如表 7.1 所示，设定脂肪摄入量在 25% ~ 40%，蛋白摄入量为 15% ~ 30%，碳水化合物摄入量为 35% ~ 55%。这个过程与运动员所说的"碳水化合物加载"非常相似。为期 14 天的时间内包括 12 天严格的碳水化合物适应阶段，然后是 2 天高碳水化合物评估阶段。这 14 天是至关重要的，因为它可以让你完全了解这种饮食方法。此时，剩下的任务就是控制平日和周末的最佳碳水化合物摄入量（代谢设定值）。

到了第二个周末（第 13 天和第 14 天）时，你切换到远高于之前的碳水化合物摄入量，胰岛素水平将急剧上升。事实上，高脂肪、低碳水化合物饮食阶段使得胰岛素对高碳水化合物摄入的反应甚至比平常更大（Sidery et al., 1990；Bhathena et al., 1989）。身体的原始本能是想始终作为以碳水化合物燃烧为主导的系统，因此高水平的碳水化合物会让胰岛素立即上升。

不幸的是，大多数人在第一次碳水化合物加载时过量，并迅速就知道后果了。可能会出现腹胀和浮肿等症状，并可导致立竿见影的多余的身体脂肪。尽管这种体验很不适，但实际上可能是一个很好的教训。为了过度补偿在之前 12 天中的碳水化合物匮乏，大多数人认为他们在走回头路，并且失去了在低碳水化合物饮食中已经取得的任何成果。事实上，这种过度补偿提供了一种值得学习的经验，并且可以帮助在周末教授运动员如何正确地提高碳水化合物。如果你可以一直坚持下去，并且想努力改善身体成分，你更要这样做。过量碳水化合物的周末当然是肥大（H）训练阶段（见第 13 章）的理想选择，可以让你增加肌肉量，身体脂肪将保持在可控的水平，除非你真的完全过度了。

当你成为高效的脂肪燃烧者时，结果是显而易见的。

身体对这种夸张的碳水化合物加载的第一反应是将糖原填入肌肉，使肌肉看起来更饱满，并通过直接刺激肌肉细胞吸收氨基酸，以促进蛋白质的合成。周末的蛋白质摄入量比平日要低得多，特别是当你有经验并已经坚持这种饮食一段时间之后。重要的是要明白，如果有需要，在平日可以获得足够的蛋白质补偿。限制蛋白质摄入后的蛋白质利用率，比限制前的水平更高（Di Pasquale，1997）。

在最初的两周（包括你的第一个碳水化合物加载周末）之后，当在新一周星期一开始常规程序时，你将充满活力，随时可以挑战全世界。运动中，你会发现自己感觉特别乐观、健康、积极。星期一和星期二，身体系统将会努力工作，燃烧在周末增加的所有糖原，并继续燃烧脂肪酸。总体而言，你将会体验到燃烧脂肪和塑体的更大潜力。然后，星期三至星期五，因糖原再次受到限制，你将更多地依赖于主要的脂肪燃烧代谢，最大限度地减少脂肪并让身体更结实。

身体在适应阶段和评估阶段（最初的碳水化合物加载周末）经历了很大的转变。了解什么时候停止碳水化合物加载是至关重要的，因为有些人往往更容易积聚身体脂肪。作为运动员，你需要能够意识到自己开始感到浮肿和饮食过度的标志点。这一标志点将因人而异。有些人几乎不会因胰岛素增加而产生任何食欲反应。然而，另一些人则会经历胰岛素的大幅波动。胰岛素大幅波动因为常会导致食欲增加，可能是一个重要的负面因素。因此，我们利用 12 ~ 48 小时作为周末的碳水化合物加载时间。对于食欲永远无法满足的运动员，或者在碳水化合物相对较早就往往会积聚身体脂肪的运动员，可以缩短至低于 12 小时。重要的是，要知道和了解自己何时已达到足够的摄入量。当你开始感到浮肿和饮食过度的时候，就说明是时候该回到平日的高脂肪、低碳水化合物系统了。

当然，你可能需要一段时间才能了解身体何时告诉你转变了。如果你在这方面有疑问，请在周末稍早时候开始改变，并观察自己在下一周的外观和感觉。经验最终会教会你正确解读自己的身体体征，并知道自己什么时候增加了脂肪。此外，请记住，表 7.1 中列出的脂肪、蛋白质和碳水化合物食用量的百分比是最佳数值，起码在最初是如此，直到你找到属于自己的最佳数值。如果你以前从未做过任何真正的饮食计划，那么在开始时你可能不会那么容易达到目标。如果是这样，别担心。在早期的几周内，通过实现 30 克碳水化合物的限制和饮食中脂肪占 50% 的最低水平，就可以完成初始成功所必需的代谢转变。

确定代谢设定点

代谢设定点就是适合你的代谢，同时又能让你最大限度地增加肌肉质量并减少身体脂肪的碳水化合物水平。对于运动员和健美运动员而言，高效的脂肪氧化者几乎不需要膳食中的碳水化合物，代谢饮食设定点将低于 30 克，通常每天接近 0 克。少数人的代谢饮食设定点可能过高，最终会变成采用高碳水化合物饮食。然而，大多数人都介于两者之间，通常每天食用碳水化合物 30 ~ 100 克。

　　仔细监测身体对碳水化合物摄入量的反应，然后对碳水化合物摄入进行必要的调整，最终将达到适合你的神奇饮食碳水化合物水平。为了充分了解代谢饮食的运作方式，你必须认识到，这是一个需要积极参与的动态过程。这个过程的互动部分让你可以收获有关代谢的足量信息，以实现自己的最终目标。

　　如果你感到疲劳，你需要在饮食中增加一些碳水化合物。当你必须提高碳水化合物的水平时，需要一段时间才能发现自己的碳水化合物代谢设定点。人们平均需要约两个月才能找到理想的膳食碳水化合物水平。一旦发现了自己的代谢设定点，就可以将饮食稳定在该水平上几个月，同时努力改变身体成分。

　　在代谢饮食阶段的过渡部分通常需要 3 ～ 4 周（从平日的低碳水化合物转化为周末的部分或全部时间的高碳水化合物加载），以确定能否适应如此低的膳食碳水化合物水平，或者在平日的特定时间是否需要更多的碳水化合物。为了评估代谢饮食的严格部分（平日低碳水化合物，周末碳水化合物加载，运动员可以承受的加载时间也许是周末的一部分），每次重点关注 2 周的饮食。如果在最初 2 周后感觉良好，那么可以保持在平日 5 天以上的 30 克，周末 1 天或 2 天的碳水化合物加载。

　　如果你感觉到轻度至中度的疲劳和其他的影响，那么再执行 2 周的适应阶段，看看这种情况是否消失。如果你感觉到严重的影响，那么改变一下饮食，根据何时感觉疲劳，选择性地摄入更多的碳水化合物。如果从星期六到星期三都感觉良好，并且在周四开始疲劳，整个人都不舒服，那么星期三提高碳水化合物水平应该会有帮助。星期三应该把碳水化合物提高到至少 100 克，通常还会更多。你可以尝试按每磅（约 0.45 千克）体重加入 0.5 ～ 1 克碳水化合物，看看自己的反应。

　　一个忠告：在锻炼之前不要食用任何碳水化合物。此时消耗碳水化合物会降低 GH 和 IGF-1 的产生，实际上增加胰岛素，并在训练中减少使用身体脂肪作为主要能量来源。

　　如果你觉得疲劳，并且在大多数低碳水化合物的阶段里感觉不舒服，那么尝试在平日每天增加 10 克碳水化合物的摄入量，看看是否有帮助。如果没有效果，将碳水化合物摄入量提高到每天 60 克的水平，持续数周，直到身体恢复最佳运作水平。大多数运动员通常降到每天 3 ～ 100 克的水平。有些运动员代谢比较特殊，每天可能需要摄入超过 100 克。相对脂肪氧化能力较差的人，每磅（0.45 千克）体重的口膳食碳水化合物摄入量为 0.5 ～ 1 克。在少数情况下，每磅体重可能需要多达 3 克碳水化合物，具体取决于个人及其参与的活动。

问题解决指南

根据以下步骤确定碳水化合物的准确摄入量，以确保所需的碳水化合物的最佳（但不是最低）水平。首先你将开始一个为期2周的适应和评估阶段，在此阶段将严格控制饮食和代谢，了解你在工作日摄取30克碳水化合物和周末摄入加载碳水化合物的反应。你现在状态如何？

如果你感觉不错，请继续以下操作：

1. 为了了解自己的适应程度，重复上面为期2周的适应和评估操作。

2. 严格的代谢饮食评估阶段到现在已经有4周了，如果你还是觉得很好。现在可以怎么做？现在你的严格代谢饮食真正开始了：坚持工作日5天摄入30克碳水化合物和周末2天碳水化合物加载的安排。

如果你感到疲劳，请遵循以下步骤：

1. 如果你有低到中度的疲劳，你应该再做2周的正常饮食计划的评估（使用表7.1中的周末和工作日碳水化合物量），看看自己有何反应。

2. 如果你有中度到重度的疲劳，你需要在饮食中引入变化，以克服这种疲劳。

3. 只在星期三尝试一次碳水化合物尖峰状态体验，补充120克碳水化合物，看看自己有何反应。

4. 你在周中有碳水化合物峰值，但是现在你在训练中缺乏能量。你应该做什么？在训练后半小时内摄入30～100克碳水化合物，以对付训练日的能量不足。

5. 在训练过程中仍然缺乏能量，那么你能做什么呢？训练日的每天碳水化合物摄入量增加30克，并且每周都这样做，直到在锻炼时感觉正常。

6. 整个星期都缺乏能量，那么你能做什么呢？每天的碳水化合物摄入量增加30克。

7. 每天将碳水化合物摄入量提高30克，并持续了1周，但仍然整个星期都感到疲劳。那下一步可以怎么做？每天的碳水化合物摄入量再增加30克，进行为期1周的评估，每周都这样做，直到自己感觉正常。

吃什么

表 7.2 和表 7.3 提供了饮食食谱示例：工作日 2 500 卡（1 卡 ≈ 4.18 焦），加载的碳水化合物周末 2 100 卡。如需了解更多的工作日和周末饮食计划，请参阅莫罗·迪·柏斯古的 *The Metabolic Diet*（2000）。在工作日，高脂肪、高蛋白、低碳水化合物食物有很多选择，如表 7.4 所示。

有几个关于制备食物的提示将对你有所帮助。使用一个便宜的小厨房秤来确定你所选择的食物的重量，以确保每日的热量是准确的。也可以使用 Pam（初榨橄榄油，甚至轻油）（译者注：Pam 是有机菜籽油烘焙喷雾的品牌）进行烹饪。0.6 秒的喷雾最多只有 4 卡。以下具体的食物建议可以帮助你为代谢饮食做出很好的选择：

· 肉类、禽类和鱼类。几乎任何肉都可以，大多数人会将重点放在牛排、汉堡、猪肉和其他红肉的饮食上。另外，鹿肉、鱼（很重要，你稍后会看到）、羊肉、虾、龙虾、鸡肉、火鸡肉和其他白肉也可以。罐头沙丁鱼、金枪鱼、虾、鲱鱼和凤尾鱼也是如此。对这些食物可以采用烤、烘、烧烤、烧或煎等烹饪方法。但是，不要在烹调时加入任何热量（即在煎的时候使用特氟龙煎锅或 Pam，而不是加油或其他脂肪）。

· 蛋。如果有胆固醇问题，可能希望限制鸡蛋摄入量。然而，大多数人每天吃 1 ~ 4 个鸡蛋都是安全的。全蛋是很棒的。魔鬼蛋（万圣节的一种食物）是一种很好的小吃，但要在冰箱里保存。

表 7.2　2 500 卡的平日饮食食谱（30 克碳水化合物）

餐点	食品	热量（卡）	碳水化合物（克）
早餐	4 个煎蛋加 2 汤匙黄油	508	0
	4 片培根	140	0
小吃	1/2 杯白软干酪	90	4
午餐	9 盎司（275 克）碎牛肉（超瘦）	654	0
	1 汤匙第戎芥末	15	1
	2 盎司（60 克）帕尔玛奶酪	220	2
小吃	4 杯生菜	200	4
	3 盎司（90 克）火鸡	133	0
晚餐	8 盎司（250 克）鸡肉	365	0
	1/2 片全麦亚麻面包（烤）	60	8
	1/2 杯白菜、西蓝花和花椰菜混合	25	5
	（蒸熟）		
	1/2 杯草莓	20	5
小吃	1 盎司（30 克）低脂奶酪	110	1
总计		2 540	30

表7.3 2 100卡的周末饮食食谱（碳水化合物加载）

餐点	食品	热量（卡）	碳水化合物（克）	蛋白质（g）
早餐	2片全麦亚麻面包（烤）	200	38	6
	2汤匙果冻	100	20	0
	1杯麦片粥	110	20	3
	1杯脱脂牛奶	80	8	8
小吃	8盎司（250克）苹果酱	220	50	<1
	1个罂粟籽百吉饼（无黄油）	195	37.5	4.5
午餐	2杯生菜沙拉、1整个红辣椒、1/2杯胡萝卜	90	20	2
	2汤匙低脂意大利沙拉酱	10	0	0
	2片全麦亚麻面包（烤）	200	38	6
	1汤匙黄油	100	0	0
小吃	1个罂粟籽百吉饼	195	37.5	4.5
	2汤匙果冻	100	20	0
晚餐	1杯蔬菜尖管面	410	81	10.5
	1/2杯番茄酱（有机）	40	7	1
	1/2杯青豆	25	16	2.5
	2杯生菜沙拉、1整个青椒、1/2杯胡萝卜	90	20	2
小吃	1.3盎司（40克）香蕉蛋糕	90	20	1
总计		2 155	413	50

表7.4 平日食物建议

肉类		奶酪①	坚果	蔬菜②	调味品	饮料	甜点
牛排	鸡	蒙特里杰克干酪（Monterey Jack）	核桃	黄瓜 苜蓿芽 生菜	黄油	水	果冻配打发奶油④
汉堡包	蛋	布里干酪（Brie）	葵花籽		醋	咖啡	
炖肉	沙丁鱼	卡蒙伯尔奶酪（Camembert）			油③	无糖汽水	
鹿肉	金枪鱼	明斯特干酪（Muenster）			蛋黄酱	茶	
羊肉	鲱鱼	格吕耶尔干酪（Gruyère）			盐		
培根	龙虾						
熏牛肉	鲑鱼						
香肠	凤尾鱼						
火鸡	虾						

① 全脂肪、低碳水化合物。

② 只是低碳水化合物。没有豆、玉米、胡萝卜或豌豆。

③ 多不饱和脂肪和单不饱和脂肪，如在坚果、橄榄油和亚麻籽油中发现的脂肪。

④ 无糖的果冻配不含碳水化合物的打发奶油。

· **奶酪**。几乎所有奶酪的热量都差不多。使用全脂肪品种。请记住，软干酪、农家干酪和乳清奶酪的碳水化合物含量较高。布里干酪、卡蒙伯尔奶酪、明斯特干酪、格吕耶尔干酪和蒙特里杰克干酪的碳水化合物含量非常低，适合减肥。

· **水果**。与其他一些低碳水化合物饮食不同，即使在低热量的日子里，也允许吃水果。有大量低碳水化合物的水果可选择，包括橙子、苹果、甜瓜和草莓。

· **蔬菜**。蔬菜很适合添加到代谢饮食中，但在平日要注意碳水化合物水平。胡萝卜、玉米、洋葱和豌豆的碳水化合物含量高。

· **沙拉**。沙拉也是一个很好的绿色来源，但你可能不想加油炸面包丁。5盎司（150克）的油炸面包丁就包含10.4克碳水化合物。在工作日，这将是每日碳水化合物限额的三分之一。用沙拉来发挥创意。使用表16.3（第276页）中的几种食物来组合。食物选择包括芦笋、芸苔芽甘蓝、白菜、芹菜、黄瓜、莳萝泡菜（不甜的腌菜）、莴苣（波士顿莴苣、卷心莴苣、长叶莴苣等）、蘑菇、萝卜、菠菜、青豆和水田芥。

· **坚果和种子**。核桃和瓜子也很好，但要保持记录碳水化合物含量。

· **调味品**。如醋、油和蛋黄酱等调味品都很好。黄油和液体人造黄油是可以的，但在大多数时候尝试使用油（特别是橄榄油）和醋汁拌菜。大多数其他商业色拉酱的碳水化合物含量都在7%上下。芥末、醋、柠檬汁、酱油、辣椒粉、山葵、盐、胡椒、大蒜、罗勒、肉桂、肉豆蔻、咖喱等香草和香料都可以。碳水化合物含量低的其他调味品也可以。番茄酱含有太多的碳水化合物，但是一些牛排调味汁可以。

· **饮料**。至于喝的，那也很容易。容许的饮料包括水、无糖汽水、苏打水和矿泉水、无糖汤力水，以及咖啡和茶（优选为黑咖啡，或只加奶油和人造甜味剂）。一般规则是减少所有高热量的饮料，如果汁或含糖汽水。苏打水或矿泉水加冰，再挤一点柠檬汁进去，就是一杯清爽的饮品，可以在郊游和派对上使用，代替软饮料（因为主人极少会提供无糖软饮料，但现场经常会有苏打水、冰和柠檬汁）。

至于酒精饮料，要避免啤酒和甜酒。你可以喝干葡萄酒和烈性酒，但要小心——减肥药和酒精不要混在一起。由于节食和减肥药都可能会让酒精的作用更明显，因此最好限制饮酒。

吃纤维，特别是在适应和评估阶段。在头两个月的代谢饮食中，由于在高脂肪饮食过程中的身体改变，你的排便可能会较稀或不规则。对于那些经过较长时间仍然存在问题的人，请坚持食用天然纤维补剂或在中午的饮食中加入沙拉。

加工食品和垃圾食品

尽量避免加工食品、预制食品和快餐。为什么呢？加工食品（罐头、包装、瓶装，有时甚至许多冷冻食品）的糖、面粉、淀粉、脂肪和盐都过高。这些糖、脂肪、白面粉和淀粉是你完全不需要的热量。太多的盐会让你发肿。

垃圾食品和快餐不止来自各种商店和快餐店。有时在家里也会做出来。把好的食材变成垃圾食品是很容易的。你只需要涂抹、混合、蘸点或码上盐、番茄酱、蛋黄酱、油脂、人造色素、人造合成香料和糖。戒除垃圾食品习惯的最好办法是不要去垃圾食品店，也不要在家里吃任何垃圾食品。

另一个要注意的要点是，如果你有强烈的愿望，也只能推迟到周末才去满足这种愿望。那时候，你基本上什么都可以吃。我们在这里只是分配或划分食物的食用时间。不是说你不能吃烤宽面条。你只需要等待周末的到来。这比基本上让你余生都被困在低脂肪（或者在某些情况下是低碳水化合物）孤岛上的其他饮食好多了。

这对于心理也有帮助。自己喜爱的食物可以作为一个目标。只要到了周末，就可以吃那块苹果馅饼。你给自己一些期待的东西，甚至可以是一种乐趣。这并不会让你有那种一次又一次、一个星期又一个星期、一个月又一个月一直在吃同样的食物的那种沮丧和无聊的感觉。你不必想出一套精心设计的食谱来保持自己的理智。

到了周末，就吃自己想吃的！用自己喜欢的食物来补充能量，但请记住，在健康和不健康的食物之间必须保持平衡。满足那些愿望。有些人在代谢饮食开始时会过量，吃到几乎生病。大多数人会有一定程度的过量，但这没问题。坚持下去就会变得更容易。在坚持代谢饮食一段时间后，大多数人对冰淇淋或洋葱圈不会再有强烈的渴望。他们有时可能会吃这些食物，但是不会大吃特吃。随着运动员开始调整饮食并为了取得最大进步而逐步适应，他们就会开始看到一些真正的改善，并真正了解其身体的工作方式，以及如何调整来实现其目标。

人造甜味剂　对于爱吃甜食的人，糖对牙齿会是一个问题。你最终可能会渴望它，特别是在适应代谢饮食的最初阶段。在代谢饮食的低碳水化合物部分中完全消除糖时，你可以在高碳水化合物加载的周末摄取一些糖。然而，在碳水化合物加载周末期间，运动员不应该食用太多的糖或简单碳水化合物。运动员应摄取更多复合碳水化合物，这将在没有较高胰岛素水平的情况下补充碳水化合物储备。用低碳水化合物饮料和添加了人造甜味剂的甜点来缓解这方面的渴望。然而，要避开山梨醇和果糖——记住，无糖不一定意味着无碳水化合物。请务必查看标签。你也可以好好利用无糖的果冻（没有碳水化合物，使用人造甜味剂）。不含碳水化合物的打发奶油可能正是你要寻找的配料，以便控制碳水化合物的量。

人造甜味剂的益处和风险仍然存在很多争议。糖是一种天然食物，其热量高于人造甜味剂。尽管制糖业正在试图减少糖的热量，但你最好开始使用糖的替代品，而不是糖，并且尽量使用人造甜味剂（而不是糖）来搭配食物（如饮用无糖汽水而不是普通汽水）。我们来看看常见的人造甜味剂类型，以帮助你在有需求时，使用合适的人造甜味剂来遏制自己的渴望。

甜叶菊是一种灌木，南美洲的人长期以来一直使用其叶子让饮料变甜。它作为膳食补充剂在美国市场销售，提供无热量的甜味。美国食品和药物管理局（FDA）已经通过一些研究结果得出结论，甜叶菊可能与癌症发展相关，并可能对生殖和能量代谢产生负面影响。一些研究表明，少量使用甜叶菊也可能造成很小的伤害，但由于该领域的研究未经证实，FDA 不认可这些发现。因此，FDA、欧盟、加拿大和联合国不会批准在国际社会上广泛使用该产品。

糖精是由石油产品制成的，比蔗糖甜约 300 倍。加拿大的研究表明，糖精可能是一种微弱的致癌物。甜蜜素也是一种合成的化学品；虽然不如糖精那么甜（比食糖甜 40 倍），但它不会留下使用糖精所熟悉的苦涩余味。与糖精一样，一些研究表明它可能会致癌。甜蜜素也可能具有诱变性质（导致遗传损伤）。

外出就餐

在遵循代谢饮食的时候去餐馆就餐也没有任何问题，即使是在平日，只要为这种生活方式制定正确的方法即可。已经坚持代谢饮食多年的运动员可以直视着服务员的眼睛说："我想要一份 T 骨牛排，不要其他的！"大多数时候，服务员会迎着他的目光说，"但你会有烤土豆、蔬菜、面包……"运动员会打断并重复一次："不要其他的。"你需要做同样的事情，打断并重复。服务员起初可能有点难以理解，但通常，在重复之后，他们会接受。

事实上，你不希望在自己的盘子里还有其他东西。在工作日里，你应该远离那些碳水化合物食品，让它们不在视线范围以内，并且完全不想它们。把它们从你的盘子里拿出来否则，你可能会试图"试一下味道"（有关隐藏碳水化合物的信息，请参阅附录A）。肉是没问题的，它符合你的饮食要求，并且你会感觉良好。无论服务员说什么，只需要按你自己想吃的东西下单。如果他试图告诉你，你在浪费自己的钱，请告诉他，他正在浪费自己的时间。

在周末，一切都不一样。就有正当的理由去吃这些面包、土豆和沙拉了。你可以点两次，具体取决于你的饮食结构。只要在平日不要让它们出现在盘子里。

阿斯巴甜（Aspartame）现在是北美使用的主要代糖，但糖精和甜蜜素仍然被广泛使用（美国限制使用甜蜜素，允许自由使用糖精，而在加拿大则是相反的），三氯蔗糖和安赛蜜（Acesulfame K）正在获得越来越多的认可。阿斯巴甜（比甜蜜素甜，但不如糖精甜）是由三种产品制造出来的人造物质——两种天然存在的氨基酸（苯丙氨酸和天冬氨酸）和甲醇。阿斯巴甜的所有三种成分都被身体分解成天然成分——糖精和甜蜜素则不然，它们被分解为合成化学品。

钠 虽然代谢饮食允许盐，但我们通常要警惕其过度使用——不要试图以过量摄入盐来补偿不允许吃的食物。高血压患者，以及有高血压或心脏病家族史的人，应减少盐的摄取，烹饪时许多食物本身含盐，就额外少加一点盐。容易体液潴留和腹胀的女性，以及患有经前综合征的女性也应避免摄取太多的盐。

减少盐摄入量可能会让你在最初觉得食物的味道很淡，但你的味蕾很快就会适应较低的盐摄入量。过一段时间之后，你会惊讶地发现，当你不用一层盐厚厚地覆盖食物时，食材的自然味道就会出来，变得更加美味。

对于需要减少盐摄入量的人，即使在高热量的日子里也要远离高盐食物。这包括某些果汁（橙汁比柚子汁含更多的盐）、泡菜、酸菜、罐头蔬菜、罐头鱼、无糖汽水、冷冻晚餐、番茄酱、商品汤、某些谷物和面包、自发面粉、腌肉、咸牛肉、橄榄、烘焙粉、肉汤、大多数奶酪，以及其他许多食物。

任何以某种方式加工或改变过的东西通常都比它们天然状态时的含盐量高得多。例如，一杯新鲜的蘑菇有大约12毫克的盐，而奶油蘑菇汤有近1 000毫克的盐。大约2盎司（60克）重的猪肉和热狗之间的区别：猪肉有约50毫克的盐，而热狗的含盐量超过1 000毫克。

食用碳水化合物的时间

在代谢饮食中的高脂肪、低碳水化合物部分的真正问题是：在一天中的什么时间吃碳水化合物。有些人将碳水化合物食物均匀分配到三餐。有些人则将大部分碳水化合物食物安排在一餐中。当然，这个问题的答案取决于个人偏好，只需找出最适合你个人的安排即可。

许多人认为我们的饮食习惯在现代社会中变得事与愿违。大多数美国人白天吃大量的碳水化合物之后，胰岛素和5- 羟色胺（一种与疲劳相关的脑神经递质）的反应会变得非常明显。当他们需要高工作效率和警惕时（例如在下午刚开始时），他们会因这些碳水化合物和所产生的激素和神经递质的急速上升而昏昏欲睡。

碳水化合物爱好者最好把碳水化合物食物留到一天中晚些的时候食用。许多坚持代谢饮食的人就是这样做的。他们在白天减少碳水化合物的摄入，结果发现其能量水平大大提高了。

心理控制

　　随着对激素控制的了解，你还会发现代谢饮食可以有助于心理控制。有时伴随碳水化合物饮食的大幅情绪波动和烦躁也会增加皮质醇。心理压力也可能是减少睾酮生成的主要原因。

　　代谢饮食，部分是通过对胰岛素的控制，可以阻止高碳水化合物饮食带来的情绪波动和烦躁。它还可以最大限度地减少其他饮食可能产生的饥饿感和沮丧。面对现实吧。任何饮食习惯的改变都很难。饮食习惯的改变涉及生活方式的改变，而任何变化都可能带来压力。但是，代谢饮食的灵活性和简便性大大减轻了改变饮食习惯时通常会带来的压力。

　　在晚餐时吃碳水化合物可以帮助人们在晚上放松身心，并且拥有婴儿般的熟睡。所以一些碳水化合物狂热者将碳水化合物留到晚上。他们在白天几乎不吃碳水化合物，所以可以将当天约30克的碳水化合物限额全都用于在晚上吃冰淇淋或巧克力棒。只要你这样做不超过每日碳水化合物限额就可以了。

　　摄取碳水化合物的理想时间是在运动后2小时。因为在运动后的几个小时里有一个机会，激素因子正好在重建肌肉。运动后2小时食用碳水化合物会刺激胰岛素水平并增加蛋白质合成，从而最大化运动对增强力量和身体结实度的作用。同样，要理解如何在最低碳水化合物水平取得最佳效果。对于大多数运动员来说，这意味着平日不能超过建议的30克碳水化合物限制。

个性化实验

　　个人的经验和人体化学结构将影响其饮食结构。人们对碳水化合物加载都会有不同的反应。因此，碳水化合物加载期的长度在不同人之间可能会有很大的差异。

　　30克碳水化合物限制也并非是不可改变的。它只是一个在开始代谢饮食时应该遵守的良好指南，但有些人发现，他们后来将碳水化合物摄入量提高到每天50克，仍然可以有很好的效果。另外，有人发现摄入超过20克就会使他们感到迟钝。坚持高热量饮食的一些人可以摄入30克以上，并且仍然没问题，这主要是在肌肥大训练阶段。一旦实现了代谢转移，就可以通过实验去找到最适合自己的分量。然而，目的是找到你的身体各系统正常工作时可以接受的最低碳水化合物水平，在大多数情况下，这个水平就是平日每天30克左右。

　　脂肪水平也可以在一定程度上加以实验。有些人认为，在饮食中的脂肪水平低至30%即可获得最佳效果，但是你必须谨慎。不能太低，特别是当你的身体正在经历从利用脂肪而不是碳水化合物作为主要燃料的转变时。

摄取大量的蛋白质可以帮助你的身体保持蛋白质正平衡，但你需要食用足够的膳食脂肪才能成功地将代谢改变为脂肪燃烧系统。记住，没有足够的膳食脂肪，你的身体就学不会如何使用脂肪作为主要燃料。你的身体基本上会说："我不会消耗这些东西，因为我以后可能还需要它呢。"若限制饮食中的脂肪，身体就想把它积累起来。你减少了膳食脂肪，但最终会让身体脂肪增加（Kather et al., 1987）。

事实是，身体需要脂肪来调节，要燃烧脂肪，同时保持肌肉。增加膳食脂肪的摄入将会提高分解更多脂肪所需的酶的水平，并减少存储身体脂肪所涉及的酶，从而增加身体对膳食脂肪和身体脂肪作为主要燃料的使用。说到底，你正在通过在饮食中增加脂肪来减肥。

所以不要担心你的整体脂肪百分比，因为这通常是不会有问题的，除非你错误地（至少在初始阶段）试图限制脂肪摄入量。当然，你可以根据自己对饮食的反应进行一些调整，但要谨慎。记住，如果你不给身体提供足够的脂肪，就无法转变为基于脂肪的代谢，身材就会走样，这正是你不想要的。

这可能听起来很不合理，但事实如此。给身体脂肪，它会使用脂肪，并燃烧身体脂肪。当你适应脂肪后，身体代谢会以脂肪作为主要燃料，所以即使你减少膳食脂肪，身体仍然会燃烧脂肪并保持肌肉，但此时它会从身体脂肪获得所需要的脂肪。

关于这种饮食的好处之一是，你不必变得像偏执狂一样，根据精心制作的图表来食用适量的脂肪。事实上，如果你孜孜不倦地吃红肉和其他肉类食品（包括牛排、汉堡、火腿、鱼、猪排等流行食品），以及食用油（如橄榄油和必需脂肪酸），你应该不必担心完成所建议的脂肪和蛋白质的高摄入量。它自然会发生。

健身模特梅拉妮·马登（Melanie Marden）看起来既瘦又性感。

此外，重要的是要认识到，个性化实验将在代谢饮食中发挥重要作用。饮食应有所变化才可以为每个人提供最佳的表现水平和成功。我们的身体化学构成和需求在一定程度上均有所不同。

微调碳水化合物摄取量

还有多种其他方式可以调节饮食，以适应你的代谢能力。尽管我们所有人都能够使用脂肪作为主要燃料，但所有人天生都有不同的能力。因此，有些人是高效的脂肪燃烧者，另一些人则不是。

如果你属于难以调整和使用脂肪作为主要燃料的少数人，你将在最初几周后就会知道。这些人在进行转换的过程中往往更艰难，可能会感到疲劳，并且体育活动很容易让他们筋疲力尽。他们似乎在周末增加碳水化合物摄入后不久就没有能量了。原因是他们的代谢更喜欢碳水化合物，而不是脂肪，并且似乎不能适应"5 天，2 天"的转变。他们在周末加载了碳水化合物，所以一周的前几天会感觉良好，但是当他们的糖原储备被用尽时，就经常觉得自己像被卡车撞了一样。

只因你的身体喜欢碳水化合物，不能靠脂肪维持身体运作，但这并不意味着你必须放弃代谢饮食。这只意味着你必须改变碳水化合物的摄入量和时间，以便让尽可能多的脂肪与必要的碳水化合物一起燃烧。如果你能找到保持身体正常运作所需的最低碳水化合物摄入量，那么就可以从代谢饮食中获益。

现在假设你已经坚持了两个月，虽然使用正确的补剂，并且一切都做对了，却仍然觉得不对劲。你可能很多时间都很累，特别是星期三到星期五，甚至觉得训练是一种磨难，因为你已经失去了曾经的热情和耐力。现在是微调碳水化合物摄入量的时候了。你可以选择以下几种方法。

增加平日的摄入量

调整碳水化合物摄入量的一种方法是逐渐增加每天摄入量约 10 克，直到症状改善。对于大多数人来说，最终摄入量是每天 30 ~ 100 克碳水化合物。

除了找到基准碳水化合物水平外，还必须确定摄入碳水化合物食物的最佳时间。摄入碳水化合物的时间安排与增加摄入量同样重要。对于必须提高碳水化合物水平的人来说，摄取额外碳水化合物的最佳时间是训练之后。例如，训练后可能需要在随后的那一餐或膳食替代营养粉中增加 20 ~ 30 克。

另一方面，低点可能出现在长时间工作后的晚上。在这种情况下，工作后马上补充到碳水化合物尖峰可能是最好的选择。或者你可能希望将额外的碳水化合物在全天中分散摄入。做任何最适合你的调整，请记住，你正在寻找可以完成工作的每日最低碳水化合物摄取量。

另一个重要因素是加入正确种类的碳水化合物。高血糖指数的碳水化合物食物很快被吸收，导致胰岛素迅速升高。在大多数情况下，通过增加蔬菜摄入量来增加较低血糖指数的碳水化合物食物摄入量，这是最佳途径。对于大多数人来说，以这种方式使碳水化合物摄入增至 2 倍（甚至 3 倍）可以帮助他们渡过低碳水化合物饮食中最困难的阶段，并且不会影响其体重和脂肪的减少，同时也让他们不再那么渴望碳水化合物。如果这些人从其他来源（如乳制品或高血糖指数食物）中摄取碳水化合物，就可能会抑制增肌和减脂，并让他们感到饥饿。

周中尖峰

有些人发现自己需要一个周中的碳水化合物尖峰来微调碳水化合物摄入量。这可以补充其糖原储备，使之坚持到周末。你可以通过几种方式实现碳水化合物尖峰。

一种方法是大幅增加当天的碳水化合物摄入量，可以一次增加到一餐中（例如，薄煎饼加糖浆），也可以分散在一天中的各餐里，使用高或低血糖指数的食物均可。一种流行的方式是在星期三上午进行持续 1 小时的碳水化合物加载。在碳水化合物尖峰期间，大多数人集中精力加载高血糖指数食物，并在那 1 小时内摄取 200 ~ 1 000 卡。在周中的碳水化合物尖峰膳食过后，就应该马上回到低碳水化合物水平的饮食。

对于一些人来说，周中的碳水化合物尖峰冲击对于高级的塑体或健身的效果可能会非常好。增加的血糖和随后的胰岛素尖峰将大量增加肌肉和肝糖原，提供额外的能量"刺激"，并将推动氨基酸进入肌肉细胞，以促进肌肉发育。只要马上回到代谢饮食，就可以避免积累不想要的脂肪。

重要的是，每当在工作日增加了碳水化合物摄入量，在相应的周末就要限制一下碳水化合物摄入量。这样就不会造成长期碳水化合物摄入过量。例如，你可能在周末只有一天的碳水化合物加载。关键是要了解需要做什么来创造调整后的最佳锻炼平衡。

周末的短期加载

在周末，你通常都可以随意地吃自己喜欢的食物。一般来说，周末可以增加热量和碳水化合物摄入量，而不必担心吃的是什么种类的食物。然而，对于一些人来说，2 天的碳水化合物加载可能太多，特别是如果你做得太过分，看见什么就吃什么的时候。有些人在平日保持每天摄入约 2 000 卡，周末可以跳升至每天 10 000 卡。不用说，必须要控制周末的碳水化合物超载才能达到其减重和减脂的目标。

有些人对碳水化合物食物可能非常敏感，在碳水化合物加载后可能会感觉不对劲。他们变得臃肿，感觉疲劳，身体不能非常好地运转。在这些情况下，最好只是在一天甚至部分时间里提高碳水化合物摄入量，然后回到高脂肪、低碳水化合物的饮食。在某些情况下，只有一餐碳水化合物膳食可能会最有效。也就是说，如果 6 天的高脂肪、低碳水化合物饮食，加上 1 餐至 1 天的高碳水化合物饮食适合你，那么就坚持下去。重申一次，碳水化合物加载的时间长短取决于个人。重要的是要试验周末碳水化合物的时间长度，以了解最适合自己的时间分配。

食用具有高血糖指数和较少脂肪的食物通常会导致更短时、更强烈的碳水化合物加载。你几乎肯定会失去紧实的肌肉并潴留水分，这往往不到 24 小时就会发生。而食用低血糖指数的碳水化合物食物或组合食物（如与蛋白质和脂肪混合的面食），就需要更长时间的加载。可能这两种方法你都想要尝试，看看哪一种最有效。

避免代谢逆转

有些人在代谢饮食中作假，他们要为此付出代价。他们坚持到星期四，然后突然决定在星期五开始碳水化合物加载，一直加载到星期天，猜猜结果？他们的机体重新转变为碳水化合物代谢。3天太多了。到那个时候，由于长时间的碳水化合物加载，就真的有可能失去因代谢饮食带来的脂肪燃烧的优势。

高脂肪、低碳水化合物饮食的一个优点就是它是宽容的。如果你在周中参加一个生日聚会，又不想表现得不合群，你可以吃一块蛋糕。同样地，平时参加商业或社交活动也可以是高碳水化合物膳食的正当理由。不用担心。只要你回到高脂肪、低碳水化合物的饮食，身体就不会走回头路。在坚持代谢饮食一段时间后，通常需要至少连续3天的碳水化合物加载才会让代谢开始转向以碳水化合物燃烧为主。

事实上，坚持代谢饮食的时间越长，变回碳水化合物代谢所需的时间就越长。对于那些已经坚持代谢饮食多年的人来说，最终可能会难以像之前一样通过燃烧葡萄糖来产生能量，因为通过代谢转变已成为脂肪燃烧者。

当碳水化合物是主要能源时，代谢饮食会抑制身体使用的糖酵解通路。同时，脂肪分解（脂肪燃烧）通路被激活。坚持代谢饮食的时间越长，似乎就需要加载更多的碳水化合物才能完全重新启动糖酵解通路。即使要出差或旅行，被迫改变饮食一周，如果你已经成为代谢饮食的老手，通常可以恢复代谢饮食，而不需要经历另一次代谢转变。

表7.5　平日的每天饮食要错开分配

星期一	3 500 卡
星期二	2 000 卡
星期三	3 000 卡
星期四	4 000 卡
星期五	2 500 卡
总计	15 000 卡（3 000 卡／天）

改变每日热量摄入量

许多健美运动员发现，如果他们每天做同样的事情，身体就会形成习惯，不再有反应。他们会进入瓶颈期，不会变得更强壮。你可能在自己的运动计划中也会发现这个问题。代谢饮食也会遭遇同样的问题。

如果你每天摄入同样的热量，你最终可能不会取得坚持这种饮食的效果。因此，应该尝试每日改变热量。错开分配热量，如果目标是每天摄入2 000卡，那么尝试有一天摄取3 000卡，第二天1 000卡，第三天2 500卡等。表7.5为3 000卡的饮食提供了为期1周的例子。有些健美运动员发现，他们通过让身体保持猜测，而不是适应每天固定的摄入热量能取得更好的进步。不可预测性会避免身体通过不适当的激素调整或降低基础代谢率（BMR）来适应热量的降低。

你也可以以每周为单位来计算热量，而不是每天。如果难以坚持每日热量的限制，计算每周热量也是一个很好的方法。这种方法让你可以在几天内摄入更多的热量，而在其他时间则摄入更少的热量。如果你可以严格遵守每周的热量摄入量，那么没有理由不以每周（而不是每天）为单位计算热量水平。

你也可以调整周末的热量。在开始时有一个很好的经验法则：在平日分配中增加的热量不要超过 25%，但在习惯这种饮食后，你可以随意决定。但是，你必须小心。如果你摄入的热量很高，特别是食用高血糖指数的食物，你可能会发现自己很快就积累了脂肪。

引入低蛋白质周末

在坚持代谢饮食一段时间后，你可能希望周末进入高碳水化合物、高脂肪的膳食阶段，而不太关注蛋白质。长期坚持代谢饮食的一些人发现，40% ~ 45% 的脂肪、50% ~ 55% 的碳水化合物和仅 7% ~ 10% 的蛋白质的周末饮食可以产生出色的结果。

更多的脂肪有助于减缓葡萄糖在血液中的释放，从而防止糖崩溃（感到筋疲力尽和烦躁）。通过食用含更多膳食脂肪的低血糖指数食物，也可以延长碳水化合物加载的时间长度，并且不会感觉到作为结束标志的肿胀。至于蛋白质，你在平日已经有足够的摄入量，可以安全度过周末。

研究表明，在相对的蛋白质限制后，蛋白质利用率会回升到比限制前更高的水平。研究还表明，在蛋白质耗尽的时候，身体可能会保存肌肉蛋白质，并燃烧更多脂肪储备来产生能量。这种适应通常在身体脂肪储备接近耗尽时消失（Goodman et al.，1984）。

使用营养补剂 **8**

吃尽可能接近其天然形态的食物是满足所有代谢需求的最佳方案。我们一直认为适当的饮食是指摄取蔬菜、肉类、鱼类、脂肪和油、低脂乳制品、全谷物和坚果。这些食物富含运动员每天需要的重要蛋白质、碳水化合物、脂肪、维生素、矿物质、纤维、抗氧化剂和植物化学物质的组合。因此，建议让补剂成为日常生活中不可或缺的一部分。

虽然营养补剂对于运动效果最大化发挥了重要作用，但它们不能凭空发挥作用。它们必须与合理的生活方式、适当的训练方案和良好的饮食习惯相结合。一旦做到了这3个要求，营养补剂就可以提供额外的优势。通过以正确的方式在恰当的时间使用适当的补剂，你可以使运动成绩和身体成分比例达到新的高度。

补剂可以增加运动员的合成代谢驱动力和锻炼能力，并缩短恢复时间。不幸的是，大多数运动员没有正确使用它们，因此没有获得任何明显的好处。主要的原因是不信任和无知，人们对待补剂的态度不会像使用处方药那么认真。

许多补剂通过以下一种或多种途径获得合成代谢潜力：

- 它们可以增加训练能力（例如，通过增加耐力或增强肌肉收缩来实现）。
- 它们增加内源性睾酮的产生，增加生长激素，或减少皮质醇的分泌。
- 它们增加蛋白质合成。

马特·特鲁多（Matt Trudeau）认为，营养补剂在最大化训练效果方面发挥了至关重要的作用。

在特定条件下，许多营养补剂可以对瘦体重、力量和耐力产生积极影响。选择这些补剂是获得大量瘦体重，提高运动成绩的关键。使用补剂的窍门是要对它们有足够的了解，以便有效地利用它们。

部分营养补剂简介

本节简要概述了一些比较流行的营养补剂，让你更好地了解它们各自的特点，以及如何通过它们的组合来增加对成绩和身体成分的总体影响。可以在各种补剂公司的产品中找到许多这些营养补剂，或单独使用，或作为配方的成分使用。

如果你已经有均衡的饮食，那么营养补剂对你而言并不像对日常饮食不足的人那么重要。意思就是，你需要了解自己属于哪一类。你是均衡饮食，包括所有必要的食物组别、维生素和矿物质，还是在这些方面有所不足？

维生素和矿物质

维生素和矿物质是调节生物化学反应的代谢催化剂。许多人将维生素和矿物质作为强化食品的一部分或作为补充剂。当提到营养补剂时，大多数人会想到每日维生素丸。维生素和矿物质"堆"是将许多补剂组合在一起的最普遍例子，既易于使用，在某些情况下还可以产生附加效应或协同效应。

各种营养素的摄取量过低可能会导致边缘性缺乏。很大一部分的运动员会有摄取量过低的情况，尤其是关注体重和身体成分的运动员。因此不能单靠食物来获得多种营养成分的足够摄取量。这些不足可能因运动而加剧，因为运动会增加对某些营养素的需求。例如，已经有报告显示，低于正常值的镁摄取量，再加上剧烈运动后通过汗水和尿液增加了镁损失率，从而可能导致边缘性缺乏。紧接着，可能会损害能量代谢、肌肉功能、氧摄取和电解质平衡（Nielsen and Lukaski，2006；Laires and Monterio，2008）。

富含槲皮素（水溶性植物色素）的维生素 C 已经被证实是一种很好的抗氧化剂，并有证据显示，它可以增加大脑和肌肉线粒体生物发生和运动耐力，因此这种组合可以增强运动表现（Davis et al.，2009）。已经有证据表明，α-硫辛酸（来自辛酸的饱和脂肪酸）可增强胰岛素敏感性；降低锻炼后的乳酸浓度；并通过与其他维生素（如维生素 C、维生素 D 和维生素 E）结合产生有效的抗氧化作用，对身体具有积极作用（Kinnunen et al.，2009）。许多营养物质在体内有多重作用。例如，硒也具有明显的抗炎特性（Duntas，2009）。

如上所述，运动诱发的矿物质损失也可能会带来问题，而我们许多人没有摄入足够分量的多种必需矿物质，这一事实又让问题进一步恶化。例如，一项研究发现，运动中对硒的需求更大（Margaritis et al.，2005）。研究表明，许多运动员（特别是女运动员）的饮食中存在锌、镁、铜和铁等关键矿物质不足的情况。剧烈运动加上矿物质不足，最终导致耐力差、免疫功能下降以及各种疾病的形成。

所有锻炼者都应考虑每日服用多种维生素和矿物质补剂。这将确保他们不会发生任何边缘性缺乏，同时将提高某些营养物质含量，这些营养物质可以为生理和代谢带来益处，并能预防某些疾病的发生（Tuohimaa et al.，2009；Bonjour et al.，2009；Evans 2006；Newman et al.，2007）。

锌 人们普遍缺锌，运动员可能比普通人更容易降低血浆锌水平（Cordova and Alvarez-Mon 1995；Prasad 1996）。锌是含有超过一百种基本重要酶的营养素。缺锌几乎可能对身体所有功能产生负面影响（Kieffer，1986）。

特别是在缺锌的部位，补充锌会导致生长激素、IGF-1（Dorup et al.，1991）和睾酮（Ghavami-Maibodi et al.，1983）的分泌增加；并且还观察到，补充锌可以提高血浆睾酮和精子计数（Hartoma et al.，1977；Hunt et al.，1992）。同样，缺锌也会对生殖激素产生不利影响，进而损害运动成绩（Oteiza et al.，1995）。最近的一项研究调查了缺锌对身体表现的影响，该研究发现，低膳食锌与运动过程中的心肺功能受损和代谢反应受损有关（Lukaski，2005）。缺锌也可能对蛋白质合成产生不利影响。一项关于大鼠的研究调查了缺锌对尿液、血浆和皮肤提取物中的游离氨基酸水平的影响（Hsu，1977）。缺锌对皮肤蛋白质合成产生了不利影响。

最近的一项研究表明，摔跤运动员补锌可以激活抗氧化系统，从而防止自由基的产生。作者最后得出结论，在运动员中，生理剂量的补锌可能有益于其健康和运动表现（Kara et al.，2010）。

镁 已有证据表明，补镁可增加蛋白质的合成和肌肉力量（Brilla and Haley，1992）。另一项研究得出结论，通过减少多余的体重，定期进行体育活动，就可以提高胰岛素敏感性。在尚未出现症状时修正缺镁的问题（Lefebvre and Scheen，1995）也可能达到同样的效果。

钙 钙使肌肉细胞的收缩肌动蛋白丝和肌球蛋白丝结合，从而产生向前滑行的力。当支配肌肉细胞的神经元发出信号使细胞收缩时，钙从肌质网释放到收缩肌丝的区域，从而允许收缩发生。在一项研究中发现，补充的钙似乎有效延迟了横纹肌的疲劳发作时间（Richardson et al.，1980）。

钙可以防止运动过程中的肌肉痉挛。钙也可能增加运动过程中的生长激素的分泌。这一结论遭到了质疑。如果你觉得需要额外的钙，在锻炼前吃 500～1 000 毫克的钙，并在锻炼过程中吃 500～1 000 毫克的钙。

维生素 D 维生素 D 是一组关系密切的化学物质，可调节肠道对所摄取钙的吸收。维生素 D 和钙都与骨骼的体内稳态紧密相关，但各自都还有其他更多的作用。维生素 D 在这个既定的作用之外有几个重要的功能。已有证据表明，它对于一般的健康、免疫和认知功能具有重要意义（Adams and Hewison，2008；Ceglia，2008；Buell et al.，2009）。而对于运动员而言，维生素 D 则与身体成分、运动表现和受伤风险密切相关（Bartoszewska et al.，2010；Hamilton，2010）。

铬 铬涉及碳水化合物和脂质的代谢。因为在运动中对铬的需求增加（Anderson et al.，1982），而且现代的精炼食品中的铬含量低，因此运动员可能需要在其饮食中加入富含铬的食物或补剂。如果制订高强度的锻炼计划，铬的缺乏（即使是边缘化缺乏）可能是一个让人担心的问题（Lefavi et al.，1992）。膳食铬不足与成年型糖尿病和心血管疾病有关，补充铬可以改善和预防与这些疾病相关的危险因素（Anderson，1986）。

抗氧化剂

抗氧化剂使用的重点是自由基——具有不成对电子的高反应性分子。这些自由基在食物的正常代谢和运动中的能源使用方面发挥了相当大的作用。然而业界也强烈地怀疑自由基是以导致分子损伤和细胞死亡的方式与身体细胞的成分发生反应，最终导致老化和死亡的。体内涉及自由基的化学反应会导致或促成癌症、动脉粥样硬化（动脉硬化）、高血压、阿尔茨海默病、免疫缺陷症、关节炎、糖尿病、帕金森病以及与衰老过程相关的各种其他疾病。自由基浓度高就有可能导致这些疾病的发生，而抗氧化剂则可以明显保护身体不会出现高浓度的自由基（Packer and Landvik，1989）。

伦达·默里（Lenda Murray）和劳拉·克拉瓦勒（Laura Creavalle）一直将训练、饮食和营养补剂相结合，以保持冠军身材。

越来越多的数据显示，大量的运动会增加自由基的形成，从而导致肌肉疲劳、炎症和肌肉组织的损伤（Reid et al., 1992）。同时运动也会减少抗氧化剂的供应。例如，训练可能导致维生素 E 水平严重下降，从而使肌肉中最重要的抗氧化剂被耗尽（Gohil et al., 1987）。

和身体受到压力（由锻炼引起）一样，情绪压力也会提高自由基的水平。在正常条件下，自由基的产生速度较慢，可以被肝脏、骨骼肌和其他系统中的抗氧化剂中和。但在压力条件下，自由基含量大幅增加，超过了身体的中和能力。若不受限制，它们可能导致身体机能过早老化和衰竭。

尽管最近的一些研究已经对抗氧化剂的整体作用提出一些质疑，但多数证据仍然表明，抗氧化剂可以帮助消除自由基所造成的大量负面影响。如果坚持代谢饮食，特别是需要按照要求锻炼身体，就必须在饮食中给抗氧化剂留有一席之地。

运动员对抗氧化剂的使用　有些研究表明，加强抗氧化防御可以缓解运动诱发的损伤（Packer，1997）。例如，有一项研究调查了阻力练习对形成自由基的影响。让 12 名业余的重量训练男性分为两组，补剂组每天接受 1 200 IU（国际单位）维生素 E，持续两周。对照组则接受安慰剂，其余条件不变。数据表明，高强度阻力练习增加了自由基的形成，并且维生素 E 补剂可能减少肌肉膜破裂（Mcbride et al., 1998）。

当对其正确使用时，抗氧化剂可以对塑造健康、有吸引力的身体增添更多的优势。对于那些一开始要求执行更苛刻的高强度练习计划的人来说，这特别重要。如果你在执行这样的高强度计划，你的需求就可能会超出抗氧化剂的最低需求量（由多种维生素提供），以便最大限度地发挥抗氧化剂所带来的优势。

虽然你可以每天食用抗氧化剂，但除了日常的多种维生素外，在训练日里绝对应该额外补充它们。所以我们建议多吃蔬菜（特别是西蓝花、卷心菜、莴苣和绿叶蔬菜），甚至在晚餐喝一杯红葡萄酒。这种组合应该可以帮助大多数人涵盖其抗氧化需求。

抗氧化剂的生态效应　骨骼肌具有惊人的适应和自我修复能力。然而，体育活动水平的大幅上升（例如，大强度训练、长期的长时间运动和过度训练）会限制身体适应组织损伤的能力，并会产生一定程度的适应不良和肌肉骨骼组织变化，从而引起对骨骼和肌肉的功能及性能的反作用。

抗氧化剂是对自由基引起的细胞损伤形成的一道防御前线，其中涉及肌肉、关节和肌腱损伤以及炎症，退行性关节炎，甚至衰老过程。使用抗氧化剂可以减少运动时发生的自由基损伤（Vincent et al., 2006），也可以减轻由自由基引起的对受损组织的持续损伤，从而加速恢复过程。已经有证据显示，抗氧化剂可提高有氧运动的成绩（Aguilo et al., 2007）。

如维生素 C 和维生素 E、硒、绿茶、还原型谷胱甘肽和 N- 乙酰半胱氨酸（NAC）等抗氧化剂可以在减轻炎症和疲劳，减少组织损伤并预防和治疗损伤方面发挥重要作用。已经发现多种抗氧化剂（如维生素 E）可用于治疗某些形式的关节炎（Sangha and Stucki，1998）和处理运动引起的氧化应激反应（Sacheck and Blumberg，2001）。氧化损伤是促成损伤和关节炎的发病机制，如 NAC 等抗氧化剂（Zafarullah et al.，2003）具有减少内皮功能障碍、炎症、纤维化、侵袭和软骨病损的治疗价值。

一项研究发现，表没食子儿茶素没食子酸酯（EGCG，绿茶提取物中的主要抗氧化剂）和硒蛋氨酸这两种抗氧化剂的组合对关节细胞的分解代谢和合成代谢的基因表达有着有益的作用（Agarwal et al.，2005）。该研究的作者得出结论，EGCG 和硒蛋氨酸可以调节软骨细胞的代谢，并对全身的关节软骨产生了有益作用。

激发内源性（起源于体内）抗氧化系统需要多种营养素。例如，一些矿物质（铜、锌、硒）有助于建立抗氧化防御系统，它们是抗氧化剂 Cu-Zn 超氧化物歧化酶和谷胱甘肽过氧化物酶活动的辅因子。

补充的外源性（源自身体之外的来源）抗氧化剂与内源性抗氧化系统相互作用，以防止运动产生更多自由基。补充的抗氧化剂对于那些进行短期和长期高强度或力竭式练习及训练的人来说至关重要，因为这种训练强度会产生过多的自由基，导致不可挽回的氧化损伤，并抑制内源性抗氧化系统，从而导致不可修复的组织损伤、同时出现易于受伤和较差的健康状况。

具有强抗氧化性能的化合物 有些抗氧化剂特别有效。除了保护肌肉组织的能力外，维生素 E 似乎也预防了因衰老而引起的动脉损伤，并尽量减少有害脂肪对身体造成的不良影响（Yoshida et al.，1989）。维生素 C 针对自由基损伤提供直接的防护，并且还保存维生素 E（Sies et al.，1992）。两者配合协作控制肌肉分解。

硒有助于将脂肪和蛋白质转化为能量，并在与维生素 E 一起服用时提供抗氧化保护。要注意维生素 E 不仅自身可以起到重要的作用，对于增强其他抗氧化剂的作用也很重要。

胡萝卜素的自然摄取途径来自植物，如胡萝卜、哈密瓜、红薯及其他橙色、绿色和黄色蔬菜。许多胡萝卜素也被称为维生素 A，是因为身体将它们转化为维生素 A。此外，有证据表明，胡萝卜素还可以加强免疫系统并预防身体组织损伤（Bendich，1989）。

到目前为止，最知名的类胡萝卜素是 β- 胡萝卜素。使其特别引人注目的是它在氧化低密度脂蛋白（LDL）中的重要作用（Lavy et al.，1993）。然而，β- 胡萝卜素本身可能会对人有反作用，让我们更加确信抗氧化剂（或者就这一点而言，任何维生素或矿物质）都不能单独大量使用。

α- 硫辛酸（ALA）本质上就有强效的抗氧化性能，因为它具有提高细胞内谷胱甘肽水平的能力及其回收他抗氧化剂（如维生素 C、维生素 E 和谷胱甘肽）的能力（Bast and Haenen，2003；Packer et al.，1995；Jones et al.，2002；Packer et al.，1997；Podda et al.，1994）。已经证明 ALA 和谷胱甘肽在减少体内汞毒性方面具有显著的效果（Patrick，2002）。

ALA 还具有其他有益的效果，例如减少促炎细胞因子（Packer，1998；Lee and Hughes，2002）和导致皮质醇升高。ALA 具有明显的对代谢的影响，因为它对胰岛素的敏感性，以及生长激素和 IGF-1 的分泌起着有益的作用，而所有这些因素都涉及肌肉骨骼组织的维持、修复和再生（Faust et al.，1994；Burkart et al.，1993；Lateef et al.，2005；Thirunavukkarasu et al.，2004）。ALA 还可用于逆转线粒体功能障碍，特别是老化的线粒体（Arivazhagan et al.，2001；Palaniappan and Dai，2007）。

ω-3脂肪酸

ω-3 脂肪酸是长链多不饱和脂肪酸，它们会转化为身体中的许多活性物质，例如前列腺素和白三烯；它们也会参与一些代谢反应。如第 6 章所述，亚麻酸是一种必需 ω-3 脂肪酸，因为体内不能合成它。然而，其他 ω-3 脂肪酸是在体内用亚麻酸合成的。

如第 6 章所述，在鱼油中可发现二十碳五烯酸（EPA）和二十二碳六烯酸（DHA）这两种 ω-3 脂肪酸，而鱼油正是我们所建议的食品。ω-3 脂肪酸可能会增加生长激素的分泌，因为它们参与前列腺素 E1 的形成，而前列腺素 E1 又与生长激素（GH）的释放有关（Dray et al.，1980）。

ω-3 脂肪酸还具有合成代谢作用，因为它可以增加 IGF-1 与骨骼肌的结合并提高胰岛素敏感性，甚至在有降低胰岛素敏感性趋势的高脂肪饮食中也是如此（Liu et al.，1994）。同样，它们增加脂肪酸氧化（脂肪燃烧），增加基础代谢率并降低胆固醇。

共轭亚油酸（CLA）

共轭亚油酸（CLA）是亚油酸（LA）的位置异构体和几何异构体的混合物，在乳制品和肉类中最容易找到它。CLA 存在于经过热处理的奶酪、牛奶和酸奶，以及牛肉和鹿肉中。有研究发现，每天补充 4 盎司（120 克）切达干酪就可以将 CLA 对 LA 的比例提高 130%。

CLA 的益处似乎多于亚油酸。它已经显示出成为强效抗癌药的潜力（Ip et al.，1994；Ip et al.，1994），并表现出很强的抗氧化活性（Pariza et al.，

维托·比内蒂（Vito Binetti）将自己推至极限。

1991）。CLA 在体内可能对人类癌细胞具有细胞毒性（Shultz et al.，1992）。对于希望最大化瘦体重的那些人来说，CLA 可能具有抗分解的特点（Cook et al.，1993；Miller et al.，1994）。

斯堪的纳维亚的一组研究人员发现，CLA 帮助超重和肥胖的人从细胞中调动脂肪时，同时增加了肌肉代谢（Blankson et al.，2000）。摄取 CLA 的人也会出现总胆固醇和 LDL 胆固醇降低的情况。该研究的作者得出结论，CLA 的摄入似乎可以帮助超重和中度肥胖的人减少身体脂肪。

咖啡因、麻黄素和阿司匹林

虽然一些研究表明，咖啡因可能对长时间耐力运动的成绩产生有利影响（McNaughton，1986），但是这也考虑了高强度与短时间内训练的数据（Williams，1991）。然而，从咖啡因的生物化学效应分析来看，它似乎很有可能在高强度的短时间运动（如举重）中对短时疲劳和肌纤维产生有益的作用（Dodd et al.，1993；Jacobson et al.，1992）。

麻黄素被所有主要体育联合会禁止，是因为它是一种强效兴奋剂，为运动员的成绩提供不公平的优势（例如，延迟疲劳发作，提高成绩）。麻黄素具有轻度的苯丙胺类中枢神经系统的作用，被运动员用来增强训练和提高成绩。阿司匹林被运动员广泛使用，原因有几个。它是一种常见的轻度止痛药，有抗炎作用，并具有一定的致热作用。咖啡因、麻黄素和阿司匹林的组合通常用作产热鸡尾酒，以促进脂解（脂肪的分解），同时减少肌肉分解。结果是瘦体重对脂肪的比例增加。

关于将阿司匹林和咖啡因加入麻黄素的主要理论是：协同作用可以在减少麻黄素剂量的情况下不降低药效。同时这也减少了麻黄素的副作用，如对心脏的刺激。少量阿司匹林是否具有同样的效果尚未有定论。然而，阿司匹林与其他两种化合物的配合则得到广泛使用。

尽管使用麻黄素和咖啡因会导致脂肪分解的增加，但是这种脂肪分解是否意味着脂肪减少仍存疑。一些数据表明，麻黄素虽然增加脂解，但不会增加脂肪酸的 β – 氧化——脂肪分解的增加只会导致增加脂肪酸的再酯化，身体脂肪却并没有发生净变化。适应于高碳水化合物饮食的那些人肯定是这样，但是适应于高脂肪、低碳水化合物饮食的人却并非如此，因为游离脂肪酸的使用和氧化会增加。

抗皮质醇补剂

任何类型的压力（包括大量运动、身体或情绪创伤、感染或手术）都会转化为导致增加皮质醇分泌的下丘脑和垂体的变化。运动本身会增加皮质醇，但具有代偿性反分解作用。短时间的高强度训练课会导致更合理的皮质醇分泌。与身材不好的人相比，健身运动员在运动过程中表现出较少的皮质醇分泌。判断过度训练的一个指标是睾酮与皮质醇的比例。皮质醇对睾酮的比例升高被认为是过度训练的指征——也就是说，如果适当地训练，睾酮会上升，而皮质醇保持稳定。

维生素 C 具有一些抗分解作用，可能是通过减少运动产生的皮质醇，但也可能通过其抗氧化作用实现。相反，抗氧化剂的某些抗分解作用可能是通过减少皮质醇来促成的。在锻炼之前，1 克左右的维生素 C 以及一些维生素 E（400 IU）、β-胡萝卜素（20 000 IU）、锌（50 毫克）和硒（50 微克）可能会有所帮助。

有一种已经上市的补充剂可以防止由运动引起的皮质醇升高。根据一些研究，磷脂酰丝氨酸似乎可以钝化垂体介导的皮质醇对运动的反应。尽管需要进行更多的研究才能确定皮质醇的减少是否会带来更多好处，但磷脂酰丝氨酸很可能是有益的；你可能希望将其包含在自己的补剂中，所以你可以在每次训练课之前服用 1 克或 2 克。有一点需要注意：皮质醇减少可能会引发训练酸痛、僵硬和受伤的概率增加。因此在使用这些化合物时要考虑到风险效益比。

左旋肉碱

左旋肉碱似乎让机体更多地将游离脂肪酸和脂肪组织作为能源。有更多的脂肪可用于产生能量，从而节省在肌肉细胞中的蛋白质。肌肉分解也可能被减少。运动员在训练前每天服用 100 ~ 3 000 毫克的剂量（甚至更高），就会有良好的效果。然而，似乎每天至少需要 2 克的剂量（即至少 2 000 毫克）才可以达到所期望的效果。

另外，肉碱对于运输和利用脂肪酸并不会产生限制作用。所以尽管肉碱的有效性仍然有待确定，但使用它是有意义的，特别是在能量输出增加的时候。如果你在执行一个增强的锻炼计划，你也许至少要试一下左旋肉碱。请务必找到标签上名称为左旋肉碱的补剂（L-carnitine）。有些制造商使用较便宜、效果较差的种类。有些来源（特别是那些较便宜的，或者那些声称自己是"专业级"补剂）含有非药物级左旋肉碱，并且几乎总是含有大量有毒的右旋肉碱（D-肉碱，D-carnitine）。

肌酸一水合物

在 20 世纪 80 年代初，由于合成代谢类固醇的口碑不好，制造商开始创造据称"比类固醇更好"的产品。在大多数情况下，这类言论都被证明是错误的。大多数运动员很快就怀疑营养补剂对于提高力量、肌肉量或运动成绩是否真正有用。

随后大多数运动员的态度已经从不相信变成惊诧，因为某些营养补剂的确有效。帮助其力挽狂澜的其中一种补剂就是肌酸一水合物。虽然服用肌酸的剂量不如合成代谢类固醇高，但它同样有效，并且还没有与合成代谢药物相同的副作用。它有助于提高肌肉质量，提供更高的能量水平，并帮助人们在运动后更快地恢复。肌酸作用的基本机制是帮助细胞以更快的速度将 ADP 转化为 ATP（细胞的基本能量来源）。

各种运动项目的参与者都会服用肌酸，包括健美运动员、奥运运动员、足球运动员、曲棍球运动员、足球运动员、垒球运动员，甚至网球运动员。服用过量肌酸的潜在副作用是脱水、过热和肾脏损伤。

蛋白质补剂

与久坐的人相比，运动员需要更高的膳食蛋白质水平。许多运动员用蛋白质补剂来增加其膳食蛋白质摄入量。良好的膳食蛋白质来源包括蛋、肉、鱼、大豆和乳制品。全蛋白质补剂通常不贵，一般会含有大豆、牛奶和鸡蛋蛋白质，多种不同含量的二肽、三肽和多肽的水解蛋白，以及氨基酸混合物。

现在一致的意见是，没有有力的科学或医学研究表明，与优质蛋白质食物相比，全蛋白质的补剂具有合成代谢优势。然而，使用全蛋白质补剂对于一些运动员来说似乎有一定的优势，包括：

- 它们便于准备和储存，并且保质期长。
- 对于那些希望减少膳食脂肪（许多富含蛋白质的食物往往含有脂肪）的人来说，它们可用作蛋白质替代物。
- 它们使人们能够提高其蛋白质摄入量，同时最大限度地减少热量摄入。
- 对于不能通过食物获取足够或更多的蛋白质的人，它们可以增加其膳食蛋白质的摄入。
- 在某些情况下，蛋白质补剂的成本低于相应的高蛋白食物。

蛋白质补剂在低热量、等热量和超热量饮食中有其优于全食物蛋白质的明显优势。许多研究表明，蛋白质补剂（包括牛奶和大豆的蛋白质）具有增进机能的作用（Dragan et al.，1985；Dragan et al.，1988；Laricheva et al.，1977）。这些研究发现，补充蛋白质可显著改善运动员的生理状况，创造更好的运动成绩，并且使瘦体重和肌肉力量明显增加。膳食中加入蛋白质补剂的运动员比那些只摄取等量热量的运动员有更大的增肌成果。此外，含其他成分（如肌酸一水合物、牛磺酸和 L– 谷氨酰胺）的蛋白质补剂通常会增加更多瘦体重。

膳食替代产品（MRP）无论是用于减重还是增重，都能为你提供不同热量水平的标准宏量营养素和微量营养素。比起在超市可以买到的全食物，它们可能或多或少地贵一些。但作为一体化包装，它们通常更便利，并且比垃圾食品和高热量但营养不足的小吃能为机体提供更好的营养。从某些效果上来说，工程化的前沿食品补剂比全食物蛋白质来源更好，可以安全有效地用于增加膳食蛋白质摄入量，并且每天有两餐可以用它作为代餐。然而，如果认真对待食材采购和饮食，并愿意投入时间和精力，你可以只购买全食物并针对增重或减重来计划自己的饮食，能获得同样好甚至更好的效果。

最好的蛋白质补剂是各种高质量蛋白质的特定组合。食用蛋白质补剂的组合不仅增加了膳食蛋白质（当你想减少身体脂肪和体重时，膳食蛋白质摄取应比任何其他时段都要高得多），而且还能提高代谢、甲状腺激素水平和代谢率。

综上所述，重要的是每天摄入至少 1 克蛋白质 / 磅体重。在醒着的时候，蛋白质摄入的时间间隔最好不超过 3 小时。睡觉之前吃一些，在起床后马上吃一些，就可以降低睡觉时因不吃东西所发生的分解代谢效应。如果你在夜间醒来，最好再补充一点蛋白质，以进一步减少肌肉分解代谢。

氨基酸

执行高蛋白质膳食后的血液氨基酸水平升高可能导致胰岛素和生长激素水平升高。这些激素水平升高的同时氨基酸水平也增加了，却减少了肌肉分解代谢，从而导致更强的合成代谢反应。

研究表明，摄取支链氨基酸可改变激素坏境。还有一些信息表明，氨基酸（主要是甲硫氨酸）和二肽甲硫氨酸 - 谷氨酰胺和色氨酸 - 异亮氨酸具有完全的合成代谢作用：通过提供正确的修复元素，这些氨基酸可以增加蛋白质合成并促进肌肉愈合。这些物质可以抵消或防止糖尿病患者的糖皮质激素水平的增加，但需要进一步研究糖尿病患者来证实这些发现。

训练后摄取的蛋白质可能会增加胰岛素和生长激素水平，从而具有合成代谢作用。已经有证据显示，更多的可用氨基酸将直接影响蛋白质合成，特别是在参加体育运动后的几小时内。蛋白质合成、蛋白质分解代谢和氨基酸转运的速度通常在运动后会增加，其增加情况具体取决于氨基酸的可用量。如果在运动后的窗口期中有更多可用氨基酸，则分解代谢过程超过与被增加的合成代谢过程抵消的量，导致细胞收缩蛋白的总体增加。因此，运动后尽快增加氨基酸的摄取是至关重要的。

食物摄入量可以刺激肌肉蛋白合成，因为胰岛素的释放量增加了，而胰岛素可直接刺激肌肉蛋白合成，并至少在一定程度上，减少蛋白质分解（Biolo et al.，1995）；能量平衡的改善可能会影响净肌肉蛋白质平衡（Butterfield and Calloway，1984）。然而，我们预期通过食物摄入来刺激肌肉蛋白质合成的主要方式是增加氨基酸向肌肉的传递。

特雷弗·巴特勒（Trevor Butler）的训练方式和专用的饮食习惯导致了更强的合成代谢反应。

谷氨酰胺

单独一种氨基酸或氨基酸的选择性组合也可以作为性能补剂。氨基酸谷氨酰胺就是一个例子。谷氨酰胺是体内最丰富的氨基酸，占细胞内和细胞外氨基酸的 50% 以上。它在肝功能中起主要作用，还作为肌肉和体内其他组织的细胞燃料，并且可以调节蛋白质合成（Rennie et al.，1989）。

对专业的运动员和健身爱好者来说，最重要的是谷氨酰胺增加蛋白质生产（建立肌肉）和减少蛋白质降解（导致肌肉分解）的能力。两者都取决于肌肉细胞中谷氨酰胺的存储量。如果其存量足够，其他氨基酸将不会被迫进入谷氨酰胺生产，即可用于蛋白质合成。可能会被用于替代谷氨酰胺的骨骼肌则"幸免于难"。谷氨酰胺也会维持体内的氨基酸平衡，从而使身体能够合成更多的蛋白质，并可能减轻过度训练的症状。

谷氨酰胺补剂可以为运动员提供许多好处。外源性谷氨酰胺可以节省肌肉内谷氨酰胺，并导致蛋白水解减少（在酶的作用下，蛋白质分解成氨基酸）和潜在的肌肉蛋白水平升高。谷氨酰胺可以有效地导致生长激素释放，同时也可能导致其他合成代谢激素的增加。所有的这些因素有力地表明，谷氨酰胺补剂可以在增强阻力训练的效果中起主要作用。

支链氨基酸

包括异亮氨酸、亮氨酸和缬氨酸在内的支链氨基酸（BCAA）拥有一条从线性碳主链分支出来的碳链。已经有人研究过 BCAA 的抗分解代谢作用与合成代谢作用。体外实验中，在心脏和骨骼肌中增加这三种 BCAA 的浓度或单独增加亮氨酸的浓度，可以再现所有氨基酸的供应增加对刺激蛋白质合成和抑制蛋白质降解的作用（May and Buse，1989）。

最大限度地利用补剂

只要选择正确，营养补剂可以在许多方面发挥作用。要做出的选择包括配合使用各种补剂（称为配方）来增强补剂的效果，并在正确的时间使用补剂，以及循环使用某些补剂。循环使用能确保补剂发挥最大效用，并减少长期不间断使用可能造成的耐药性。

配方

使用的营养补剂原因有很多种（例如，提高成绩和影响身体成分）。由于市面上有大量补剂在售，因此某些补剂被放在一起配合使用，以达到某些效果（称为配方），这是很自然的事情。以下是不同情况下不同配方的示例。

锻炼前配方 锻炼前或训练前配方的目的是最大限度地提高能量水平，最大限度地减少蛋白质分解代谢，增加蛋白质合成，提高 GH 和睾酮的水平，并减少皮质醇。锻炼前配方的例子是 Resolve，这是一个麻黄素和育亨宾的配方。它包括以下成分：

α－硫辛酸	谷胱甘肽
巴拿巴叶萃取物	肌苷
咖啡因 USP	L－丙氨酸
钙（磷酸钙）	N－乙酰半胱氨酸
卡宴（辣椒）	二十八烷醇
铬	丙酮酸
肉桂	牛磺酸
辅酶 Q10	维生素 A
虫草酸	维生素 C
二甲基甘氨酸	白柳提取物
麻黄碱生物碱	育亨宾生物碱
生姜	

锻炼中配方 在训练时使用的一个锻炼配方示例是训练饮料。当机体血流量增加时，更高水平的氨基酸组合似乎能使肌肉蛋白质合成最大化。饮料中的氨基酸浓度和其他成分的浓度应根据训练目标是获得耐力还是肌肉质量和爆发力而变化。在所有情况下，饮料应（1）提供补液、电解质置换、能量补充和一些锻炼前的功能，包括增加蛋白质合成和减少肌肉分解代谢，以及（2）减少过度训练和肌肉损伤。

一杯好的适合爆发力运动员的训练饮料应该至少含有 30 克的乳清蛋白分离物（一种"快速"蛋白质，导致全身氨基酸水平升高——其中超过 25% 被分流）。包含以下成分也很好：

精氨酸	磷
钙	钾
肌酸	核糖
谷氨酰胺肽	钠
亮氨酸	牛磺酸
镁	

令人惊叹的纳尔逊·达·席尔瓦一直认为，营养补剂的适当配方、循环和时机对于在重要赛事中达到巅峰状态起着关键作用。

锻炼后配方 在运动后摄入脂肪、蛋白质和各种氨基酸（特别是氨基酸的某些组合）可以增加 ATP-PC 储备、蛋白质合成和运动的合成代谢作用。运动后正确组合蛋白质和一些脂肪似乎可以达成以下好处，特别是如果你坚持代谢饮食并适应脂肪的话。

·逆转运动中出现的蛋白质合成减少。

·补充肌糖原和肌内甘油三酯。

·在锻炼后增加蛋白质合成和减少蛋白质分解代谢。

·提高生长激素和睾酮水平。

·提高恢复效率。

有两个不同的阶段要考虑：训练完成后即刻和 2 ~ 3 小时后。在锻炼后即刻摄入的目标氨基酸混合物几乎会被立即吸收，并引起高氨酸血的快速增加，这又急剧地刺激蛋白质合成并减少肌肉分解代谢。急性氨基酸摄入和吸收会刺激氨基酸被转运到肌肉中，并且氨基酸向内运输和肌肉蛋白质合成之间存在直接联系（Wolfe，2000）。还有一些氨基酸可能增加两种强效的合成代谢激素的分泌：生长激素和胰岛素（Bucci et al.，1990；Iwasaki et al.，1987）。

有趣的是，同时摄取碳水化合物和蛋白质会降低氨基酸的吸收速度（Mariotti et al.，2000）。因此，在锻炼后应该限制自己只是立即摄取氨基酸——不摄入任何碳水化合物，直至锻炼后 2 小时（Di Pasquale，2002）。训练结束后，应立即摄入氨基酸或乳清蛋白粉，以最大限度地增加蛋白质合成和肌内甘油三酸酯储备。有关锻炼后营养和代谢饮食的更多信息，请参阅第 12 ~ 17 章。

麻黄素 – 咖啡因 – 阿司匹林配方 麻黄素、咖啡因和阿司匹林的组合用于增加脂解和产热，增加厌氧和好氧性能，并维持蛋白质合成。最后的目的是增加瘦体重，减少身体脂肪。也可以将许多其他化合物加入到该配方中，使其对于减少体重和脂肪以及维持肌肉质量更有效。

循环

运动员循环使用营养补剂的原因有两个。第一，他们只是在特定的训练阶段对某些补剂有更多需求，而且如果当补剂没有什么作用的时候再把金钱花在补剂上是毫无意义的。第二，如果长时间服用，导致身体在适应某些补剂后，它们就变得不那么有用了。停止服用补剂让身体可以恢复正常，所以当补剂被重新引入时，它将再次产生最大的效果。

身体有时只会适应特定的补剂作用。例如，麻黄素 – 咖啡因 – 阿司匹林配方逐渐失去对中枢神经系统产生的作用，但可能不会失去其在运动过程中刺激生热或增加游离脂肪酸氧化的能力。运动员经常循环使用肌酸，仅在强度最高的训练中使用它。

正如周期化的训练是最有效的，营养补剂的使用也同样如此。如果遵循为期 12 周的训练周期，你还可以根据训练阶段来改变营养补剂摄入量。开始的时候，在第一个训练周期中，可能只使用多种维生素和多种矿物元素片剂，或者还有一些抗氧化剂、一些额外的蛋白质或一些代餐粉末或代餐棒。在接下来的训练阶段中，可以选择引入肌酸、一个训练前配方和一个训练后氨基酸组合。在这个训练周期的强度最大的阶段，可能需要使用一些增加 GH 和睾酮的配方，并在训练中和围绕训练提供更全面的支持。第 12 ～ 17 章提供了关于饮食和营养补剂的循环的更多信息。

时间

服用补剂的时间与补剂同样重要，它通常决定某种补剂服用后是否有效。几乎总是有最佳的服用补剂时间，以获得最大的效果；也有无效的时间。有效服用时间因补剂而异。

例如，咖啡因和某些氨基酸最好在训练半小时左右的时间内服用。宏量营养素组合在训练几小时内服用时效果最佳。增加 GH 的配方在训练前和睡前服用最有效。

时间也可以最大限度地发挥蛋白质补剂的作用。例如，服用蛋白质补剂的最佳时间有几个：早晨起床后马上服用，让睡眠时因不进食所发生的分解代谢作用突然结束；训练后，以利用运动后增加的蛋白质合成；以及睡前，利用夜间生长激素分泌的增加，并延缓夜间的分解代谢反应。

关于补剂的建议

营养补剂的使用既是一门艺术又是一门科学。即使掌握了科学的使用方法，运动员也必须进行试验才可以确定每种补剂如何与其独特的代谢、具体的需求和目标相互作用。只有你自己才能找出最适合自己的补剂，以及在恰当的时间使用它们。

为了让营养补充剂发挥出其最大的效果，使用含多种成分协同作用，并且针对特定时间和训练周期设计的产品。有关各具体训练阶段可用的补剂清单，请参阅第 12 ~ 17 章。

第三部分

最大刺激训练

选择最佳训练方式 **9**

与力量训练不一样，关于健美领域的研究极少。业内自称专家的人所提出的大部分"知识"主要是反复试验的产物，一代传给一代，并无科学依据验证。没有科学信息作为依据的传统已经验证并延续了健美（甚至在力量训练）业界中的一些神话。为了安全，为了我们这项运动的发展，我们到实验室测试了部分神话。

肌电图研究

肌电图（EMG）已经成为必不可少的研究工具，让物理学家和医学专家能够确定肌肉在特定运动过程中的作用（Melo and Cararelli，1994 ~ 1995）。肌电图测量肌肉群的（电信号）激发水平。肌肉收缩由穿过肌肉纤维膜的电荷引发，可以通过表面肌电图（SEMG）在皮肤上测量离子流的这种运动（Kobayashi Matsui，1983；Moritani et al.，1986）。SEMG 代表了运动原单元的完整电活动，以及每块接受检查的肌肉的触发频率（DeLuca et al.，1982；Moritani and deVries，1987）。

我们进行了一系列研究，通过 EMG 记录发现在每个肌肉群中哪些运动会引起最大的刺激，从而确定哪些运动能够产生肌肉质量和力量的最大增长。图 9.1 显示了站姿杠铃肱二头肌弯举期间的 EMG 活动，图 9.2 显示了 EMG 测试的一个例子。

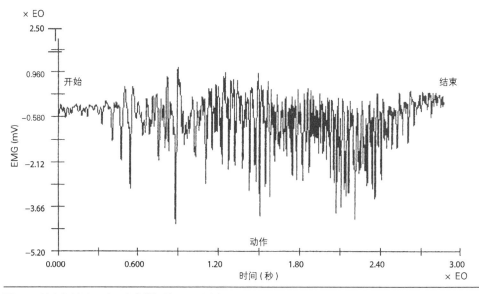

图 9.1 站姿杠铃肱二头肌弯举期间的 EMG 活动

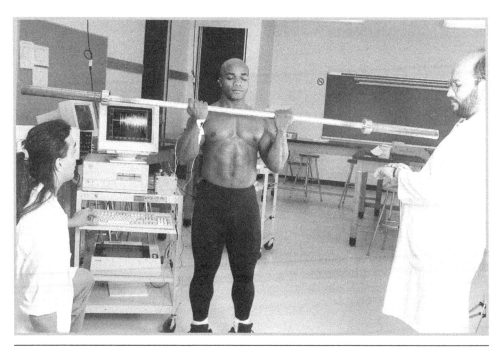

图 9.2 合著者洛伦佐·科内齐（Lorenzo Cornacchia，左）与运动生理学家路易·美罗（Louis Melo，右）在确定肱二头肌弯举的热身期间的 EMG 活动

方法

对于每项研究，我们都以男女健美运动员和力量训练者为研究对象，他们没有神经肌肉疾病，具有至少两年的健美体验，并且至少两年内没有服用过提高成绩的药物。我们分别用两天进行了测试。在第一天，为所有练习确定 1RM。每个受试者先热身：以 50% 的 1RM 做 10 次重复，以 80% 的 1RM 做 5 次重复，以 90% 的 1RM 做 2 次重复，组间休息 5 分钟；然后以 1RM 执行 3 次，每次重复之间有 5 分钟的休息间隔。第二天，受试者以 80% 的 1RM 做 5 次重复，休息时间为 3 分钟。

我们测量了所有练习过程中的肌电图活动（EMG），电极放在被检查的肌肉群的凸起部分，各电极之间的距离为 4 厘米。对 1 秒内的所有 EMG 数据进行整流和整合（IEMG）。对于每块肌肉，在 1RM 测定的最高 IEMG 的练习被指定为相应肌肉的 IEMGmax。我们以采用 80% 的 1RM 执行的 5 次测试的平均值来确定在 80% 的 1RM 的 IEMG。

我们使用两个单向重复测量方差分析来分析数据，以针对每块肌肉确定哪个练习可产生最大百分比的 IEMGmax。我们用两两比较（Newman-Keuls）事后检验法来确定练习之间的差异。目的是在使用不同练习来训练相同的肌肉群时，计算肌肉电活动的方差。最终结果将决定哪个练习会为该肌群产生最大量的 EMG 激活。

EMG研究结果

我们的 EMG 研究结果显示出，在每个目标肌肉群内由哪个练习产生最大量的刺激。为了理解肌电图研究的科学有效性，就要了解肌纤维和运动原单元的招募基础，这是很重要的。完整的肌肉含有许多运动原单元；每个运动原单元都包含单个运动神经元和它所支配的所有肌肉纤维。属于单个运动原单元的肌纤维的数量可以被描述为神经支配比。在不同的肌肉中，肌纤维的数量和运动原单位的数量会有很大的差异。例如，侧腓肠肌的神经支配比为 2 500 ~ 5 000。神经支配比的意义在很大程度上与每个运动原单元所产生的张力有关（Alway，1997）。

在每个运动原单元内对肌纤维的招募在大脑中开始，这个信号被送到脊髓中的细胞体，最后送到神经肌肉接头处。神经肌肉接头并没有在肌肉和神经之间提供真正的直接连接，而是间接的连接。它类似于汽车中的火花塞，有一个小间隙（突触裂缝），电信号必须"跳过去"才能点燃发动机。然而，与火花塞不同的是，通过轴突传递的电信号实际上并不会跳过突触裂缝。相反，一旦电信号到达神经肌肉接头处的轴突末端，它就会导致小囊泡打开并让突触裂缝充满名称为"乙酰胆碱"的神经递质化学物质（将信号从神经传递到突触裂缝另一侧的一种物质）（Alway，1997）。

乙酰胆碱穿过突触裂缝并与肌肉膜中的受体结合，这导致在包围肌纤维的膜（肌膜）上产生新的电脉冲。一旦在肌膜上产生了电信号（动作电位），电信号就沿着细胞膜和在肌肉纤维内沿着肌膜的每个打开的管（称为横小管）中移动。横小管连接到肌质网（含钙囊）。一旦电信号从横小管传播到肌质网，在肌原纤维就会充满钙，然后触发一系列导致肌纤维（每条纤维中的肌节 缩短的事件。在动作电位停止后（来自神经的电信号已经停止），钙回到肌质网并等待下一个电脉冲。动作电位越频繁地沿神经下传，肌膜上形成的动作电位越多；并且触发从肌质网中释放钙的信号越大，所产生的作用力也越大（Alway，1997）。

表 9.1 和表 9.2 显示了 EMG 研究的结果。图 9.3 是人体肌肉系统的前视图和后视图，已标示出研究所覆盖的大部分肌肉。

表 9.1　IEMGmax 运动原单元激活（一）

练习	% IEMGmax	练习	% IEMGmax
研究 1：肱二头肌（长头）		**研究 4：腹直肌**	
使用臂托板的站姿哑铃弯举	87	负重斜托卷腹	81
斜托坐姿哑铃弯举（手掌向上，侧向旋转）	86	腹部收缩（平凳）	80
斜托坐姿哑铃弯举（手掌向上）	84	负重卷腹	80
研究 2：股直肌（股四头肌）		摇椅腹部收缩	72
安全深蹲	90	诺德士架卷腹	69
腰带深蹲	85	滑轮组卷腹	68
腿伸展（脚趾绷直）	85	**研究 5：股二头肌的离心与向心动作**	
深蹲（90 度）	80	向心站姿屈腿	79
研究 3：斜方肌		离心站姿屈腿	72
背后杠铃耸肩	59	**研究 6：背阔肌的离心与向心动作**	
身前杠铃耸肩	54	向心反握引体向上	79
颈后推举	41	离心反握引体向上	72

[表格来源：Studies performed in 2001. Data provided by the authors （unpublished）.]

表 9.2　IEMGmax 运动原单元激活（二）

练习	% IEMGmax	练习	% IEMGmax
研究 1：胸大肌		**研究 7：肱三头肌（外侧头）**	
下斜哑铃卧推	93	下斜肱三头肌伸展（奥运杠铃）	92
下斜卧推（奥运杠铃）	90	肱三头肌下压（斜杆）	90
长凳之间的俯卧撑	88	长凳之间的臂屈伸	87
哑铃平卧推	87	单臂拉力器肱三头肌伸展（反握）	85
平卧推（奥运杠铃）	85	头上绳索肱三头肌伸展	84
平卧哑铃飞鸟	84	坐姿单臂哑铃肱三头肌伸展（中立式握法）	82
研究 2：胸小肌		窄握卧推（奥运杠铃）	72
斜托哑铃卧推	91	**研究 8：背阔肌**	
斜托卧推（奥运杠铃）	85	俯身杠铃划船	93
斜托哑铃飞鸟	83	单臂哑铃划船（双臂交替）	91
斜托卧推（史密斯训练架 [Smith machine]）	81	T 杆划船	89
研究 3：三角肌中束		身前滑轮下拉	86
斜托哑铃侧平举	66	坐姿滑轮划船	83
站姿哑铃侧平举	63	**研究 9：股直肌（股四头肌）**	
坐姿哑铃侧平举	62	安全深蹲（90 度角，双脚与肩同宽）	88
滑轮十字交叉夹胸	47	坐姿腿伸展（脚趾绷直）	86
研究 4：三角肌后束		哈克深蹲（90 度角，双脚与肩同宽）	78
站姿俯身哑铃侧平举	85	腿推（110 度角）	76
站姿俯身哑铃侧平举	83	史密斯训练架深蹲（90 度角，双脚与肩同宽）	60
站姿滑轮十字交叉夹胸	77	**研究 10：股二头肌（腘绳肌）**	
研究 5：三角肌前束		站姿屈腿	82
坐姿哑铃前推	79	卧姿屈腿	71
站姿哑铃前推	73	坐姿屈腿	58
坐姿杠铃前推	61	改版腘绳肌硬拉	56
研究 6：肱二头肌（长头）		**研究 11：半腱肌（腘绳肌）**	
肱二头肌牧师椅弯举（奥运杠铃）	90	坐姿屈腿	88
斜托坐姿哑铃弯举（双臂交替）	88	站姿屈腿	79
站姿肱二头肌弯举（奥运杠铃，窄握）	86	卧姿屈腿	70
站姿哑铃弯举（双臂交替）	84	改版腘绳肌硬拉	63
单臂哑铃弯举	80	**研究 12：腓肠肌（小腿肌肉）**	
站姿肱二头肌弯举（奥运杠铃，宽握）	63	驴式提踵	80
站姿 EZ 肱二头肌弯举（宽握）	61	站姿单腿提踵	79
		站姿提踵	68
		坐姿提踵	61

[表格来源：Studies performed and documented in 1998 by T.O. Bompa and L. Cornacchia in *Serious Strength Training*（Champaign, IL: Human Kinetics）.]

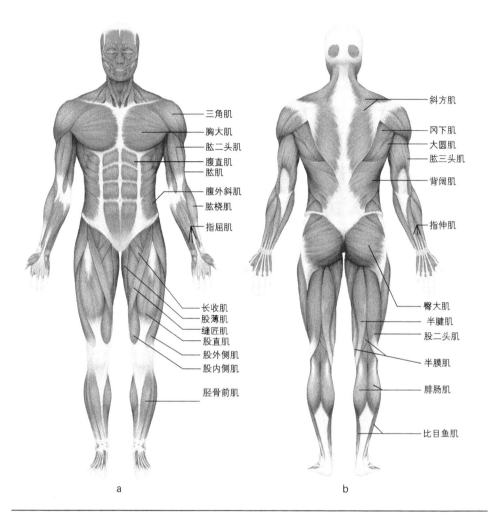

图 9.3 人类骨骼肌肉组织的 (a) 前视图和 (b) 后视图

个性化训练方案

在健美中，肌肉肥大与压力直接相关（力量输出＝高强度）。谨慎、正确地完成高强度训练，可以引起肌肉增长。许多健美运动员避开高强度；或者他们在动作变得非常不舒服之前就停止大部分的练习，而选择通过简单地做多次重复动作来补偿。

不幸的是，"越多越好"的逻辑是错误的，特别是当你试图尽可能快地增大肌肉的时候。在涉及增大肌肉和力量时，强度就是底线。你越努力地锻炼某块肌肉，它就被迫适应越大的重量（生长）。延长锻炼时间对肌肉生长几乎没有影响；并且在大多数情况下，增加组数只会引起诸如过度训练和肌肉萎缩等问题。

锻炼方案的有效性与其强度和所执行的练习密切相关。在肌肉收缩期间提供最大量电活动的练习将产生最高水平的肌肉肥大和力量。在第 10 章和第 11 章中提出的练习被认为有可能增加肌肉力量和大小。表 9.3 按身体部位列出了所有下半身练习，以及每个练习所锻炼的主要和次要肌肉。表 9.4 按身体部位列出了所有上半身练习，以及每个练习所锻炼的主要和次要肌肉。

然而，重要的是要理解，最好的锻炼方案就是适合你个人目标的方案。肌电图研究表明，肌肉对运动的反应方式因运动员而异。许多健美运动员继续艰苦的训练，希望通过另一个人的训练方案或建议来获得进步。他们希望得到与另一位运动员相同的结果。这是一个错误。

在通过基本的渐进式练习的全面程序打下基础（解剖学适应）之后，只有你的个人判断（或专业培训师的判断）才能引导你获得出色的成果。你的身体是独一无二的。如果我们的书给了你满满的信心和独立性去信任自己的直觉来确定哪些练习最适合你，那么你最终会获得更好的效果。

你在肌肉杂志上看到的训练方案基本上是毫无价值的。当然，知道奥林匹亚先生如何为胜利做准备是有趣的。但他的训练方案可能不适合你。这些文章应该只是有学术上的意义。许多学员往往模仿别人，而不是注意其身体对各种练习的反应。当健美运动员发现某个练习或调整对他们最有效时，就应该使用它。遵循我们的训练计划；但你的最终目标应该是通过使用自己确定的训练方案来最大限度地打造自己的体格。

表 9.3　下半身练习

练习	锻炼的主要肌肉	锻炼的次要肌肉	页码
大腿、髋部和臀部			
安全深蹲	股直肌、股中间肌、股内侧肌、臀肌、股外侧肌	竖脊肌、腹肌、腘绳肌	146
坐姿腿伸展（脚趾绷直）	股内侧肌、股外侧肌、股直肌、股中间肌	腹肌、腓肠肌	147
哈克深蹲	股直肌、股中间肌、股内侧肌、臀肌、股外侧肌	腘绳肌、腹肌	148
腿推	股直肌、股中间肌、股内侧肌、股外侧肌	臀肌、腘绳肌、腹斜肌	149
史密斯训练架深蹲	股直肌、股中间肌、股内侧肌、臀肌、股外侧肌	竖脊肌、腹肌、腘绳肌	150
弓步（哑铃）	股直肌、股中间肌、股内侧肌、臀肌、股外侧肌、腘绳肌	前臂肌肉，竖脊肌	151
弓步（奥运杠铃）	股直肌、股中间肌、股内侧肌、臀肌、股外侧肌、腘绳肌	前臂肌肉、竖脊肌、斜方肌（上部和下部）	152
腘绳肌			
站姿屈腿	股二头肌、半膜肌、半腱肌	臀肌、竖脊肌、腓肠肌	154
卧姿屈腿	股二头肌、半膜肌、半腱肌	臀肌、竖脊肌、腓肠肌	155
坐姿屈腿	股二头肌、半膜肌、半腱肌	臀大肌（下部）、腓肠肌	156
改版腘绳肌硬拉	股二头肌、半膜肌、半腱肌、臀大肌	竖脊肌、斜方肌（下部）、大圆肌和小圆肌、冈下肌、菱形肌	157
小腿			
驴式提踵	腓肠肌	比目鱼肌、腘绳肌	159
站姿单腿提踵	腓肠肌	比目鱼肌、腘绳肌	160
站姿提踵	腓肠肌	比目鱼肌、腘绳肌	161
坐姿提踵	比目鱼肌	腓肠肌	162

表9.4　上半身练习

练习	锻炼的主要肌肉	锻炼的次要肌肉	页码
		胸部	
下斜哑铃卧推	胸大肌（下胸部）、三角肌前束、肱三头肌	背阔肌、大圆肌和小圆肌、冈下肌、大菱形肌、斜方肌（上部和下部）	164
下斜卧推（奥运杠铃）	胸大肌（下胸部）、三角肌前束、肱三头肌	背阔肌、大圆肌和小圆肌、冈下肌、大菱形肌、斜方肌（上部和下部）	165
长凳之间的俯卧撑	胸大肌（中胸部）、肱三头肌	三角肌前束、背阔肌、斜方肌（上部和下部）、大菱形肌、冈下肌、大圆肌和小圆肌	166
哑铃平卧推	胸大肌（中胸部）、三角肌前束、肱三头肌	大圆肌和小圆肌、冈下肌、大菱形肌、斜方肌（上部和下部）	167
平卧推（奥运杠铃）	胸大肌（中胸部）、三角肌前束、肱三头肌	背阔肌、大圆肌和小圆肌、冈下肌、大菱形肌、斜方肌（上部和下部）	168
平卧哑铃飞鸟	胸大肌（中胸部）	背阔肌、肱三头肌、三角肌前束、三角肌中束、斜方肌（上部和下部）	169
斜托哑铃卧推	胸小肌（上胸部）、三角肌前束、肱三头肌	三角肌中束、胸大肌、斜方肌（上部和下部）、背阔肌	170
斜托卧推（奥运杠铃）	胸小肌（上胸部）、三角肌前束、肱三头肌	背阔肌、三角肌中束、胸大肌、斜方肌（上部和下部）	171
斜托哑铃飞鸟	胸小肌（上胸部）	三角肌前束、斜方肌（上部和下部）、背阔肌、肱三头肌	172
斜托卧推（史密斯训练架）	胸小肌（上胸部）、三角肌前束	胸大肌、斜方肌（上部和下部）、背阔肌、肱三头肌	173
滑轮十字交叉夹胸	胸大肌（中胸部和下胸部）、三角肌前束	背阔肌、斜方肌（上部和下部）	174
双杠臂屈伸	胸大肌和胸小肌、三角肌前束、肱三头肌	背阔肌、大圆肌和小圆肌、冈下肌、三角肌中束、斜方肌（上部和下部）	175
		腹部	
腹部收缩（平凳）	腹直肌（上部和中部）	肋间肌（腰部的两侧）	177
诺德士（Nautilus，译者注：健身器材品牌）卷腹	腹直肌（上部和中部）	肋间肌	178
滑轮组卷腹	腹直肌（上部）	下背阔肌、锯肌、肋间肌	179
抬膝（平凳）	腹直肌（下部）	肋间肌	180
悬垂抬腿	腹直肌（主要为下部）、前锯肌	肋间肌	181
对角线仰卧起坐	前锯肌、腹直肌（主要是上部）	肋间肌	182

续表

练习	锻炼的主要肌肉	锻炼的次要肌肉	页码
背部			
俯身杠铃划船（奥运杠铃）	背阔肌、斜方肌（中部）、肱肌、前臂屈肌	肱桡肌、肱二头肌、大圆肌和小圆肌、菱形肌、冈下肌	184
单臂哑铃划船（双臂交替）	背阔肌、斜方肌（中部）、肱肌、三角肌后束、前臂屈肌	肱二头肌、大圆肌和小圆肌、冈下肌、菱形肌	185
T杆划船	背阔肌、斜方肌、前臂屈肌、肱桡肌	大圆肌和小圆肌、竖脊肌、冈下肌、菱形肌	186
身前滑轮下拉	背阔肌、肱肌肱桡肌	肱二头肌、三角肌后束、大圆肌和小圆肌、冈下肌、菱形肌	187
坐姿滑轮划船	背阔肌、斜方肌、菱形肌、竖脊肌	三角肌后束、肱二头肌、肱桡肌、小圆肌、冈下肌、前臂屈肌	188
前引体向上	背阔肌、斜方肌（上部）、肱二头肌、肱桡肌、肱肌	三角肌后束、竖脊肌、冈下肌	189
颈后滑轮下拉	背阔肌、斜方肌（上部）、肱二头肌、肱肌	前臂伸肌、小圆肌、冈下肌、三角肌后束	190
背部伸展	竖脊肌	臀肌、斜方肌（下部）	191
三角肌与斜方肌			
站姿哑铃侧平举	三角肌中束	三角肌前束，斜方肌（上部和下部）	194
站姿俯身哑铃侧平举	三角肌后束	三角肌中束、斜方肌（上部）、小圆肌、菱形肌、冈下肌	195
坐姿哑铃前推	三角肌前束	胸大肌、肱三头肌、斜方肌（上部和下部）、前锯肌	196
坐姿杠铃前推	三角肌前束	胸大肌、肱三头肌、斜方肌、前锯肌	197
身前杠铃耸肩（奥运杠铃）	斜方肌（上部）、菱形肌	胸大肌、肱三头肌、斜方肌（下部）、前锯肌	198
站姿哑铃前举	三角肌前束	前臂伸肌、三角肌中束和三角肌后束、菱形肌、胸大肌	199
直立划船（奥运杠铃）	斜方肌、三角肌前束和三角肌中束	肱二头肌、肱肌、前臂屈肌	200
颈后推举（奥运杠铃）	三角肌后束、斜方肌（上部）、肱三头肌	斜方肌（下部）、菱形肌、冈下肌、大圆肌和小圆肌、背阔肌	201

续表

练习	锻炼的主要肌肉	锻炼的次要肌肉	页码
肱二头肌			
肱二头肌牧师椅弯举（奥运杠铃）	肱二头肌、肱肌	前臂屈肌	203
斜托坐姿哑铃弯举（双臂交替）	肱二头肌	前臂屈肌	204
站姿肱二头肌弯举（奥运杠铃，窄握）	肱二头肌、肱肌	前臂屈肌、旋前圆肌、腕屈肌（拇长屈肌、指浅屈肌）	205
站姿哑铃弯举（双臂交替）	肱二头肌	前臂屈肌、旋前圆肌、腕屈肌（拇长屈肌、指浅屈肌）	206
单臂哑铃弯举	肱二头肌	前臂屈肌、肱肌	207
站姿肱二头肌弯举（奥运杠铃，宽握）	肱二头肌（短头）、肱肌	肱二头肌（长头）、前臂屈肌、腕屈肌	208
站姿 EZ 肱二头肌弯举（宽握）	肱二头肌（短头）、肱肌	肱二头肌（长头）、前臂屈肌	209
肱三头肌			
下斜肱三头肌伸展（奥运杠铃）	肱三头肌（外头和中头）	前臂伸肌	211
肱三头肌下压（斜杆）	肱三头肌（外头和中头）、肘肌	前臂伸肌	212
长凳之间的臂屈伸	肱三头肌（外头和中头）	三角肌前束、胸大肌（下部）	213
单臂拉力器肱三头肌伸展（反握）	肱三头肌（外头和中头）	前臂伸肌	214
头上绳索肱三头肌伸展	肱三头肌（所有的头）	前臂伸肌	215
坐姿单臂哑铃肱三头肌伸展（中立式握法）	肱三头肌（内头和中头）、肘肌	前臂伸肌、三角肌后束	216
窄握卧推（奥运杠铃）	肱三头肌（所有的头）、胸大肌（中部和下部）	背阔肌、三角肌前束	217
前臂			
屈腕（奥运杠铃）	前臂屈肌	腕屈肌	219
腕伸展（奥运杠铃）	前臂伸肌	腕伸肌	220

下半身训练 10

本章介绍锻炼下半身肌肉的练习。几乎所有的练习都是根据对下半身的 EMG 研究的结果进行选择的。在每个肌肉群的安排中，按 EMG 激活能力从大到小对练习进行排序。请参阅第 9 章中的运动原单元激活表。

大腿、髋部和臀部

在健美中，使用大块的雕刻、明显的肌肉线条、轮廓清晰和分离度等词语来描述完美的大腿。作为人类肌肉的地基，大腿显然是身体最强壮的肌肉。

深蹲是一个很好的练习，可用于加强下半身的许多肌肉、骨骼、韧带和肌腱止点。事实上，深蹲多年来都被认为是最完美的腿部练习。不幸的是，由于这个练习经常导致腰椎和膝盖受伤，许多专业的和业余的健美运动员已经很不情愿地从训练计划中取消了常规深蹲（奥运杠铃）。

因为深蹲可带来实质性的进步，大多数力量训练者和教练都不希望看着它就此消失；业内开展了许多研究，开发其他更安全的深蹲方法和器械。为了最大限度地发展股四头肌、髋部和臀肌，安全深蹲应该作为所有深蹲方案中的一部分。腿部伸展是一个很好的股内侧肌（股四头肌）练习。

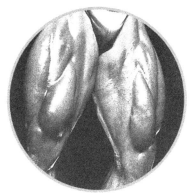

安全深蹲

锻炼的主要肌肉

- 股直肌
- 股中间肌
- 股内侧肌
- 臀大肌
- 股外侧肌

锻炼的次要肌肉

- 竖脊肌
- 腹肌
- 腘绳肌

开始姿势

1. 将安全深蹲杠的垫子放在斜方肌上，将安全深蹲杠铃抬离深蹲架。
2. 双脚应平行站立，与肩同宽，膝盖稍微弯曲。
3. 将安全深蹲杠铃稳稳地放在肩上，并将双手放在机架手柄上。

练习技巧

1. 在整个动作过程中，双手握住机架手柄，通过弯曲膝盖，慢慢地向地板降低臀部。
2. 当达到近似90度角时，使用四头肌向上推，使其得到最大化激活。
3. 重复，直到完成所要求的重复次数。

提示

在安全深蹲时，可以用手帮助自己平衡并保持严格的深蹲姿势，实际上让你可以发现自己的黏滞点。这将帮助你用更重的负荷锻炼，而不用担心在通过最弱点施加力量时会受伤。

锻炼的主要肌肉	锻炼的次要肌肉
·股内侧肌	·腹肌
·股外侧肌	·腓肠肌
·股直肌	
·股中间肌	

坐姿腿屈伸
（脚趾绷直）

开始姿势

1. 坐在腿部伸展机上，将膝关节的背面牢牢地压靠在座椅的边缘。
2. 将脚踝的正面放在脚垫下面，并抓住机器侧面的手柄。

练习技巧

1. 只移动小腿，抬起所要求的重量，直到四头肌的肌肉完全伸展。
2. 保持此位置1秒，让四头肌做最大收缩。
3. 将重量片缓慢降低到起始位置，并重复动作，直到完成所要求的重复次数。

哈克深蹲

锻炼的主要肌肉	锻炼的次要肌肉
·股直肌	·腘绳肌
·股中间肌	·腹肌
·股内侧肌	
·臀大肌	
·股外侧肌	

开始姿势

1. 身体放在哈克深蹲器上，斜方肌在肩垫下面，背部紧紧压在靠背上。
2. 双脚放在倾斜的脚踏板上，脚跟分开约 8 英寸（20 厘米）（因人而异），脚尖稍微向外倾斜。

练习技巧

1. 慢慢地弯曲膝盖，使躯干向着脚跟下降。
2. 当膝盖降低到大约呈 90 度角时，向上推，返回到开始姿势。
3. 重复动作，直到完成所要求的重复次数。

蹬腿

锻炼的主要肌肉	锻炼的次要肌肉
·股直肌	·臀肌
·股中间肌	·腘绳肌
·股内侧肌	·腹斜肌
·股外侧肌	

开始姿势

1. 躺在倒蹬（蹬腿）机上，用座位支撑臀部，背部紧紧压在靠背上。
2. 双脚平放在平台上，与肩同宽，脚尖稍微向外倾斜。
3. 握住手柄并锁住重量片，准备进行蹬腿。

练习技巧

1. 慢慢地弯曲双腿，让膝盖向着胸部移动。
2. 当膝盖达到稍大于90度（110度~115度）的角度时，慢慢伸直双腿，返回到开始姿势（在动作的最高位置不要锁定膝盖）。
3. 重复动作，直到完成所要求的重复次数。

史密斯训练架深蹲

锻炼的主要肌肉　锻炼的次要肌肉

- 股直肌
- 股中间肌
- 股内侧肌
- 臀肌
- 股外侧肌

- 竖脊肌
- 腹肌
- 腘绳肌

开始姿势

1. 将身体放在史密斯训练架上的奥运杠铃杆下面。
2. 用正手姿势握住杠铃，双手距离稍大于肩宽。
3. 此时，杠铃平稳地搁在斜方肌上，双脚与肩同宽。
4. 从架子上取下杆铃，双脚向前走一步。
5. 记住要保持挺直背部，并在整个动作过程中目视前方。

> **提示**　在深蹲这种练习中，技巧和平衡是最重要的。在诺德士牌的史密斯训练架内执行深蹲不需要担心平衡的问题，因为奥运杠铃杆是固定在装置上的。尽管被认为是深蹲界的革命性发展，但诺德士史密斯训练架深蹲可能会对下背部和膝盖产生太大的压力。

练习技巧

1. 慢慢弯曲双腿，直到膝盖达到 90 度角。
2. 在身体下降到最低处时不要晃动，慢慢伸直双腿并返回到开始姿势。
3. 重复动作，直到完成所要求的重复次数。

弓步（哑铃）

锻炼的主要肌肉

- 股直肌
- 股中间肌
- 股内侧肌
- 臀大肌
- 股外侧肌
- 腘绳肌

锻炼的次要肌肉

- 前臂肌肉
- 竖脊肌

开始姿势

1. 双手各握住一个哑铃。
2. 在身体两侧握住哑铃，双臂完全伸展（掌心朝向躯干）。

练习技巧

1. 前腿向前一步（跨步腿），保持背部挺直。
2. 弯曲前腿的膝盖，直至达到 90 度角。
3. 此时，后腿的膝盖应该距离地面 2 ~ 3 英寸（5 ~ 8 厘米）。
4. 当后腿完全降低时，前腿用力推并返回到开始姿势。
5. 用另一条腿重复练习，并继续交替，直到完成所要求的重复次数。
6. 请记住，跨步距离较短则将锻炼重点放在股四头肌上，而较大的跨步则更锻炼臀肌和腘绳肌。

弓步（奥运杠铃杆）

锻炼的主要肌肉	锻炼的次要肌肉
· 股直肌	· 前臂肌肉
· 股中间肌	· 竖脊肌
· 股内侧肌	· 斜方肌（上部和下部）
· 臀肌	
· 股外侧肌	
· 腘绳肌	

开始姿势

1. 将身体置于奥运杠铃杆下方，并将杠铃杆从支架上抬起。

2. 杠铃应该搁在斜方肌上，用双手抓住杠铃，双手距离稍大于肩宽。

3. 后退几步，让自己有足够的空间向前弓步。

练习技巧

1. 前腿向前一步（跨步腿），保持背部挺直。

2. 弯曲前腿的膝盖，直至达到 90 度角。

3. 此时，后腿的膝盖应该距离地面 2 ~ 3 英寸（5 ~ 8 厘米）。

4. 当后腿完全降低时，前腿用力推并返回到开始姿势。

5. 用另一条腿重复练习，并继续交替，直到完成所要求的重复次数。

6. 请记住，跨步距离较短则将锻炼重点放在股四头肌上，而较大的跨步则更锻炼臀肌和腘绳肌。

腘绳肌

很少有人谈论腘绳肌。即使你经常阅读健身杂志，也很少会看到专业的健美运动员像讨论胸肌训练、爆裂的背部或青筋暴露的手臂那样讨论腘绳肌。然而，所有的健美运动员都会告诉你腘绳肌对腿部整体发展的重要性。没有什么比一个健美运动员转向侧面并展示出隆起的腘绳肌而更加令人印象深刻的。站姿、坐姿和卧姿的屈腿练习似乎是最好的腘绳肌练习。以下练习按股二头肌激活能力的顺序排列（表 9.1 ）。

站姿屈腿

锻炼的主要肌肉	锻炼的次要肌肉
·股二头肌	·臀大肌
·半膜肌	·竖脊肌
·半腱肌	·腓肠肌

开始姿势

1. 站立在机器的右侧，将左腿的四头肌靠着大腿垫，左脚的脚跟（小腿）放在矩形的脚踝垫下。
2. 左手直接抓住身体前方的手柄，躯干略向前倾斜。

练习技巧

1. 慢慢地向臀部抬起脚。
2. 尽可能地向上，以实现最大的收缩。
3. 一旦到达动作的最高位置，就慢慢地放下腿，同时要保持对抗重量（不要让脚碰到地板）。
4. 重复，直到完成所要求的重复次数。
5. 转换身体位置，并用另一条腿重复该练习。

俯身腿弯举

锻炼的主要肌肉	锻炼的次要肌肉
·股二头肌	·臀大肌
·半膜肌	·竖脊肌
·半腱肌	·腓肠肌

开始姿势

1. 面朝下俯卧在屈腿机上。
2. 脚踝放在脚踝垫下方，膝盖放在长凳的边缘。
3. 抓住屈腿机顶部的手柄，以便在练习时保持身体稳定。

练习技巧

1. 抬起脚跟，使它们向着臀部移动。
2. 尽可能地向上，以实现最大的收缩。
3. 一旦到达动作的最高位置，就慢慢地放下腿，同时保持对抗重量（不要让重量片相互触碰——保持目标肌肉紧张）。
4. 重复，直到完成所要求的重复次数。

坐姿屈腿

锻炼的主要肌肉	锻炼的次要肌肉
·股二头肌	·臀大肌（下部）
·半膜肌	·腓肠肌
·半腱肌	

开始姿势

1. 坐在屈腿机上，脚踝放在脚踝垫上。
2. 调整大腿垫，并将其固定在大腿上方。
3. 背部紧紧靠在靠背上。

练习技巧

1. 弯曲膝盖，让脚跟移动到身体下方，并接近臀部。
2. 移动距离尽可能地长，以实现最大的收缩。
3. 一旦最大限度地收缩腘绳肌，保持对抗，并慢慢地让重量将身体带回到开始姿势。
4. 重复动作，直到完成所要求的重复次数。

改版腘绳肌硬拉

锻炼的主要肌肉	锻炼的次要肌肉
· 股二头肌	· 竖脊肌
· 半膜肌	· 斜方肌（下部）
· 半腱肌	· 大圆肌和小圆肌
· 臀大肌	· 冈下肌
	· 菱形肌

开始姿势

1. 握住奥运杠铃杆，双手距离稍大于肩宽。
2. 双臂完全伸展，在大腿高度处握住杠铃。

 提示　　大多数举重者由于俯身过度，没有正确地执行此练习。一旦髋部肌肉完全屈曲，将杠铃进一步降低到鞋子处的唯一方法就是使脊柱弯曲。当这种情况发生时，举重者就将腰椎置于非常危险的位置（可导致使职业生涯终止的受伤或严重并发症）。

练习技巧

1. 保持背部平坦，臀部凸出来，膝盖略微弯曲。
2. 慢慢地将杠铃降低到膝盖以下2～3英寸（5～8厘米）处。
3. 此时，你应该感觉到臀肌和腘绳肌的拉伸。
4. 收缩臀肌和腘绳肌，并挺直躯干，同时慢慢地提高杠铃。
5. 重复，直到完成所要求的重复次数。

小腿

　　所有真正出色的健美运动员都有惊人的小腿。举些例子，阿诺德·施瓦辛格、汤姆·普拉茨和加里·斯特赖敦（Gary Strydom）等最出色的健美运动员都有着极强壮的小腿。许多健美运动员相信小腿实际上是不可能增大的，因为它们的大小是由基因决定的。但是坚持不懈是每一位冠军的标志，特别是像小腿这样顽固的肌肉。

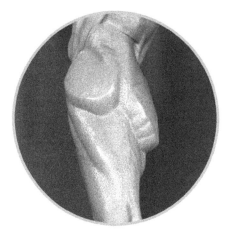

　　阿诺德·施瓦辛格就是一个先天性小腿不发达的典范。因此，他优先考虑锻炼小腿，并用大量训练发展出巨大的钻石形小腿肌肉。

　　如果你的小腿不够宽，就应该把精力放在坐姿提踵上。坐姿提踵也非常适合在小腿外侧雕刻出清晰的线条。为了增大腓肠肌，必须做大量的驴式提踵、站姿提踵和单腿提踵。

锻炼的主要肌肉	锻炼的次要肌肉	驴式提踵
·腓肠肌	·比目鱼肌	
	·腘绳肌	

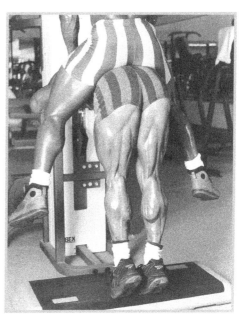

开始姿势

1. 站立，让脚趾在高度为3 ~ 5英寸（8 ~ 13厘米）的垫板的边缘处。

2. 在髋部处向前俯身，直到躯干平行于地板，并抓住一件器材（如深蹲架）来稳定身体。

3. 此时，让训练伙伴爬上你的背部并骑在你的髋部上。

4. 让脚跟落到低于脚趾的位置，在舒适的范围内尽可能低。

练习技巧

1. 以前脚掌为支撑点，将躯干尽可能地升高。

2. 一旦到达动作的最高位置，慢慢地让脚跟落到低于脚趾的位置，并尽可能低，回到开始姿势。

3. 重复该动作，直到完成所要求的重复次数。

站姿单腿提踵

锻炼的主要肌肉	锻炼的次要肌肉
·腓肠肌	·比目鱼肌
	·腘绳肌

开始姿势

1. 站在锻炼小腿的器械上，右脚的前脚掌放在平台的边缘。
2. 让右脚的脚跟落到低于脚趾的位置，尽可能低。
3. 双手放在肩垫上，以稳定身体。

练习技巧

1. 以右脚的前脚掌和脚趾为支撑点，将躯干尽可能地升高。
2. 一旦到达动作的最高位置，慢慢地让脚跟落到低于脚趾的位置，并尽可能低，回到开始姿势。
3. 重复该动作，直到完成所要求的重复次数。
4. 用左脚重复。

锻炼的主要肌肉

· 腓肠肌

锻炼的次要肌肉

· 比目鱼肌
· 腘绳肌

站姿提踵

开始姿势

1. 站在锻炼小腿的器械上，双脚的前脚掌放在平台的边缘。
2. 让双脚的脚跟落到低于脚趾的位置，尽可能低。
3. 双手放在肩垫上，以稳定身体。

练习技巧

1. 以前脚掌和脚趾为支撑点，将躯干尽可能地升高。
2. 一旦到达动作的最高位置，慢慢地让脚跟落到低于脚趾的位置，并尽可能低，回到开始姿势。
3. 重复该动作，直到完成所要求的重复次数。

坐姿提踵

锻炼的主要肌肉	锻炼的次要肌肉
·比目鱼肌	·腓肠肌

开始姿势

1. 坐在锻炼小腿的器械上，双脚的前脚掌放在平台的边缘。

2. 双膝钩在垫子下方，并抓住手柄来稳定身体。

3. 解开重物的锁扣。

4. 让双脚的脚跟落到低于脚趾的位置，尽可能低。

练习技巧

1. 抬起脚跟，直到小腿完全收缩。

2. 一旦到达动作的最高位置，慢慢地让脚跟落到低于脚趾的位置，并尽可能低，回到开始姿势。

3. 重复该动作，直到完成所要求的重复次数。

本章介绍锻炼上半身肌肉的练习。几乎所有的练习都是根据对上半身的 EMG 研究的结果进行选择的。在每个肌肉群的安排中，按 EMG 激活能力从大到小对练习进行排序。请参阅第 9 章中的运动原单元激活表。

胸部

健美运动中没有什么比条纹清晰的厚实胸肌更令人印象深刻了。当你看阿诺德·施瓦辛格和李·哈尼（Lee Haney）的竞赛照片时，无疑会得出一个结论：如果要赢得健美大赛的头衔，必须要加强胸部。当这些健美运动员放松站立的时候，从侧面看，他们的胸部是腰的两倍那么厚实。

许多专业的健美运动员从正面看起来很棒，因为他们有很好的胸部；但从侧面看，他们的胸廓显然不够深——他们的胸部和腰部看起来厚度相同。充分扩张胸廓是打造令人印象深刻的胸部的重要因素之一。

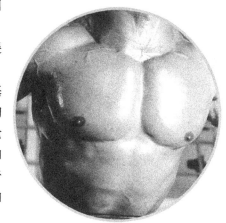

胸部肌肉的基础越好，可实现的发展水平就越高，给人的印象越深刻。

应该从各个角度来锻炼胸肌。某些基本练习可以让胸部增肌，如上斜哑铃推胸和杠铃卧推和下斜杠铃卧推。飞鸟和滑轮十字交叉夹胸对于塑造胸部区域的形状和线条更有效。胸部完整发展的结果来自于锻炼全部 4 个区域——上部、下部、外侧和内侧的肌肉。

下斜哑铃卧推

锻炼的主要肌肉	锻炼的次要肌肉
· 胸大肌（下胸部）	· 背阔肌
· 三角肌前束	· 大圆肌和小圆肌
· 肱三头肌	· 冈下肌
	· 大菱形肌
	· 斜方肌（上部和下部）

开始姿势

1. 坐在斜凳的高端，使用正握姿势握住两个哑铃。
2. 脚踝和双脚固定在垫子的下面。
3. 将哑铃竖直放在膝盖上。
4. 躺在向下倾斜的凳子上，同时将哑铃带到胸部水平位置的躯干两侧。
5. 举起哑铃至双臂伸直（不要锁紧肘部），掌心朝向前方。
6. 此时，哑铃在胸部正上方，彼此接触。

练习技巧

1. 慢慢地弯曲双臂，降低哑铃，到达胸部两侧位置。
2. 将哑铃降低到自感舒适且肌肉处于最大拉伸的位置。
3. 将哑铃从胸部的两侧举起到起始位置。
4. 在保持动作流畅、缓慢和受控的同时，执行所要求的重复次数。

下斜平板卧推
（奥运杠铃）

锻炼的主要肌肉	锻炼的次要肌肉
· 胸大肌（下胸部）	· 背阔肌
· 三角肌前束	· 大圆肌和小圆肌
· 肱三头肌	· 冈下肌
	· 大菱形肌
	· 斜方肌（上部和下部）

开始姿势

1. 躺在向下倾斜的凳子上，背部紧紧靠在垫子上，双脚和脚踝固定在垫子下面。
2. 使用正握姿势抓住奥运杠铃杆，双手距离比肩宽3～5英寸（8～13厘米），从支架上举起杠铃。
3. 在将杠铃举在胸部区域上方时，双臂应完全伸展（不要锁紧）。

练习技巧

1. 慢慢地降低杠铃至触碰到胸部的乳头连线。
2. 一旦杠铃轻轻地碰到胸部，就将它向上推到起始位置。
3. 记住，在这个练习过程中永远不要锁紧肘部。这将让参与的肌肉保持紧张。
4. 在保持动作流畅、缓慢和受控的同时，执行所要求的重复次数。

长凳间俯卧撑

锻炼的主要肌肉	锻炼的次要肌肉
· 胸大肌（中胸部）	· 三角肌前束
· 肱三头肌	· 背阔肌
	· 斜方肌（上部和下部）
	· 大菱形肌
	· 冈下肌
	· 大圆肌和小圆肌

开始姿势

1. 排列好 3 张长凳：两张彼此平行，距离略大于胸部宽度，第 3 张垂直于另外两张，并放它们后面。
2. 将双脚放在后面的长凳上，双手分别放在两张平行的长凳上。
3. 此时，你处于支撑位置，准备好做俯卧撑动作。

练习技巧

1. 身体在长凳之间尽可能地降低，直到（中胸部区域）达到舒适的拉伸程度。
2. 将身体向上推到起始位置。
3. 在保持动作流畅、缓慢和受控的同时，执行所要求的重复次数。

锻炼的主要肌肉	锻炼的次要肌肉
· 胸大肌（中胸部）	· 大圆肌和小圆肌
· 三角肌前束	· 冈下肌
· 肱三头肌	· 大菱形肌
	· 斜方肌（上部和下部）

哑铃平板卧推

开始姿势

1. 坐在水平长凳的边缘，使用正握姿势握住哑铃。
2. 将哑铃竖直放在膝盖上。
3. 躺在水平长凳上，同时将哑铃带到胸部水平位置的躯干两侧。
4. 举起哑铃至双臂伸直（不要锁紧肘部）。
5. 此时，哑铃在胸部正上方，几乎彼此接触，而掌心朝向前方。

练习技巧

1. 慢慢地弯曲双臂，降低哑铃，直到它们在胸部两侧高度。
2. 将哑铃降低到舒适但实现最大拉伸幅度的位置。
3. 将哑铃从胸部的两侧举起到起始位置。
4. 在保持动作流畅、缓慢和受控的同时，执行所要求的重复次数。

平板卧推（奥运杠铃）

锻炼的主要肌肉	锻炼的次要肌肉
·胸大肌（中胸部）	·背阔肌
·三角肌前束	·大圆肌和小圆肌
·肱三头肌	·冈下肌
	·大菱形肌
	·斜方肌（上部和下部）

开始姿势

1. 躺在水平长凳上，背部紧紧靠在垫子上，双脚平放在地面。
2. 使用正握姿势抓住杠铃，双手距离比肩宽3～5英寸（8～13厘米）。从支架上举起杠铃。
3. 在将杠铃举在胸部区域上方时，双臂应完全伸直（不要锁紧）。

练习技巧

1. 慢慢地降低杠铃至触碰到胸部的乳头连线。
2. 一旦杠铃轻轻地碰到胸部，就将它向上推到起始位置。
3. 在保持动作流畅、缓慢和受控的同时，执行所要求的重复次数。

平卧哑铃飞鸟

锻炼的主要肌肉

· 胸大肌（中胸部）

锻炼的次要肌肉

· 背阔肌

· 肱三头肌

· 三角肌前束

· 三角肌中束

· 斜方肌（上部和下部）

开始姿势

1. 坐在水平长凳的一端，使用对握姿势握住哑铃。

2. 将哑铃竖直放在膝盖上。

3. 躺在水平长凳上，同时将哑铃带到胸部水平的躯干两侧。

4. 举起哑铃至双臂伸直。

5. 此时，哑铃在胸部正上方，彼此接触，掌心相对朝向内侧。

6. 在整个动作过程中必须保持肘部弯曲。

练习技巧

1. 慢慢地以弧形动作轨迹向着地面降低哑铃，直到胸部舒适地拉伸（想象打开一本书）。

2. 一旦有这种拉伸感（哑铃分别在胸部的两侧），就使用相同的弧形动作将哑铃恢复到起始位置。

3. 在保持动作流畅、缓慢和受控的同时，执行所要求的重复次数。

上斜哑铃卧推

锻炼的主要肌肉	锻炼的次要肌肉
・胸小肌（上胸部）	・三角肌中束
・三角肌前束	・胸大肌
・肱三头肌	・斜方肌（上部和下部）
	・背阔肌

开始姿势

1. 坐在倾斜长凳的边缘，使用正握姿势握住哑铃。
2. 将哑铃竖直放在膝盖上。
3. 躺在倾斜长凳上，同时将哑铃带到与胸部水平的躯干两侧。
4. 举起哑铃至双臂伸直（不要锁紧肘关节）。
5. 此时，哑铃在上胸部的正上方，几乎彼此接触，掌心朝向前方。

练习技巧

1. 慢慢地弯曲双臂，降低哑铃，直到它们在胸部两侧高度。
2. 降低哑铃，达到实现舒适拉伸的位置。
3. 将哑铃从胸部的两侧举起到起始位置。
4. 在保持动作流畅、缓慢和受控的同时，执行所要求的重复次数。

上斜杠铃卧推

锻炼的主要肌肉	锻炼的次要肌肉
·胸小肌（上胸部）	·背阔肌
·三角肌前束	·三角肌中束
·肱三头肌	·胸大肌
	·斜方肌（上部和下部）

开始姿势

1. 躺在倾斜的凳子上，背部紧紧靠在垫子上，双脚平放在地面。
2. 使用正握姿势抓住奥运杠铃，双手距离略大于肩宽，从支架上举起杠铃。
3. 在将杠铃举在胸部区域上方时，双臂应完全伸直（不要锁紧）。

练习技巧

1. 慢慢地降低奥运杠铃至触碰到上胸部区域。
2. 一旦杠铃轻轻地碰到上胸部，就将它向上推到起始位置。
3. 记住：不要锁紧肘关节。这将让上胸部区域保持紧张。
4. 在保持动作流畅、缓慢和受控的同时，执行所要求的重复次数。

上斜哑铃飞鸟

锻炼的主要肌肉	锻炼的次要肌肉
·胸小肌（上胸部）	·三角肌前束
	·斜方肌（上部和下部）
	·背阔肌
	·肱三头肌

开始姿势

1. 坐在倾斜长凳上，使用对握姿势握住哑铃。
2. 将哑铃竖直放在膝盖上。
3. 躺在倾斜长凳上，同时将哑铃带到胸部水平的躯干两侧。
4. 举起哑铃至双臂伸直（不要锁紧肘部）。
5. 此时，哑铃在上胸部正上方，彼此接触，掌心相对。
6. 在整个动作过程中必须保持肘部弯曲。

练习技巧

1. 慢慢地以弧形动作向着地面降低哑铃，直到胸部舒适地拉伸（想象打开一本书）。
2. 一旦有这种拉伸感（哑铃分别在胸部的两侧），就使用相同的弧形动作将哑铃恢复到起始位置。
3. 在保持动作流畅、缓慢和受控的同时，执行所要求的重复次数。

上斜卧推
（史密斯训练架）

锻炼的主要肌肉	锻炼的次要肌肉
· 胸小肌（上胸部）	· 胸大肌
· 三角肌前束	· 斜方肌（上部和下部）
	· 背阔肌
	· 肱三头肌

开始姿势

1. 躺在倾斜的凳子上（在史密斯训练架内部），背部紧紧靠在垫子上，双脚平放在地面。

2. 使用正握姿势抓住奥运杠铃，双手距离比肩宽 3 ~ 5 英寸（8 ~ 13 厘米），从安全支架上取出杠铃。

3. 在将杠铃举在上胸部区域上方时，双臂应完全伸直（不要锁紧）。

练习技巧

1. 慢慢地降低奥运杠铃（史密斯训练架）至轻轻触碰到上胸部区域。

2. 一旦杠铃轻轻地碰到上胸部，就将它向上推到起始位置。

3. 记住：不要锁紧肘关节。这将让上胸部区域保持紧张。

4. 在保持动作流畅、缓慢和受控的同时，执行所要求的重复次数。

滑轮十字交叉夹胸

锻炼的主要肌肉	锻炼的次要肌肉
·胸大肌（中胸部和下胸部） ·三角肌前束	·背阔肌 ·斜方肌（上部和下部）

开始姿势

1. 使用对握姿势抓住绳索，掌心向内。

2. 站在滑轮拉力器的中间，双脚距离略大于肩宽，或者一只脚稍微在另一只脚的前面（用自己觉得舒服的姿势）。

3. 在整个动作过程中，保持背部挺直，并且肘部略微弯曲。

4. 在开始练习时，将绳索拉到胸部被完全拉伸的位置（双臂张开）。

练习技巧

1. 以向下的弧形动作移动绳索，直到双手接触或几乎接触（离骨盆的正面6～8英寸或15～20厘米）。

2. 在这个位置保持1～2秒，让胸肌完全收缩。

3. 将绳索慢慢恢复到起始位置时，要保持抵抗。

4. 在保持动作流畅、缓慢和受控的同时，执行所要求的重复次数。

双杠臂屈伸

锻炼的主要肌肉	锻炼的次要肌肉
· 胸大肌和胸小肌	· 背阔肌
· 三角肌前束	· 大圆肌和小圆肌
· 肱三头肌	· 冈下肌
	· 三角肌中束
	· 斜方肌（上部和下部）

开始姿势

1. 伸直双臂（不要锁紧肘部）来支撑身体。
2. 开始姿势是保持膝盖弯曲，双脚在身后，躯干直立。

练习技巧

1. 弯曲双臂，肘部可以稍微向外，同时躯干向前倾斜。
2. 将身体降低到可以舒适地拉伸的位置。
3. 当到达该位置时，慢慢地将躯干向上推回起始位置。
4. 记住：不要锁紧肘部。
5. 在保持动作流畅、缓慢和受控的同时，执行所要求的重复次数。

腹肌

　　让身体上腹部得以完全发展的肌群属于最重要的肌肉群，一部分原因是它们有助于保持下背部和腹部的健康及完整性。许多下背部损伤是因为腹部肌肉弱，而不是竖脊肌不够发达。

　　腹肌是竞技健美运动员体格的重要组成部分。紧实的上腹部是所有比赛评审专家寻找的特征。拥有漂亮腹肌的健美运动员走上竞技台时所带来的心理影响是评审专家和观众不能忽视的。肌肉厚实且线条清晰的腹部创造出良好的第一印象，为接下来的预判和展示带来有利的影响。

　　如今，260 ～ 270 磅（118 ～ 122 千克）竞赛级别和 160 ～ 180 磅（73 ～ 82 千克）竞赛级别的女运动员必须全面发展腹肌。她们的前腹肌、侧腹部和肋间应该有粗棱线，并且腹部大肌肉群之间应该有深沟。

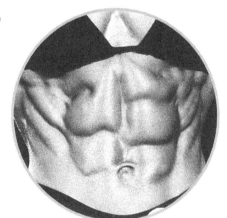

卷腹（平凳）

锻炼的主要肌肉	锻炼的次要肌肉
·腹直肌（上部和中部）	·肋间肌

开始姿势

1. 平躺在腹肌练习长凳上，膝盖弯曲，双脚固定在脚踝垫下。
2. 双手和双臂放在头部后面。

练习技巧

1. 使用上腹部力量将头和肩部从腹肌练习长凳上抬起。
2. 当腹直肌达到最大程度的收缩时，保持1～2秒并返回到开始姿势。
3. 为了保持工作肌肉紧张，不要让躯干（上斜方肌和肩膀）与长凳接触。
4. 重复该动作，直到完成所要求的重复次数。

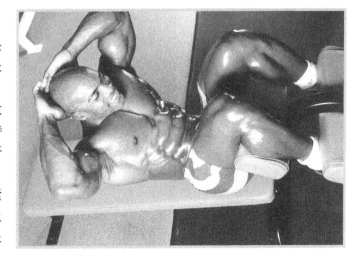

诺德士卷腹

锻炼的主要肌肉　　**锻炼的次要肌肉**

·腹直肌（上部和中部）·肋间肌

开始姿势

1. 坐在卷腹练习架的座位上。
2. 此时，胸垫应该牢牢地靠在胸前。
3. 双手放在胸垫的背面作为支撑。

练习技巧

1. 向前弯曲躯干，直到腹肌最大限度地收缩。
2. 在执行该动作时，从肺部呼出所有空气。
3. 慢慢地返回到起始位置，切勿让负重板相互接触（保持工作肌肉的紧张）。
4. 重复，直到完成所要求的重复次数。

锻炼的主要肌肉	锻炼的次要肌肉
·腹直肌（上部）	·下背阔肌
	·前锯肌
	·肋间肌

滑轮组卷腹

开始姿势

1. 将绳索手柄连接到头顶上方的滑轮上，用正握姿势握住手柄。
2. 在脖子后面抓住绳子，并跪在离滑轮训练架约 1 英尺（30 厘米）处。

练习技巧

1. 弯腰，直到腹部最大限度地收缩。
2. 在执行该动作时，从肺部呼出所有空气。
3. 重复该动作，直到完成所要求的重复次数。
4. 目的是以受控的方式执行该练习，并在整个动作中保持工作肌肉的紧张。

抬膝（平凳）

锻炼的主要肌肉　**锻炼的次要肌肉**
·腹直肌（下部）　·肋间肌

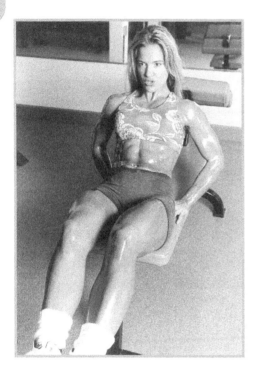

开始姿势

1. 坐在平凳的一端，双手放在臀部后面，以支撑身体。
2. 身体向后倾斜，直到躯干与长凳大致成 45 度角。
3. 伸展双腿，直到几乎完全伸直。

练习技巧

1. 将膝盖提向胸部。
2. 当膝盖接近胸部时，弯曲颈部，让头部弯向膝盖（这将确保最大的腹部收缩）。
3. 返回到开始姿势。
4. 重复该动作，直到完成所要求的重复次数。

| 锻炼的主要肌肉 | 锻炼的次要肌肉 | 悬垂抬腿 |

- 腹直肌（主要是下部）
- 前锯肌
- 肋间肌

开始姿势

1. 抓住悬垂抬腿训练架的手柄，用双臂支撑自己的体重。

2. 让躯干垂直下垂。

3. 在整个动作过程中保持膝盖略微弯曲，以防止在下背部产生任何不必要的压力。

练习技巧

1. 使用腹部力量，慢慢地将双腿抬高到髋部的水平高度。

2. 保持这种姿势收缩一会儿，然后慢慢地将双腿降低到起始位置。

3. 重复该动作，直到完成所要求的重复次数。

181

对角线仰卧起坐

锻炼的主要肌肉	锻炼的次要肌肉
· 前锯肌	· 肋间肌
· 腹直肌（主要是上部）	

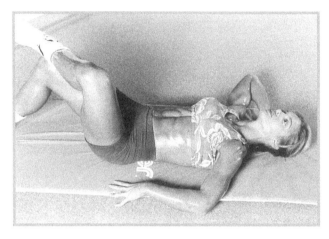

开始姿势

1. 躺在腹肌练习板或地板垫子上，膝盖弯曲，双脚放在地板上。
2. 将左脚踝横放在右膝盖上，应该形成一个三角形。
3. 将右手放在头后，左手放在垫子上提供支撑。

练习技巧

1. 沿对角线方向卷曲躯干，将右肩带向左膝盖。
2. 一旦达到最大收缩，保持1～2秒。
3. 返回到起始位置（绝不允许双肩碰到垫子），然后重复，直到完成所要求的重复次数。
4. 转换身体姿势，在另一侧重复。

背部

　　正面或背面展开的背阔肌是健美运动中另一个令人印象深刻的特征。那些宽而厚的"翅膀"看起来好像准备要起飞一样。所有顶级专业健美运动员都有厚实、发达的背阔肌，其竖脊肌看起来像巨大的肉堆。你可以用一些练习来打造自己的"翅膀"。背部训练程序围绕增加宽度的练习（例如拉力器下拉和宽握引体向上）和肌肉量练习（例如俯身杠铃划船、T杆划船和单臂哑铃划船）进行设计。

俯身杠铃划船
（奥运杠铃）

锻炼的主要肌肉	锻炼的次要肌肉
·背阔肌	·肱桡肌
·斜方肌（中部）	·肱二头肌
·肱肌	·大圆肌和小圆肌
·前臂屈肌	·菱形肌
	·冈下肌

开始姿势

1. 使用正握姿势抓住杠铃，双手距离比肩宽4～6英寸（10～15厘米）。从支架上取下杠铃。

2. 双脚与肩同宽站立，双脚保持平放在地面上。

3. 在髋部折叠身体慢慢向前弯身，保持背部平坦，并允许膝盖稍微弯曲。

4. 此时，躯干应平行于地面，双臂完全伸展，握住杠铃。

练习技巧

1. 只移动手臂，慢慢地向上拉杠铃，让它接触肋骨的下部。躯干向上移动的距离不得超过4英寸（10厘米）。

2. 将重物缓慢降低到起始位置。重复该动作，直到完成所要求的重复次数。

锻炼的主要肌肉	锻炼的次要肌肉
· 背阔肌	· 肱二头肌
· 斜方肌（中部）	· 大圆肌和小圆肌
· 肱肌	· 冈下肌
· 三角肌后束	· 菱形肌
· 前臂屈肌	

单臂哑铃划船
（双臂交替）

开始姿势

1. 右手用正握姿势握住哑铃（掌心朝向身体）。
2. 左膝放在水平长凳上。右腿应该弯曲，右脚平放在地板上。
3. 在髋部向前弯身，并伸直左臂来稳定身体。
4. 此时，躯干应该几乎平行于地面。
5. 右手握着哑铃，右臂应完全伸直。

练习技巧

1. 肘部保持靠近躯干，沿垂直的直线向上拉哑铃，让它轻轻地碰到肋骨。
2. 慢慢地将哑铃降低到起始位置。重复该动作，直到完成所要求的重复次数。
3. 用左手进行该练习。

T 杆划船

锻炼的主要肌肉	锻炼的次要肌肉
· 背阔肌	· 大圆肌和小圆肌
· 斜方肌	· 竖脊肌
· 前臂屈肌	· 冈下肌
· 肱桡肌	· 菱形肌

开始姿势

1. 在髋部向前弯身，保持背部平坦，膝盖弯曲。
2. 使用正握姿势（掌心朝后）握住 T 杆的手柄。
3. 将躯干提升到与地板平行的位置。
4. 双臂应该完全伸展。

练习技巧

1. 向上拉双手，直到重物触及胸部。
2. 躯干向上移动的距离不得超过 4 英寸（10 厘米）。
3. 返回到开始姿势。重复该动作，直到完成所要求的重复次数。

颈前下拉

锻炼的主要肌肉

· 背阔肌
· 肱肌
· 肱桡肌

锻炼的次要肌肉

· 肱二头肌
· 三角肌后束
· 大圆肌和小圆肌
· 冈下肌
· 菱形肌

开始姿势

1. 站在滑轮拉力器的前方，并使用正握姿势（宽握）抓住拉杆。
2. 坐下来，双脚平放在地板上，背部挺直，大腿固定在大腿垫下面。
3. 拱起躯干，并向后倾斜。
4. 在整个动作过程中必须保持躯干固定不动。
5. 此时，双臂完全伸展，拉杆保持在头部上方。

练习技巧

1. 通过向下和向后拉肘部来发起动作。
2. 把拉杆带到头部前面，直至碰到上胸部；保持 1 ~ 2 秒。
3. 将拉杆慢慢恢复到起始位置，并重复该动作，直到完成所要求的重复次数。

坐姿滑轮划船

锻炼的主要肌肉

· 背阔肌
· 斜方肌
· 菱形肌
· 竖脊肌

锻炼的次要肌肉

· 三角肌后束
· 肱二头肌
· 肱桡肌
· 小圆肌
· 冈下肌
· 前臂屈肌

开始姿势

1. 掌心向内，抓住坐姿滑轮手柄。
2. 伸直双臂，坐在垫子上，双脚放在机器前面的地板上。
3. 在整个动作过程中保持膝盖稍微弯曲。
4. 向前倾斜，使头部向双臂之间降低（对于背阔肌来说是很好的预拉伸），并保持背部平坦。

练习技巧

1. 将躯干置于直立的位置，将手柄拉向腹部。
2. 为了最大限度地收缩背阔肌，在把手柄拉向腹部时记住要稍微拱起背部，并保持肘部靠近躯干。
3. 返回到开始姿势。重复该动作，直到完成所要求的重复次数。

颈前引体向上

锻炼的主要肌肉

- 背阔肌
- 斜方肌（上部）
- 肱二头肌
- 肱桡肌
- 肱肌

锻炼的次要肌肉

- 三角肌后束
- 竖脊肌
- 冈下肌

开始姿势

1. 使用正握姿势抓住引体向上杆，双手距离比肩宽3～5英寸（8～13厘米）。
2. 膝盖弯曲90度，以便双脚的脚踝可以交叉。

练习技巧

1. 将身体垂直向上拉，直到下巴平行于引体向上杆。
2. 慢慢地将身体降低到起始位置。重复该动作，直到完成所要求的重复次数。

颈后滑轮下拉

锻炼的主要肌肉

·背阔肌

·斜方肌（上部）

·肱二头肌

·肱肌

锻炼的次要肌肉

·前臂伸肌

·小圆肌

·冈下肌

·三角肌后束

开始姿势

1. 站在滑轮拉力器的前方，并使用正握姿势（宽握）抓住拉杆。

2. 坐下来，双脚平放在地板上，背部挺直，大腿固定在大腿垫下面。

3. 此时，双臂完全伸展，拉杆保持在头部上方。

练习技巧

1. 通过向下和向后拉肘部来发起动作。

2. 当拉杆接近头部时，稍微向前倾斜，让拉杆触碰脖子的顶部。

3. 慢慢地将拉杆带回到起始位置。重复该动作，直到完成所要求的重复次数。

背起

锻炼的主要肌肉	锻炼的次要肌肉
·竖脊肌	·臀肌
	·斜方肌（下部）

开始姿势

1. 握住背部伸展机的手柄，将脚踝固定在小垫子的下方，并降低髋部，靠在设备前部较大的垫子上。

2. 在整个运动中保持双腿伸直，双臂在头部后面交叉。

练习技巧

1. 降低躯干，直到几乎垂直于地板。

2. 慢慢地将躯干带回到起始位置。重复动作，直到完成所要求的重复次数。

3. 记住不要过度向上拱背，因为这可能会导致脊柱中的椎体被挤压。

三角肌和斜方肌

健美背后的整体理念是让你的身材在人群中令人注目。宽肩膀、发达的三角肌再加上细腰，就可以打造出能够赢得健美冠军称号和比赛的肌肉对称性和肌肉块头。不起眼的三角肌不会让任何人赢得重大的健美称号或比赛。事实上，普通水平的三角肌也不会让任何人赢得一场健美赛事。

三角肌对健美运动员非常重要，因为在摆出姿势时，从每个角度都可以看见三角肌。因此，如果三角肌不够强壮，任何人都一目了然。你有没有看过竞技健美运动员在转身展示双肱二头肌造型时，由于巨大的肌峰而造成三

角肌后束的缺失？那是得不偿失的。你可以使用本节中的练习，从每个三角肌群的练习开始来防止此问题的发生。增肌练习（如坐姿哑铃前推或站姿哑铃侧平举和俯身侧平举）一定会让三角肌的所有 3 个头都增大，特别是三角肌中束（站姿哑铃侧平举）。

对于刚开始训练的青少年而言，拉宽锁骨的动作可能非常有效。你的韧带、肌腱和软骨仍然很软，你的骺板还没有闭合（骨骼尚未停止生长）。因此，仍然可能有进一步的骨骼生长；实际上，骨架和筋膜组织仍然可以拉伸。虽然大多数健美运动员已成年，他们的骨板已经停止生长，但仍然可以通过软骨增厚来拉宽其锁骨。通过在三角肌中束上建立大量的肌肉，可以让人有肩膀比真实宽度更宽的错觉。

诸如超宽握引体向上和宽握拉力器下拉等练习，可以拉伸锁骨并加宽肩胛骨。超宽握引体向上不能与针对背阔肌的宽握引体向上混淆。双手距离必须尽可能宽。为了能够拉伸锁骨，必须慢慢地、完整地执行重复次数，并在每个重复的最低位置悬吊并感觉肩胛骨的拉伸和扩宽。就好像试图要让肩胛骨脱臼那样（实际上没有这样做）。如果力量不足而不能执行超宽握引体向上，可以使用宽握拉力器下拉来帮助拉伸锁骨，并做宽握引体向上悬垂的超组训练。宽握引体向上悬垂的目标是，在锁骨不脱臼的情况下尽可能长时间地坚持宽握位置。记住，在这些练习中的疼痛和不适是正常的，因为你正在拉伸和拉开锁骨。还要明白的是，进行这些练习并不是为了发展背阔肌。

斜方肌是上背部的大肌肉群。它们呈一个星形。各个起点分别位于头骨

的底部（上面的点）、靠近肩膀的点，以及大约在脊柱一半处（下面的点）。斜方肌的主要功能是将肩膀上提和向后缩。斜方肌的收缩也有助于下背部拱起。人体没有任何一个部位像颈部那样全年可见。由于斜方肌的存在，健美运动员很容易在人群中被看到。许多评论家写道，健美运动员实际上是"将其运动项目穿在身上"。

站姿哑铃侧平举

锻炼的主要肌肉	锻炼的次要肌肉
·三角肌中束	·三角肌前束
	·斜方肌（上部和下部）

开始姿势

1. 站立时背部挺直，膝盖稍微弯曲，双脚距离稍小于肩宽。
2. 在整个动作过程中，保持背部挺直，并且肘部略微弯曲。
3. 用正握姿势握住哑铃，掌心相对。
4. 在髋部前面4~6英寸（10~15厘米）处将哑铃并在一起。

练习技巧

1. 保持肘部略微弯曲，以向着天花板上升的弧形线路向侧面举起哑铃，直到手臂平行于地板；保持1~2秒。
2. 慢慢地将哑铃降低到起始位置。重复该动作，直到完成所要求的重复次数。

站姿俯身哑铃侧平举

锻炼的主要肌肉	锻炼的次要肌肉
·三角肌后束	·三角肌中束
	·斜方肌（上部）
	·小圆肌
	·菱形肌
	·冈下肌

开始姿势

1. 站立时背部挺直，膝盖弯曲，双脚与肩同宽。
2. 用正握姿势握住哑铃，掌心相对。
3. 在髋部向前俯身，直到背部平行于地板，并且双臂伸直垂下（垂直于地板）。

练习技巧

1. 保持肘部略微弯曲，以弧形线路向侧面举起哑铃，直到手臂平行于地板。
2. 慢慢地将哑铃降低到起始位置。重复该动作，直到完成所要求的重复次数。

坐姿哑铃颈前推举

锻炼的主要肌肉	锻炼的次要肌肉
·三角肌前束	·胸大肌
	·肱三头肌
	·斜方肌（上部和下部）
	·前锯肌

开始姿势

1. 用正握姿势握住两个哑铃，坐在有竖直靠背的凳子上。
2. 将哑铃举起到肩膀高度。
3. 旋转手掌，使其朝向前方。

练习技巧

1. 慢慢地将哑铃直接向上推，直到伸直双臂，让哑铃相互接触，然后慢慢地将哑铃带回起始位置。
2. 记住，在动作的最高位置，不要锁紧肘部。
3. 重复该动作，直到完成所要求的重复次数。

坐姿杠铃颈前推举

锻炼的主要肌肉	锻炼的次要肌肉
·三角肌前束	·胸大肌
	·肱三头肌
	·斜方肌
	·前锯肌

开始姿势

1. 坐在长凳上，背部紧紧地压在垫子上，以获得支撑。

2. 用正握姿势抓住杠铃，双手距离大于肩宽3 ~ 5英寸（8 ~ 13厘米）。

3. 让一位保护者帮助你将奥运杠铃从支架上取下。

4. 此时，奥运杠铃在你的头部正上方，肘部轻微弯曲。

练习技巧

1. 慢慢地将杠铃降低到三角肌前束（头部前方），在动作的最低位置不要让杠铃弹起来，并将其向上推到起始位置。

2. 在动作的最高位置不要锁紧肘部。

3. 重复该动作，直到完成所要求的重复次数。

身前杠铃耸肩
（奥运杠铃）

锻炼的主要肌肉	锻炼的次要肌肉
·斜方肌（上部）	·胸大肌
·菱形肌	·肱三头肌
	·斜方肌（下部）
	·前锯肌

开始姿势

1. 在整个动作过程中保持背部挺直，膝盖稍微弯曲，并且双脚与肩同宽站立。
2. 用正握姿势抓住奥运杠铃，双手距离略大于肩宽。
3. 此时，双臂伸直，肘部稍微弯曲。
4. 奥运杠铃靠在大腿上部。

练习技巧

1. 开始该动作时，向着耳朵抬起肩膀，并保持收缩 1 ~ 2 秒。
2. 收缩完成后，慢慢地将杠铃降低到在发力肌肉中感觉到舒适的拉伸位置（促进最大运动范围）。
3. 重复该动作，直到完成所要求的重复次数。

站姿哑铃前平举

锻炼的主要肌肉	锻炼的次要肌肉
· 三角肌前束	· 前臂伸肌
	· 三角肌中束和 三角肌后束
	· 菱形肌
	· 胸大肌

开始姿势

1. 站立时背部挺直，膝盖稍微弯曲，双脚距离稍小于肩宽。
2. 用正握姿势握住哑铃，掌心朝下。
3. 双臂在身体两侧垂下，哑铃保持在离大腿上部 2 ~ 4 英寸（5 ~ 10 厘米）的位置。

练习技巧

1. 在整个动作过程中保持肘部略微弯曲，将右手的哑铃从大腿上部提升到与眼睛水平的高度，然后慢慢将哑铃降低到起始位置。
2. 用左手的哑铃重复该动作；继续左右交替，直到完成所要求的重复次数。

直立划船
（奥运杠铃）

锻炼的主要肌肉	锻炼的次要肌肉
·斜方肌	·肱二头肌
·三角肌前束和三角肌中束	·肱肌
	·前臂屈肌

开始姿势

1. 在整个动作过程中保持背部挺直，膝盖稍微弯曲，并且双脚与肩同宽站立。

2. 用正握姿势握住哑铃，双手距离约为两只大拇指的长度。

3. 此时，双臂伸直，肘部稍微弯曲。

4. 奥运杠铃靠在大腿上部。

练习技巧

1. 将杠铃从双臂伸直的位置提升到下巴处（肘部抬高），然后将杠铃慢慢地下降到起始位置。

2. 重复该动作，直到完成所要求的重复次数。

颈后推举
（奥运杠铃）

锻炼的主要肌肉	锻炼的次要肌肉
· 三角肌后束	· 斜方肌（下部）
· 斜方肌（上部）	· 菱形肌
· 肱三头肌	· 冈下肌
	· 大圆肌和小圆肌
	· 背阔肌

开始姿势

1. 坐在长凳上，背部紧紧地压在垫子上，以获得支撑。
2. 用正握姿势抓住奥运杠铃，双手距离大于肩宽 3 ~ 5 英寸（8 ~ 13 厘米）。
3. 将奥运杠铃从支架上取出，并将其举在头部正上方，肘部稍微弯曲。

练习技巧

1. 在头部后面将奥运杠铃慢慢地降到略低于耳朵的水平。
2. 在动作的最低位置不要让杠铃弹起来，将杠铃向上推到起始位置。
3. 在动作的最高位置不要锁紧肘部。
4. 重复该动作，直到完成所要求的重复次数。

肱二头肌

　　肱二头肌是大部分健美运动员最喜欢训练的肌肉。尽管与大腿、背部和胸部的肌肉相比，肱二头肌的尺寸相对较小，但我们对肱二头肌的热爱无疑是由于我们的文化是将大块的肱二头肌与力量和男性气质关联起来而引起的。过去 70 年来，每一位耀眼的冠军都拥有巨大的手臂和肱二头肌。

　　本节中的练习将帮助你打造肱二头肌。使用肱二头肌牧师椅弯举、站姿哑铃弯举和斜托哑铃弯举可以增加肌肉量并让肱二头肌达到最大水平。诸如哑铃或滑轮机的单臂弯举之类的动作更适合于发展肱二头肌肌峰的高度。

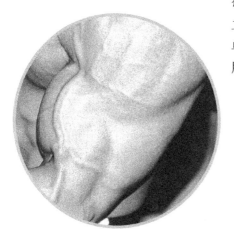

锻炼的主要肌肉	锻炼的次要肌肉
·肱二头肌	·前臂屈肌
·肱肌	

肱二头肌牧师椅弯举
（奥运杠铃）

开始姿势

1. 坐在牧师椅弯举的长凳上。
2. 使用反握姿势握住奥运杠铃（掌心朝上），双手与肩同宽。
3. 双臂伸直（不要锁紧），肱三头肌靠在牧师椅的倾斜表面。

练习技巧

1. 开始动作时肘部要弯曲，并朝着肩膀向上弯举杠铃。
2. 肱三头肌总是保持与牧师椅的倾斜表面接触。
3. 慢慢地将杠铃降低到起始位置。重复该动作，直到完成所要求的重复次数。

上斜坐姿哑铃弯举
（双臂交替）

锻炼的主要肌肉　锻炼的次要肌肉

·肱二头肌　　　　·前臂屈肌

开始姿势

1. 躺在倾斜的凳子上，背部紧紧靠在垫子上，双脚平放在地面。
2. 双臂垂在身体两侧，以反握姿势握住哑铃（掌心朝上）。

练习技巧

1. 慢慢地向右肩弯举右侧的哑铃。
2. 当肱二头肌发生最大收缩时，慢慢将哑铃降低到起始位置，并用左臂重复该动作。
3. 继续左右臂交替，直到完成所要求的重复次数。

锻炼的主要肌肉	锻炼的次要肌肉
· 肱二头肌	· 前臂屈肌
· 肱肌	· 旋前圆肌
	· 腕屈肌（拇长屈肌、指浅屈肌）

站姿肱二头肌弯举
（奥运杠铃，窄握）

开始姿势

1. 使用反握姿势握住杠铃（掌心朝上），双手距离略小于肩宽。
2. 在整个动作过程中保持背部挺直，膝盖稍微弯曲，双脚与肩同宽站立。
3. 双臂完全伸直并紧紧地靠着躯干。
4. 此时，杠铃应靠在大腿上部。

练习技巧

1. 开始动作时肘部要弯曲，并朝着肩膀方向弯举杠铃。
2. 当肱二头肌最大限度地收缩时，慢慢地将杠铃降到起始位置。重复该动作，直到完成所要求的重复次数。

站姿哑铃弯举（双臂交替）

锻炼的主要肌肉	锻炼的次要肌肉
·肱二头肌	·前臂屈肌
	·旋前圆肌
	·腕屈肌（拇长屈肌、指浅屈肌）

开始姿势

1. 使用反握姿势握住哑铃（掌心朝上）。
2. 在整个动作过程中保持背部挺直，膝盖稍微弯曲，双脚与肩同宽站立。
3. 双臂完全伸直，哑铃垂在身体两侧。

练习技巧

1. 开始动作时肘部要弯曲，并朝向肩膀弯举左侧杠铃。
2. 慢慢将哑铃降低到起始位置，并用右臂重复该动作。
3. 继续左右臂交替，直到完成所要求的重复次数。

单臂哑铃弯举

锻炼的主要肌肉	锻炼的次要肌肉
· 肱二头肌	· 前臂屈肌
	· 肱肌

开始姿势

1. 用右手使用反握姿势握住哑铃（掌心朝上），坐在平凳上。

2. 双腿分开很宽。

3. 腰部前倾，将右手肘靠在右大腿内侧，手臂完全伸直。

练习技巧

1. 肘部靠在大腿内侧，慢慢地朝向肩膀弯举哑铃。

2. 当肱二头肌最大收缩发生时，慢慢将哑铃降低到起始位置。重复该动作，直到完成所要求的重复次数。

3. 用左手重复。

站姿肱二头肌弯举
（奥运杠铃，宽握）

锻炼的主要肌肉	锻炼的次要肌肉
·肱二头肌（短头）	·肱二头肌（长头）
·肱肌	·前臂屈肌
	·腕屈肌

开始姿势

1. 用反握姿势抓住杠铃（掌心朝上），双手距离大于肩宽2~3英寸（5~8厘米）。

2. 在整个动作过程中保持背部挺直，膝盖稍微弯曲，双脚距离略大于肩宽，站立。

3. 此时，双臂完全伸直，杠铃靠在大腿上部。

练习技巧

1. 开始动作时肘部要弯曲，并朝着肩膀向上弯举杠铃。

2. 当肱二头肌最大收缩发生时，慢慢将杠铃降低到起始位置。重复该动作，直到完成所要求的重复次数。

锻炼的主要肌肉	锻炼的次要肌肉
·肱二头肌（短头）	·肱二头肌（长头）
·肱肌	·前臂屈肌

站姿曲杆肱二头肌弯举（宽握）

开始姿势

1. 在整个动作过程中保持背部挺直，膝盖稍微弯曲，双脚距离稍小于肩宽，站立。
2. 使用反握姿势握住EZ杆（掌心朝上），双手距离略大于肩宽。
3. 双臂完全伸直并靠着躯干。

练习技巧

1. 开始动作时肘部要弯曲，并朝着肩膀向上弯举杠铃。
2. 当肱二头肌最大收缩发生时，慢慢将哑铃降低到起始位置。重复该动作，直到完成所要求的重复次数。

肱三头肌

　　虽然今天的健美运动员在肱三头肌训练中会做大量的隔离练习，但是大部分肱三头肌质量发展来自于推举练习。每当健美运动员做卧推来发展胸肌时，无论是上斜还是下斜，又或者臂屈伸，他们都会对肱三头肌造成很大的压力。在执行过头举来发展三角肌时，也会对肱三头肌造成紧张的压力。因此，过度训练肱三头肌的可能性很大。

　　在一次锻炼中应该做多少组肱三头肌练习？在初学者阶段，肱三头肌的总训练量不要超过 3～5 组。在经过 3～6 个月的稳定训练后，你可以将这个数字提高到 5～7 组。高阶的健美运动员可能需要 8～12 组的肱三头肌练习。

下斜肱三头肌臂屈伸（奥运杠铃）

锻炼的主要肌肉   **锻炼的次要肌肉**

· 肱三头肌（外侧头
  和内侧头）

· 前臂伸肌

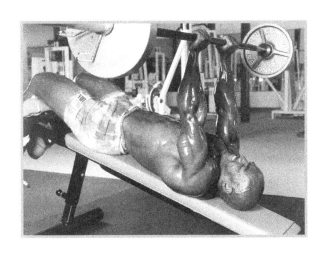

开始姿势

1. 使用正握姿势握住奥运杠铃
   （掌心朝下），双手距离小于
   肩宽。
2. 坐在下斜长凳的边缘，并将
   脚和脚踝固定在垫子下面。
3. 躺在下斜长凳上，同时将奥
   运杠铃置于模拟卧推动作的
   位置。
4. 当双臂伸直且掌心向上时，
   奥运杠铃就在眼睛正上方。

练习技巧

1. 保持上臂固定，慢慢弯曲
   肘部，并把杠铃降低到前
   额位置。
2. 一旦杠铃几乎碰到额头，
   就发动肱三头肌使手臂完
   全伸展。
3. 重复该动作，直到完成所
   要求的重复次数。

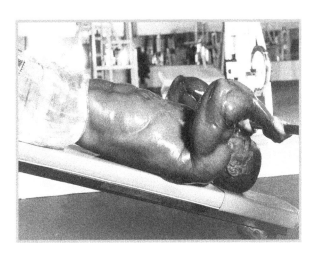

肱三头肌下压
（斜杆）

锻炼的主要肌肉　**锻炼的次要肌肉**

· 肱三头肌（外侧头　· 前臂伸肌
　和内侧头）
· 肘后肌

开始姿势

1. 将直角杆安装到高架滑轮上。
2. 保持膝盖稍微弯曲，背部挺直，双脚与肩同宽或前后错开。
3. 面对高架滑轮，使用正握姿势握住直角杆。
4. 将直角杆向下拉到足够远的位置，让上臂靠在躯干的两侧。
5. 肘部应该微曲。

练习技巧

1. 只移动前臂，慢慢地下压直角杆，直到手臂完全伸直。
2. 保持伸直姿势 1 ~ 2 秒，然后当下臂返回到起始位置时，保持抵抗。
3. 重复该动作，直到完成所要求的重复次数。

锻炼的主要肌肉	锻炼的次要肌肉
·肱三头肌（外侧头 和内侧头）	·三角肌前束 ·胸大肌（下胸部）

长凳之间的
臂屈伸

开始姿势

1. 站在距离大约 3 英尺（0.9 米）的两张长凳之间（根据个人身材而改变距离）。
2. 将双手放在一张长凳的边缘，双手与肩同宽，并将脚跟放在另一张长凳上。
3. 完全伸直手臂，保持这个姿势。
4. 在大腿上面放一个配重片，以制造额外的挑战。

练习技巧

1. 开始动作：慢慢地弯曲手臂，直到身体低于长凳。
2. 伸直手臂，慢慢推回到起始位置，并重复该动作，直到完成所要求的重复次数。

单臂拉力器肱三头肌伸展（反握）

锻炼的主要肌肉
· 肱三头肌（外侧头和长头）

锻炼的次要肌肉
· 前臂伸肌

开始姿势

1. 将吊环手柄安装在高架滑轮上。
2. 面对滑轮，右手用反握姿势握住手柄，后退至离滑轮约 1 英尺（0.3 米）处。
3. 将手柄向下拉到足够远的位置，让上臂牢牢靠在躯干的侧面。
4. 肘部应该弯曲。

练习技巧

1. 只移动前臂，慢慢地向后向下拉手柄，直到手臂完全伸直。
2. 保持完全伸直的姿势 1 ~ 2 秒，然后当前臂返回到起始位置时，保持抵抗。
3. 重复该动作，直到完成所要求的重复次数。
4. 用另一只手重复。

锻炼的主要肌肉	锻炼的次要肌肉
·肱三头肌	·前臂伸肌

头上绳索
肱三头肌伸展

开始姿势

1. 将绳索连接到高架滑轮。

2. 背对滑轮机站立。

3. 双脚前后错开（一条腿在另一条腿前），前脚平放在地板上。后脚弯曲，只有跖骨球接触地面。

4. 用正握姿势抓住绳子（掌心相对），并稍微向前弯腰。

5. 在开始姿势中，上臂要与耳线平行。

6. 肘部完全屈曲，绳子在脖子后面。

练习技巧

1. 开始动作：慢慢地伸展前臂。

2. 保持完全伸展的姿势 1 ~ 2 秒。

3. 慢慢地让手臂恢复到起始位置。

4. 重复该动作，直到完成所要求的重复次数。

5. 屈曲只发生在肘部——上臂保持不动。

215

坐姿单臂哑铃肱三头肌臂屈伸（中立式握法）

锻炼的主要肌肉

· 肱三头肌（内侧头和长头）
· 肘后肌

锻炼的次要肌肉

· 前臂伸肌
· 三角肌后束

开始姿势

1. 坐在一张平的长凳上，双脚平放在地板上。
2. 用正握姿势握住一个哑铃（在整个动作过程中掌心朝前）。
3. 双臂完全伸展，将哑铃举过头。

练习技巧

1. 降低哑铃，直到前臂平行于地板。
2. 此时，哑铃在颈后（完成动作）。
3. 在动作的最低位置不要晃动，慢慢地将哑铃伸展到起始位置。重复该动作，直到完成所要求的重复次数。
4. 换另一只手重复。

锻炼的主要肌肉	锻炼的次要肌肉
·肱三头肌	·背阔肌
·胸大肌（中胸部和下胸部）	·三角肌前束

窄握卧推
（奥运杠铃）

开始姿势

1. 躺在平的长凳上，背部紧紧靠在垫子上，双脚平放在地面。
2. 使用正握姿势抓住杠铃，双手距离约为两只大拇指的长度，从支架上举起杠铃。
3. 当抓住杠铃时，手臂应完全伸展，掌心朝前（不要锁紧）。

练习技巧

1. 弯曲肘部，将杠铃降低至胸部中点。
2. 不要让杠铃从胸部弹起，用肱三头肌将它推回到起始位置。
3. 重复该动作，直到完成所要求的重复次数。

前臂

　　有些健美运动员先天就有很好的前臂，甚至不需要直接训练该肌肉群。其他人则没有这么幸运：不管他们多么努力，他们从来不曾拥有很大的前臂。

优秀的职业和业余健美运动员都有着极好的前臂。如果你幸运地获得了最佳的遗传基因，有着非常发达的前臂，那真是太好了。如果你的前臂发育只是平均水平或低于平均水平，这里有一些提示：将前臂的练习留到锻炼的最后；每周训练前臂两三次；最后，努力训练前臂，并且不要气馁——进步会来得比较迟，但终究会来的。

锻炼的主要肌肉	锻炼的次要肌肉
·前臂屈肌	·腕屈肌

屈腕
（奥运杠铃）

开始姿势

1. 用反握姿势握住杠铃（掌心朝上），坐在水平长凳的一端。
2. 双脚平放在地板上，大约与肩同宽或稍宽一点。
3. 躯干向前倾斜，将前臂放在大腿上，手腕和手悬在膝盖外面。
4. 降低杠铃，直到杠铃滚到手指上。

练习技巧

1. 使用前臂肌肉，弯曲手指并将手腕屈曲到尽可能高的位置，从而提高杠铃。
2. 慢慢地将杠铃降低到起始位置。重复该动作，直到完成所要求的重复次数。

腕伸展

（奥运杠铃）

锻炼的主要肌肉	锻炼的次要肌肉
·前臂伸肌	·腕伸肌

开始姿势

1. 用正握姿势握住杠铃（掌心朝下），坐在水平长凳的一端。
2. 双脚平放在地板上，双脚距离略小于肩宽。
3. 躯干向前倾斜，将前臂放在大腿上，手腕和手悬在膝盖外面。
4. 降低杠铃，直到杠铃滚到手指上。

练习技巧

1. 使用前臂肌肉，将手腕伸展到尽可能高的位置，从而提高杠铃。
2. 慢慢地将杠铃降低到起始位置。重复该动作，直到完成所要求的重复次数。

第四部分

训练的六个阶段

解剖学适应（AA） **12**

大多数入门级健美运动员和力量训练者在开始严格的训练计划时都还没有让身体为高强度的负荷要求做好准备。许多时候，这种严格的训练计划会首先着重于增加肌肉尺寸（肥大），或通过使用重负荷来增加肌肉密度和力量。然而，我们建议在最初几周使用自重练习。如标准俯卧撑、长凳之间的俯卧撑、双杠臂屈伸（无负重）、前引体向上、反握同肩宽引体向上、长凳之间的肱三头肌臂屈伸（无负重）、悬垂抬腿、腹部收缩、靠墙深蹲和弓步等练习帮助运动员适应未来的负荷要求，并在引入重负荷训练阶段之前改进其举重技术。

运动员需要时间逐步适应更苛刻和新的训练刺激，避免在训练过程中受伤。他们必须为艰苦的训练做好解剖学准备（肌肉、韧带和肌腱）；他们必须明白，严格的训练对肌肉、韧带和肌腱会造成很大的压力，可能会导致受伤。因此，长时间中断

参与 AA 训练帮助肌肉、韧带和肌腱逐渐适应，以应对在高强度训练阶段对身体的锻炼负荷要求。

后的训练计划必须从解剖学适应（AA）开始。6 ～ 12 周的渐进性训练可以激活身体的主要部位，有助于为更难的训练计划打下基础。

以下是 AA 训练范围的特征：

· 激活身体的所有肌肉、韧带和肌腱，让它们更好地应付后续训练阶段的重负荷。
· 使所有的身体部分达到平衡，也就是说，开始发展以前忽视了的肌肉或身体部位，并恢复对称性。
· 通过对重负荷的逐步适应来防止受伤。
· 逐渐增强运动员的心肺能力。

持续时间和频率

入门级健美运动员和力量训练者需要 6 ～ 12 周才能让其肌肉、韧带和肌腱逐渐适应。虽然 AA 训练并不是高强度，但有些初学者可能会获得肌肉增大的效果。6 ～ 12 周的 AA 阶段让初学者有机会使用自重练习。完成此阶段后，入门级健美运动员和力量训练者可以继续执行在本章后面对后续阶段所设计的练习。

对于已训练了 2 ～ 3 年的业余健美运动员和力量训练者，6 周的 AA 训练就足够了。高级的健美运动员和力量训练者可以结合 3 ～ 6 周的 AA 训练阶段，为即将到来的高强度训练要求做好准备。各水平运动员的关键要素都是先完成 AA 阶段，让精神和身体都做好准备，再进入高强度训练阶段（肌肥大和最大负荷训练）。

训练频率取决于举重者的训练背景和对训练的全面投入。预期入门级和业余健美运动员每周将要进行 2 ～ 3 节训练课，而每周 4 ～ 5 节训练课则适合于高级和精英健美运动员。

强壮的肌腱和韧带是建立大肌肉量的基础。

训练方法

如前所述，AA 阶段的目的是让身体逐渐适应锻炼——发展肌肉及其对骨骼的附着能力。AA 阶段的最佳训练方法是循环训练（CT），主要是因为它交替针对不同肌肉群练习，并涉及大部分或全部的身体部位和肌肉。

循环训练的第一个变体是由利兹大学（Leeds University）的摩根（Morgan）和亚当森（Adamson）提出的（1959），并被用作发展大众健康的方法。最初，CT 使用排列成一个圆圈的训练环节，并因此被命名为循环训练（circuit training）。练习的安排目的是按不同训练环节要求不断交替使用不同的肌肉群。

自重练习是 AA 训练的完美选择。

有多种练习适用于 CT 计划，包括使用人的自身体重的练习（如臂屈伸和引体向上）和需要哑铃、杠铃或力量训练器械的练习（如腿伸展和卧推）。选择交替锻炼肌肉群的 CT 练习，从而促进更好更快的站间恢复。训练站之间的休息间隔（RI）应为 60 ~ 90 秒，循环之间的 RI 为 1 ~ 3 分钟。

循环可能会重复多次，具体取决于所涉及的练习数量、每个环节的重复次数、使用的负荷以及个人的锻炼承受能力和体能水平。大多数健身房提供许多不同的器械，因此有可能设计出涉及大多数或所有肌肉群的循环训练，并不断挑战运动员的技能，保持其兴趣。

针对那些既想通过力量训练更好地完成 AA 阶段，又想打好心肺功能基础的人，我们提供以下组合：

1. 10 ~ 15 分钟的心肺功能练习；

2. 3 次或 4 次力量训练练习；

3. 10 分钟的心肺功能练习；

4. 3 次或 4 次力量训练练习；

5. 10 分钟的心肺功能练习。

这样的训练方案可以持续 45 ~ 60 分钟。为了持续更长的时间，你可以重复整个循环，也可以再添加由 3 个或 4 个练习组成的一个环节，最后以更多的心肺功能锻炼结束。

训练方案设计

从第一周的训练开始，运动员就必须根据客观的数据来规划锻炼。这意味着至少要针对主要练习的肌肉或主动肌测试 1RM，以便客观地根据最大负荷的百分比来计算训练负荷（有关详细信息，请参阅第 3 章和附录 C）。

> **适应提示**
>
> 抵制增加负荷的诱惑。在下一阶段将有足够的时间来增加负荷。记住，即使肌肉感觉好像已经适应了，但肌腱和韧带需要更多的时间。

在最初的一两周内感觉到肌肉酸痛和疲劳是很正常的，过去不太活跃的人尤其如此。一旦肌肉习惯于再次锻炼，这些问题就会迅速消失。随着继续执行训练方案，你将开始感觉良好，并且觉得很容易完成训练！最好的选择就是按照原计划继续训练。

表 12.1 中的指引可以帮助你创建自己的 AA 阶段。每个循环对体能的总体要求必须分别逐步增加。图 12.1 显示了新手和经验丰富的健美运动员的负荷模式之间的区别。由于入门级健美运动员需要更长时间去逐渐适应，因此他们的负荷在两周（两个微循环）内保持不变，之后再提高要求。经验丰富的健美运动员可以每个微循环都改变负荷。创建自己的计划时，请

表 12.1　AA 阶段的训练指引

	健美运动员的级别		
	入门级	业余级	高级
AA 阶段的持续时间（周）	6 ~ 12	6	3 ~ 6
训练站的数量	9 ~ 12	9	9
组数或训练课的节数	2	3	3 ~ 4
组间 RI（分钟）	2 ~ 3	2	2
频率 / 周	2 ~ 3	3 ~ 4	3 ~ 5
有氧训练课 / 周	1	1 ~ 2	2

（表格来源：Bompa 1996.）

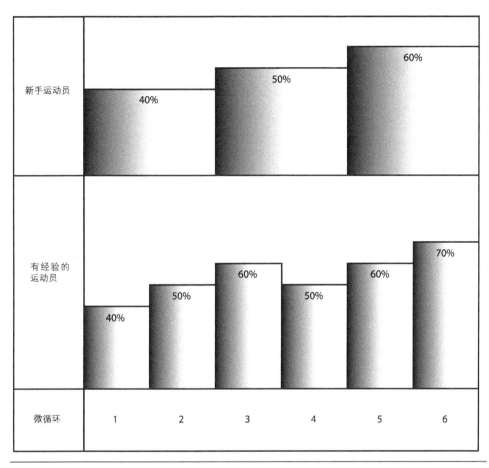

图 12.1 分别针对新手和有经验的健美运动员和力量训练者循环训练的建议负荷增量模式
（图片来源：Bompa 1996.）

遵循这些指引。为了更好地监控训练进度，并且能够不断地计算负荷，我们建议在第 1 周和第 4 周开始时测试 1RM，并在下一个训练阶段的第 1 周开始时测试 1RM。在 AA 阶段结束时，负荷所达到的最大值百分比让你可以立即过渡到肌肥大阶段（见第 13 章）。

　　表 12.2 至表 12.5 提供了几种类型的 AA 训练方案。在执行每个表中的循环时，请按照从上到下的顺序执行练习，在换到下一个训练环节之前，只执行 1 组。这种方法有助于每个肌肉群的恢复，因为各肌肉群是不断轮流工作的。然而，如果太多的健美运动员正在轮候相同的器械，或者你必须等太久才可以做下一环节练习，则在本训练环节完成所有的组之后再换到下一个训练站。如果每节训练课都在执行大量练习，则可以遵循每隔一天训练相同肌肉群的分组程序。如果执行少量练习，就可以在一天内执行所有练习，并在每周训练中重复多次。

以下提示将帮助你正确执行 AA 阶段：

- 根据健美运动员或力量训练者的水平，使用以下指引创建 AA 计划，例如组数或训练课节数、负荷增量、组间休息间隔、每周训练课的频率，以及 AA 阶段的总时间长度。
- 听从身体发出的信号，让自己身心都为高强度训练做好准备，避免不必要的伤害。
- 根据表 12.2 至表 12.5 中列出的练习方案示例，选择可以锻炼每个身体部位的各种练习。
- 做 20 ~ 25 分钟的有氧锻炼，作为热身的一部分。
- 在第 1 周的开始以及第 4 周和第 7 周（下一个阶段的第 1 周）结束时测试 1RM。
- 在 6 周中逐渐增加负荷：增加负荷并增加更多的组数和重复次数。
- 对于腘绳肌，要从较低的负荷开始，并使用较慢的进程，因为腘绳肌较容易受伤。对腘绳肌的训练要放缓节奏！

表 12.2　业余健美运动员和力量训练者的 6 周 AA 阶段

编号	练习	第 1 周	第 2 周	第 3 周	第 4 周	第 5 周	第 6 周
1	腿伸展	40/15 × 3	50/12 × 3	60/8 × 3	50/15 × 4	60/12 × 4	70/10 × 4
2	平卧推	40/15 × 3	50/12 × 3	60/8 × 3	50/15 × 4	60/12 × 4	70/10 × 4
3	坐姿滑轮划船	40/15 × 3	50/12 × 3	60/8 × 3	50/15 × 4	60/12 × 4	70/10 × 4
4	背部伸展	40/15 × 3	50/12 × 3	60/8 × 3	50/15 × 4	60/12 × 4	70/10 × 4
5	站姿屈腿	40/12 × 3	40/15 × 3	50/12 × 3	40/15 × 4	50/12 × 4	50/12 × 4
6	驴式提踵	40/15 × 3	50/12 × 3	60/8 × 3	50/15 × 4	60/12 × 4	70/10 × 4
7	诺德士卷腹	3 × 12	3 × 15	3 × 15	4 × 12	4 × 15	4 × 15

注：除上述练习以外，还可以根据自己的需要、个人发展，以及平衡肌肉或身体部位的愿望来选择其他练习。信息提供的格式：负荷/重复次数 × 组数。所以，40/15 × 3 指的是在等于 1RM 的 40% 的负荷下做 3 组，每组重复 15 次。

表 12.3　高级和业余的健美运动员和力量训练者的 3 周 AA 阶段

编号	练习	第 1 周	第 2 周	第 3 周
1	卧推	50/15 × 3	60/12 × 4	70/10 × 4
2	腿伸展	50/15 × 3	60/12 × 4	70/10 × 4
3	屈腿	40/8 × 3	50/10 × 3	60/12 × 4
4	站姿提踵	50/15 × 3	60/12 × 4	70/10 × 4
5	滑轮下拉	50/15 × 3	60/12 × 4	70/10 × 4
6	牧师椅弯举	50/15 × 3	60/12 × 4	70/10 × 4
7	硬推	50/15 × 3	60/12 × 4	70/10 × 4
8	腹部收缩	至最大限度的力竭		
9	背部伸展	至最大限度的力竭		

注：根据自己的需要添加或更改练习。信息提供的格式：负荷/重复次数 × 组数。所以，50/15 × 3 指的是在等于 1RM 的 50% 的负荷下做 3 组，每组重复 15 次。

表 12.4 入门级或业余健美运动员和力量训练者的 6 周 AA 阶段，含力量和心肺功能练习

编号	练习	第 1 周	第 2 周	第 3 周	第 4 周	第 5 周	第 6 周
1	心肺功能（分钟）	10	10	10	15	15	15
2	腿伸展	40/15	40/15	50/12	50/12	60/10	60/12
3	平卧推	40/15	40/15	50/12	50/12	60/10	60/12
4	牧师椅弯举	40/15	40/15	50/12	50/12	60/10	60/12
5	心肺功能（分钟）	10	10	10	10	10	10
6	背部伸展	到微感力竭					
7	站姿提踵	40/15	50/15	50/18	60/15	60/18	60/20
8	屈腿	40/10	40/12	50/12	50/15	60/12	60/15
9	心肺功能（分钟）	10	10	10	15	15	15

注：信息提供的格式：负荷 / 重复次数。所以，40/15 指的是在等于 1RM 的 40% 的负荷下做 15 次重复。连续执行前 5 个练习，中间不休息。休息 1 分钟，做平衡（练习 6 ~ 9）。因为你刚刚完成整个循环，休息 2 分钟。尝试完成第二个循环，特别是在达到了适当的适应水平之后。

表 12.5 高级健美运动员和力量训练者的 3 周 AA 阶段，含力量和心肺功能练习

编号	练习	第 1 周	第 2 周	第 3 周
1	心肺功能（分钟）	10	12	15
2	卧推	50/12	60/12	70/10
3	腿伸展	50/12	60/12	70/10
4	屈腿	50/8	60/10	60/12
5	滑轮下拉	50/10	60/12	70/8-10
6	心肺功能（分钟）	10	10	10
7	硬推	50/12	60/12	70/12
8	牧师椅弯举	50/15	60/12	70/12
9	腹部收缩	至最大限度的力竭		
10	背部伸展	至最大限度的力竭		
11	心肺功能（分钟）	10	12	15

注：你可以根据需要更改一些练习。信息提供的格式：负荷 / 重复次数。所以，50/12 指的是在等于 1RM 的 50% 的负荷下做 12 次重复。从上到下连续执行循环，中间不休息。训练站之间没有 RI。在完成整个循环后休息 2 分钟。重复循环一次。

营养

我们假设你在这个阶段开始代谢饮食。真实情况可能不一定如此，但对于想要遵循我们的周期化计划的任何人来说，这是最合理的。

在代谢饮食的大部分时间中，你不会经常觉得自己要限制摄入的热量，包括 AA 阶段。事实上，有些人觉得自己很难摄取足够的热量，特别是在肌肥大阶段。即使

了解营养是莎伦·布鲁诺的强项之一，她获得了肌肉发达且对称的身材。

在其他阶段，许多运动员也会发现，由于增加了训练和练习，他们可以摄取大量的食物，而不会产生任何负面的后果。通常需要逐渐减少热量的唯一阶段就是肌肉线条阶段。

开始的时候，你应该逐渐转变饮食。不要直接跳到低热量水平。你可能会感觉到疲劳和不适，这通常就是因为缺少食物，而不是缺少碳水化合物。如果这种不适部分源于实际的代谢转换，那么，你的饥饿感会让它变得更加复杂。有时宏量营养素摄入量的大幅改变会让人觉得臃肿，或便秘和腹泻，我们也不希望你出现这种情况。节食本身往往会影响肠道，并且可以加深由于开始代谢饮食而发生的任何影响。

在这种饮食中的每日热量（卡）起点应该是体重（磅）的 18 倍。如果你的体重是 200 磅（91 千克），那么在代谢饮食的平日部分，每天需要的热量为 200 乘以 18，即 3 600 卡。这个摄入量会产生一个静态阶段，你会减掉一些身体脂肪，增加一些肌肉质量，并保持大致相同的体重。在这个阶段，你将会在一定程度上改变内部肌肉的比例，但是你的主要目的是让身体通过最简单的途径适应这种饮食。

当你继续停留在此阶段时，应该尝试使用此公式来找到需要保持的精确热量水平。这将让你知道什么时候需要添加或减去热量，以便调整饮食的其他部分。记 2 ~ 3 天的饮食日记，然后请具备饮食专业知识的人来看一下，这也不失为一个好主意。这样，你将获得对你最佳的数值和食物量，并精确确定你需要维持的水平。

代谢饮食的其中一个结果是：肠道必须重新调整，适应大量的肉食；并且由于脂肪可以充当大便软化剂，你可能会出现腹泻。你需要用纤维补剂来让大便变硬一点（参阅下一节的补剂说明）。饮食的大幅变化也可能导致便秘。我们发现，在开始代谢饮食的人中所出现的大多数问题都源于他们未能摄取必要的纤维来软化粪便或将加工食品推过排泄道。你也许只吃麸皮就不会出现便秘，但是很有可能你需要补剂才可以避免在这段时间出现不适。

有些健美运动员发现，在中午时吃高纤维膳食就可以提供足够的纤维。例如，用烤鸡肉做的一份凯撒沙拉可以提供约 8 克碳水化合物和 3.9 克纤维，只要严格遵守总体的碳水化合物限制，就不应该出现任何问题，特别是在坚持这种饮食一段时间之后。

避免隐藏的碳水化合物

在超市货架上能找到的所有东西几乎都隐藏着精练的碳水化合物，如果你还记得这一点，AA阶段将会更顺利，你将更快地适应。调味料、番茄酱、芥末、沙拉酱、坚果、烧烤酱、沾滚上面包屑的油炸肉或加工过的肉、用咖啡豆磨制的咖啡，还有香肠都可能会带来问题。这些食物以隐藏着碳水化合物而闻名，必须通过查阅标签来了解自己到底吃的是什么。

同样，餐馆有时会在烹调蔬菜时加点糖。我们的社会爱吃甜食，你在每一个转角都会遇到甜食。在这个起步阶段，你必须特别小心，当你习惯了这种饮食，就会了解到具体问题的所在。

不要混合饮食方法

你可能会非常想混合不同的饮食方法，将代谢饮食与其他饮食的一部分相结合，如高碳水化合物或低脂肪饮食。请抵制这种诱惑！许多人想坚持代谢饮食，但又想尝试仍旧做原来的高碳水化合物主人。他们吃肉，但都是鱼、鸡和火鸡，虽然这些食物可能相当有营养也有益，但在代谢饮食中，也不能用它们来完全替代红肉。否则他们就会没有足够的脂肪。

只吃火鸡、鸡和鱼的这种方法最终就变成高蛋白、低碳水化合物、低脂肪的饮食。除了比代谢饮食更难坚持以外，这种饮食不会提供你希望从代谢饮食中获得的优势。你不会燃烧掉本应要燃烧的脂肪，不会获得能量，也不会建立肌肉量。

你需要一些红肉，越多越好。你需要它提供的脂肪。你需要用其他脂肪补充自己的饮食，如在亚麻油和鱼油中发现的健康的 ω–3 脂肪酸。不要通过尝试避开脂肪来欺骗自己

纳尔逊·达·席尔瓦演示了当饮食、补剂和训练完美结合时的结果。

（并且务必不要减少健康的必需脂肪酸），因为许多人在坚持低脂肪饮食的时候都受到一些误导，社会中某些群体将肉类称为某种怪物。当然，这不是真的。

补剂

在解剖学适应阶段，应该集中精力完成代谢转变，其他一切基本上保持不变。除了纤维补剂，也许还有每天的维生素和矿物质片剂以外，在这个阶段通常不需要任何其他东西。如果你习惯于定期服用某些补剂，你可能应该继续这样做。这个阶段旨在让你进入代谢饮食，并完成从使用碳水化合物到使用脂肪作为主要燃料的重要转变——因此，最好专注于完成这一转变，并将其他变化保持在最低水平。

如前所述，你在 AA 阶段可能需要纤维补剂。我们为代谢饮食制定的营养补剂产品线包括 Regulate，这是一款多成分低碳水化合物补剂（没有纤维被吸收），旨在调节肠道并保持整个排泄道的健康。Regulate 是天然可溶性和不溶性纤维的有效混合物，用于处理偶尔的便秘和频繁排便。Regulate 中包含的多种可溶性纤维及其他混合物也可用于让胆固醇水平继续维持在正常范围内，保护心脏健康，并提高天然胰岛素敏感性。

如果你使用普通的市售纤维产品，请在购买前检查包装上标示的碳水化合物数量——此类产品经常会加入精制碳水化合物，使其口感更好。你可能需要在最初几个星期至一个月的饮食中吃纤维补剂。在大多数情况下，身体将在这段时间内或至少在几个月内完全适应代谢饮食。如果未能适应，最好定期或按需要继续吃纤维补充剂。

你在 AA 阶段可以使用的其他补剂产品包括 MVM、Antiox 和 EFA+。MVM 是一款多种维生素和矿物质配方，可为身体的保养、恢复和修复过程提供营养补充。Antiox 是一种为身体所有组织（包括肌肉骨骼系统和肝脏）提供抗氧化保护的配方。EFA+ 对于在训练过程中最大化脂肪燃烧活动并优化激素生成和胰岛素代谢至关重要。此外，如果很难适应低碳水化合物，那么在调整碳水化合物水平之前，请尝试使用 Metabolic Diet 的 Creatine Advantage 产品来帮助你度过艰难的时段。

肥大（H）13

第 2 章的标准周期化模型（图 2.1，第 19 页）要求两个为期 6 周的肥厚阶段（H1 和 H2），以提供足够的时间来满足增大肌肉和优化肌肉的需求。在这两个 H 阶段之间，我们建议为期 1 周的过渡阶段，过渡阶段中的训练量和训练强度都大幅降低。这一周的低强度训练有助于消除在第一个 H 阶段积累的疲劳，并使身体有机会在开始下一个 H 阶段之前完全补充能量储备。在基本的周期化模型的所有训练阶段之间都规定了类似的短期过渡阶段。

以下是 H 训练范围的特征。

· 通过不断消耗 ATP-PC 储备，将肌肉增大到所需的水平。
· 完善身体的所有肌肉群。
· 改善身体的所有肌肉之间的比例，特别是手臂和腿部、背部和胸部、腿部屈肌和伸肌之间的比例。

持续时间

H 训练的持续时间取决于几个因素，包括运动员的级别、训练背景、具体的身体目标（例如，增大肌肉的大小与密度，或者肌肉线条）以及所遵循的周期化类型。（有关定制周期化计划的信息，请参阅第 3 章。）为了在肌肉尺寸方面取得实质性的进步，运动员应该计划一个或两个为期 6 周的 H 阶段。在此期间，运动员必须运用最适合自己的训练方法。他们应该谨慎选择训练方法的变化（见本章后面的内容），以实现其计划的训练目标。

训练方法

健美的主要目标是在肌肉中激发大量发展肌肉量所需的化学变化。不幸的是，有些健美运动员的肌肉尺寸增加通常是由于肌肉内的体液和血浆增加，而不是由于肌肉纤维（肌球蛋白丝）内的收缩单元增大。换句话说，肌肉的增大可能是由于体液向工作肌肉移动，而不是肌肉纤维尺寸的实际增加。这就是为什么有些健美运动员的力量与其体型并不总是成正比——可以通过应用周期化训练的概念来纠正这个问题。

肌肥大训练使用次最大负荷，以避免激发肌肉内的最大张力。使用次最大负荷的训练目标是收缩肌肉至力竭，以动员所有 肌纤维。随着"不断重复"至力竭，被动员的肌纤维增加：由于一些纤维开始疲劳，其他纤维开始发挥功能，如此直至力竭。

为了达到最佳的训练效果，运动员必须在每组练习中执行尽可能多次重复。健美运动员应始终保持局部肌肉力竭状态，这让他们即使在使出最大力量时也无法再执行一次重复。如果每个组都没有重复至力竭，肌肉肥大就不会达到预期水平，因为第一次重复不会产生增加肌肉量所需的刺激。肥大训练的关键因素是在完成总组数后的累积效应，而不仅仅是每组都力竭。这种累积疲劳会刺激促进最佳肌肉肥大的化学反应和蛋白质代谢。

健美和肥大训练主要使用特定厌氧系统的燃料（ATP-PC）。训练应设计为耗尽或大量减少这种能源储备，从而威胁到工作肌肉的可用能量。如果要促进肌肥大，组间 RI 可能是最重要的训练因素。RI 的效果必须是让身体在每一组之后以及在锻炼结束时达到力竭。按照阶梯式负荷方法，必须在第 2 步和第 3 步（尤其是第 3 步）中安排这种力竭训练日（图 3.5 至图 3.7，第 39 和 40 页）。

肥大方法的有用提示

即使采用分组程序方法，对于每节训练课可能执行 75 ～ 160 次重复的人来说，肥大锻炼也是让人非常疲惫的。如此高的肌肉负荷要求在训练课之后有很长的恢复期。特定于这一阶段的训练类型在苛刻的训练课中耗尽大部分（如果不是全部）ATP-PC 和糖原储存。

记住，虽然 ATP-PC 恢复非常快，但耗尽的肝糖原需要 46 ～ 48 小时才能补充。因此，合理的做法是，每个微循环中执行至完全力竭的高强度肥大锻炼不超过 3 次，最好安排在第 2 步和第 3 步中，在 4 步的负荷模中，最好是安排在第 3 步中进行。

持续的力竭式训练会耗尽身体的能量储备并加速收缩蛋白（肌球蛋白）的分解。这种过载的不良后果可能是让参与的肌肉不再增大。也许我们应该把古老的格言改成"太多的疼痛，没有收获！"如果已经使用了过载技巧，帮帮你的身体，尝试使用阶梯式负荷方法，并观察身体的变化。另外，一定要在每个微循环内交替强度。你的身体会对适当的负荷和再生序列做出很好的反应。

这种耗尽可以通过更短的组间 RI（30 ~ 45 秒）来实现；当身体的休息时间有限时，肌肉恢复 ATP-PC 能量储备的时间就更少。由于一组力竭练习会耗尽 ATP-PC 储备，而短暂的 RI 不能完全恢复它，身体被迫通过增强能量传输能力来适应这种情况，从而刺激肌肉生长。

训练方法的变化

因为重复至力竭代表了健美和力量训练的主要成功元素，本节会介绍原始方法的几种变化。每种变化都有相同的目标——在你达到力竭之后再执行 2 次或 3 次重复。结果是增加肌肉生长和肥大。

辅助重复 辅助重复是在力竭后完成更多重复次数的一种方式。在执行一组练习，让神经肌肉系统临时力竭后，训练伙伴将给予足够的支持，使你能够再执行 2 ~ 3 次重复。

阻力重复 一旦执行至临时力竭，训练伙伴可以帮助你再执行 2 ~ 3 次向心重复，（注：我的理解是离心部分提供阻力，防止因为力竭无法控制杠铃而导致的受伤。）因此该术语为阻力重复。在这 2 次或 3 次重复中，应该使收缩的离心部分为向心部分的 2 倍时长，从而使肌肉过载超出标准水平。

请注意，活动肌纤维保持紧张的时间越长，神经越紧张，能量消耗越大。如果正常的收缩时间长度为 2 ~ 4 秒，则在抵抗阻力时执行的重复可以长达 6 ~ 8 秒，多消耗 20% ~ 40% 的能量。肌肉保持紧张的时间越长，肌肉代谢的活动越强烈，刺激肌肉生长达到更高水平。

欺骗重复 在没有保护者的情况下，运动员通常使用这种技巧。当不能在整个活动范围内以正确姿势再执行一次重复时，通过将身体的另一部分猛然拉向执行肢体来辅助动作。例如，执行肘屈曲练习至力竭，然后将躯干猛然拉向前臂，从而"欺骗"身体，让身体认为执行了额外的重复。这使得疲惫的肌肉可以保持至关重要的紧张。这种方法仅限于某些肢体和练习，只能由具有良好训练基础的运动员进行尝试。

特雷弗·巴特勒执行欺骗重复。

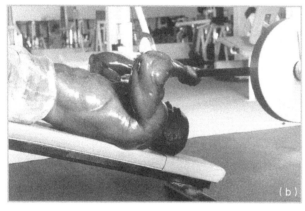

卫斯理·穆罕默德（Wesley Mohammed）执行一个超级组练习：
（a）肱二头肌牧师椅弯举，紧随其后是（b）下斜肱三头肌伸展。

超级组 对于超级组，你可以为给定关节的主动肌执行一组练习，然后不休息，立即为拮抗肌执行一组练习。例如，先做一组肘屈曲或肱二头肌牧师椅弯举，然后立即做一组肘伸展或下斜肱三头肌伸展。

超级组的变化：执行一组至力竭，并且在20～30秒后，对同一肌群再执行一组。例如，执行肱三头肌伸展，然后做臂屈伸。当然，由于力竭，你可能无法在第二组中执行与第一组相同次数的重复。

等速方法

术语等速（isokinetic）意味着"等动力"或"在整个动作范围内用相同的运动速度"。在特殊设计的器械上进行等动训练，这些器械在收缩的向心部分和离心部分为肌肉提供相同的阻力。这为所涉及的肌肉提供了最大的激活。在这种训练中，训练速度非常重要。以较慢的速度进行训练似乎增加了收缩力量，而且也只能以较慢的速度进行，而主要的收获往往是肌肉肥大。

另一方面，以较快的速度进行训练可能会带来最大力量的好处。更先进的计算机化器械让运动员可以选择并设置所需的训练速度。这些器械通常用作测量力量的装置。

等速器械提供了几个主要好处。

· 它提供了一种安全的训练方式，因此适合年龄较小的入门级运动员。
· 如果以较慢的速度执行练习，在收缩的向心和离心部分可以实现最大阻力，从而有助于肌肉肥大。
· 当总体力量发展和肌肉附着适应是训练的主要目的时，它非常适合于AA阶段。

- 以较高的速度执行练习时，它有助于增强最大力量。
- 它有助于受伤运动员的康复。

慢速或超慢速训练

虽然健美运动员多年以来一直成功地使用慢速训练体系，但其有效性的证据主要还是传闻。据推测，慢收缩产生作用的原因很简单，它导致肌肉高度紧张，从而增加肌肉肥大和力量。

无论使用递减组还是任何其他变化，慢收缩或超慢收缩的支持者均建议向心收缩的持续时间是离心阶段的时间长度的一半。例如：在95%的1RM，离心用4秒，向心只用2秒。对于较低负荷的情况，建议使用相同的比例：在70%的1RM，离心用6秒，向心只用3秒。有些"专家"，特别是一些自称互联网大师的人，提出了几乎相反的建议：提升负重（向心）用10秒，降低负重（离心）用5～10秒。

重要的是向心和离心收缩的肌紧张度都很高，并且时间被延长。只要一直保持高度紧张且时间足够长，用多少秒钟来降低或举起杠铃并不是什么神奇的私密。然而，请注意，离心阶段产生的肌紧张度低于向心阶段（使用相同的负荷），因为肌肉需要收缩更少的纤维来降低杠铃。因此，为了产生相似的紧张度，离心阶段必须时间更长（长达向心收缩时间的2倍），或者必须增加负荷以产生相等的紧张度（即增加约20%的重量）。

常见的误解

许多互联网出版物、健美书，特别是一些杂志，都充斥着各种误解，它们通常提供一些声称保证会发生奇迹的方法。请小心分辨现实与幻想之间的分界线。下面是一些常见的误解。

- 慢动作让力量变小，并且是受伤的首要原因。实际上，缓慢的收缩会增加肌肉紧张度，在更长的收缩时间里保持肌球蛋白和肌动蛋白的耦合，并导致力量和肌肉大小的增加。此外，由于在慢速收缩动作中更容易控制练习的姿势或技术，因此它们比力度变化的动作更安全。这个规则有一个例外，就是当肌肉达到力竭状态的时候。在这种情况下，技术控制更加困难，运动员需要一位保护者的协助来防止发生问题。
- 肌肉在有限的时间内越疲劳，练习的强度越大。在运动科学中，强度指的是在训练中使用的负荷，这是用1RM（或100%）进行计算的。负荷越高，强度越高（生理和心理都是如此）。显然，一些互联网作家混淆了强度与训练要求的概念。
- 应避免组间休息间隔。执行递减组时，负荷降低，中间不休息，这或许是可以接受的,但是这也是有局限的。例如:两组练习,每组两三次重复,使用95%的1RM,然后两组练习,每组三四次重复,使用90%的1RM,然后两组练习,每组8～10次重复,使用80%的1RM,最后两组练习,每组12～15次重复,使用70%的1RM。考虑这个错误的陈述,就很容易理解为什么许多健美运动员总是处于过度训练状态。这种理论的追随者的身心都会疲惫不堪。

· 高级训练者通常需要在锻炼之后休息7天以上。首先,48小时足以完成蛋白质合成,这意味着肌肉已准备好进行下一次锻炼。其次,每7天才锻炼一次肌肉群,可能会妨碍肌肉适应的某些要素,并且在恢复训练时会导致肌肉损伤和酸痛。

高强度训练

高强度训练(HIT)体系遵循如渐进、过载(即逐步增加负荷)、正确的技术、多关节练习、超慢速训练、先衰竭训练法、递减组等传统的健美训练原则,使用全活动范围(ROM),8～12次重复,并且没有分组程序。但是,HIT的倡导者提出了关于训练的一些误解。例如,他们建议训练时间应该较短(不到一个小时)。对于那些无法承受较长训练时间的人来说,这是适合的。比如业余健美运动员或力量健身迷,但对于经常进行多组练习的精英运动员来说,这未必正确。他们根本不可能在不到一个小时内完成完整的锻炼。以下是有关HIT训练的其他误解:

已故的安德烈亚斯·芒泽(Andreas Munzer)在进行高强度训练。

· 当你变得更强壮时,你对高强度训练的耐受力就会降低。这种说法与运动科学有很大的矛盾,运动科学已证明训练有素的运动员对于高强度的承受能力很强。许多健美运动员和多种其他运动项目的运动员通常每天训练两三次,完全没有问题。这是可能的,原因很简单:他们能很好地适应高训练强度和大训练量(数量)。在一些方案中,特别是周期化体系中,训练强度在一周内不断变化,但高强度是普遍的训练标准。以很多奥运举重运动员和田径运动员遵循的方案为例:他们经常每天训练两次以上,每周6天,主要是高强度训练。

· 初学者应该每次做16～20组训练,而高级运动员应该只做8～12组训练。现实恰恰相反。初学者既没有能力,也不适应与高级运动员同样的大训练量和高强度。

因此，初学者应该从执行较少的重复次数开始，然后逐渐升级到更高强度的更多次重复。

· 初学者应每周训练 3 次，高级健美运动员只需 1 次。这是另一个谬误。在描述超慢收缩训练的章节中会简要讨论这个理论。一些 HIT 倡导者认为周期化体系没有效果，但真正的问题可能是他们没有完全理解周期化。

人工阻力

人工阻力，是指使用由训练伙伴提供的阻力。对于还没有准备好进行强化训练的儿童，这种方法可能是可取的。但是，请注意，训练伙伴所提供的阻力可以匹配或略高于执行训练者的力量的唯一肌肉群是三角肌。训练者身体的所有其他肌肉群都将很容易地克服训练伙伴所提供的抵抗力。因此，由于阻力较小，力量的增幅也只能较小。在 20 世纪 50 年代的东欧，人工方法被尝试过很短的时间；结论是，它最适合年轻人和入门级健美运动员。

方案设计

与任何新的训练阶段一样，H 训练应从 1RM 测试开始。测试必须在第一周的下半周进行，因为这是阶梯式负荷模式中最低强度的一周。如果在上半周执行，运动员会因之前的高强度周而略显疲劳。短暂的延迟以确保疲劳不会影响测量的准确性。表 13.1 列出了肥大阶段的训练指引。

H 训练的主要目标之一是始终训练所有的肌肉群，以达到最终对称的体型。然而，有两个肌肉群应该给予更多的建议：腘绳肌和小腿。

表 13.1　H1 和 H2 阶段的训练指引

	健美运动员的级别			
	入门级	业余	高级	专业级
H 阶段持续时间（周）	6	3～6	3～6	12
重复次数 / 组	6～12	9～12	9～12	9～12
组数 / 练习	2～3	4～5	4～5	3～7
组间 RI（秒）	60～120	45～60	45～60	30～45
锻炼次数 / 周	2～3	3～5	4～5	5～6
有氧训练课 / 周	1	1	1～2	2～3

腘绳肌 腘绳肌通常被忽视，并且在许多情况下与股四头肌的发展不成比例。在规划自己的方案时，请记住这一点。此外，腘绳肌练习使用的负荷方式通常与对待其他肌肉的方式无异，但大多数肌肉拉伤和受伤都发生在腘绳肌中。在冲刺中，腘绳肌被称为"紧张"的肌肉，因为它们每平方英寸的神经终板比股四头肌和许多其他肌肉都要多很多。我们建议腘绳肌的负荷比股四头肌的负荷低 10% ~ 20%。对腘绳肌的锻炼要慢，要谨慎！

小腿 这些肌肉和股四头肌一起支持人体的站立或行走姿势。由于受到不断的低水平刺激，它们的慢肌纤维比例（76%）高于快肌纤维比例（24%），从而具有生物学适应性。因此，与大多数其他肌肉群相比，相同刺激对小腿肌肉增长效果不明显。在传统的健美和力量训练方案中，对小腿使用的负荷和 RI 与其他肌肉相同，而小腿的特殊生理组成使它们不能对此做出较好的反应。

因为小腿的毛细血管比例高于其他肌肉的毛细血管比例，所以小腿能够比其他肌肉更快地补充能量需求（ATP–PC 储备）。为了抵消小腿的能量平衡，其训练必须略有不同。RI 不应超过 45 秒，以阻碍 ATP 和 PC 的即时恢复。这迫使身体增加其能量传输能力，从而增加细胞的 PC 含量并激活蛋白质代谢。因此，更好地刺激小腿的肥大，让运动员的小腿发展可以与身体的其余部分成正比。

表 13.2 至表 13.5 显示了针对 4 个不同级别的健美运动员和力量训练者的 H 阶段计划。以表 13.1 为例，看看各级运动员如何创建自己的肥大训练计划。

每个表的顶行是日期。在这些例子中均提供了 6 周的方案，但是在制定个人方案时，请使用此行来标识那一周的日期（如 9 月 1 ~ 7 日）。每个表的第二行是步骤行，其中包含有关依照阶梯式负荷方法的负荷强度信息。第一步是低强度，表明训练的强度低，训练量小。第二步的方案是中等强度。最后，第三步的方案是高强度。在第 4、5 和 6 周，重复相同的模式。

第三行显示训练的日子。例如，在表 13.2 中，第 1 天和第 4 天由最高强度方案组成，而第 2 天和第 5 天由最低强度方案组成。第 3 天、第 6 天、第 7 天休息。

正如你所看到的，所有的建议训练方案都是为期 2 天的分组程序，其中包括两组练习，每组练习每周练习两次。这个简单的分组程序优于传统程序，因为当每周训练两次时，肌肉会比在每周训练 1 次的时候获得更多的刺激。最明显的结果是肌肉更快速地增大。

如果观察单独一周内的任何给定练习，可以看到低、中、高强度训练日之间的锻炼量差异，以及预期力量增长的进展。主要是通过改变负荷和组数来实现负荷的变化。

以下提示将帮助你正确执行 H 阶段。

·在第 1 周、第 4 周的下半周，以及下一个方案的第一周内测试 1RM。

- 练习的数量可根据需要略微增加或减少。

- 根据你的特殊潜力和需求，可以增加或减少组数。

- 无论对练习的个数或组数做任何调整，请始终应用建议的负荷模式。

- 如果负荷太高，则减低负荷，但保持相同的重复次数。

- 在重量训练课之前，别忘了先做 5 ~ 10 分钟的有氧运动。

- 在肥大阶段，在完成每个练习的所有组数之后，再换下一个练习（这与 AA 阶段不同）。

表 13.2　入门级健美运动员和力量训练者的 H 阶段

练习序号	周	1		2		
	步骤	低		中		
	日期	1	4	1	4	
1	腿推	40/10×2	40/12×2	40/15×2	40/15×2	
2	坐姿屈腿	40/8×2	40/10×2	40/10×2	40/8×3	
3	哑铃前推	40/8×2	40/10×2	40/12×2	40/15×2	
4	斜托侧平举	40/8×2	40/8×2	40/10×2	40/8×3	
5	背部伸展	2×10	2×12	2×15	2×15	
6	对角线仰卧起坐	2×12	2×12	2×15	2×15	
	日期	2	5	2	5	
1	耸肩	40/10×2	40/10×2	40/12×2	40/15×2	
2	斜托卧推	40/10×2	40/10×2	40/12×2	40/15×2	
3	坐姿滑轮划船	40/10×2	40/10×2	40/12×2	40/15×2	
4	肱三头肌下压	40/10×2	40/10×2	40/12×2	40/15×2	
5	站姿提踵	40/10×2	40/12×2	40/15×2	40/15×2	
6	坐姿提踵	40/12×2	40/12×2	40/15×2	40/15×2	

注：组间 RI 为 1～2 分钟。提供信息的格式：负荷 / 重复次数 × 组数。所以，40/10 × 2 指的是使用的重量等于的 40%，做 2 组练习，每组重复 10 次。

表 13.3　业余健美运动员和力量训练者的 H 阶段

练习序号	周	1		2		
	步骤	低		中		
	日期	1	4	1	4	
1	哈克深蹲	50/12×3	50/12×3	60/12×3	60/12×3	
2	站姿屈腿	50/10×3	50/10×3	50/12×3	50/12×3	
3	弓步	50/12×3	50/12×3	60/12×3	60/12×3	
4	背部伸展	3×12	3×12	3×15	3×15	
5	对角线仰卧起坐	3×12	3×12	3×15	3×15	
6	肱二头肌牧师椅弯举	50/12×3	50/12×3	60/12×3	60/12×3	
7	肱三头肌下压	50/12×3	50/12×3	60/12×3	60/12×3	
	日期	2	5	2	5	
1	平卧推	50/12×3	50/12×3	60/12×3	60/12×3	
2	斜托哑铃卧推	50/12×3	50/12×3	60/12×3	60/12×3	
3	哑铃前推	50/12×3	50/12×3	60/12×3	60/12×3	
4	站姿哑铃侧平举	50/10×3	50/10×3	50/12×3	50/12×3	
5	耸肩	50/12×3	50/12×3	60/12×3	60/12×3	
6	坐姿滑轮划船	50/12×3	50/12×3	60/12×3	60/12×3	
7	坐姿提踵	50/12×3	50/12×3	60/12×3	60/12×3	
8	站姿提踵	50/12×3	50/12×3	60/12×3	60/12×3	

注：组间 RI 为 1～2 分钟。提供信息的格式：负荷 / 重复次数 × 组数。所以，50/12 × 3 指的是使用的重量等于的 50%，做 3 组练习，每组重复 12 次。

	3 高		4 低		5 中		6 高	
	1	4	1	4	1	4	1	4
	50/12×2	50/10×3	40/12×2	40/12×3	50/12×3	50/12×3	60/10×2	60/10×3
	50/10×2	50/8×3	40/10×3	40/10×2	50/10×3	50/10×3	50/10×3	50/10×3
	50/10×3	50/10×3	40/12×3	40/10×3	50/12×3	50/12×3	60/10×3	60/10×3
	50/10×2	50/8×3	40/10×2	40/10×2	50/10×3	50/10×3	50/10×3	50/10×3
	3×10	3×10	2×15	3×10	3×12	3×15	3×15	3×15
	3×10	3×10	2×12	3×10	3×12	3×15	3×15	3×15
	2	5	2	5	2	5	2	5
	50/10×2	50/10×3	40/12×2	40/10×3	50/12×3	50/12×3	60/10×3	60/10×3
	50/10×2	50/10×3	40/12×2	40/10×3	50/12×3	50/12×3	60/10×3	60/10×3
	50/10×2	50/10×3	40/12×2	40/10×3	50/12×3	50/12×3	60/10×3	60/10×3
	50/10×2	50/10×3	40/12×2	40/10×3	50/12×3	50/12×3	60/10×3	60/10×3
	50/12×2	50/10×3	40/10×2	40/10×3	50/12×3	50/12×3	60/10×3	60/10×3
	50/12×2	50/12×3	40/12×2	40/12×3	50/12×3	50/12×3	60/10×2	60/10×3

	3 高		4 低		5 中		6 高	
	1	4	1	4	1	4	1	4
	60/15×3	60/12×4	50/12×3	50/12×3	60/12×4	60/12×4	70/10×4	70/10×4
	50/10×4	50/10×4	50/10×3	50/10×3	60/10×3	60/10×3	60/8×4	60/8×4
	60/15×3	60/12×4	50/12×3	50/12×3	60/12×4	60/12×4	70/10×4	70/10×4
	4×12	4×15	3×15	3×15	4×15	4×15	4×15	4×15
	4×12	4×15	3×15	3×15	4×15	4×15	4×15	4×15
	60/15×3	60/12×4	50/12×3	50/12×3	60/12×4	60/12×4	70/10×4	70/10×4
	60/15×3	60/12×4	50/12×3	50/12×3	60/12×4	60/10×3	60/8×4	70/10×4
	2	5	2	5	2	5	2	5
	60/15×3	60/12×4	50/12×3	50/12×3	60/12×4	60/10×3	60/8×4	70/10×4
	60/15×3	60/12×4	50/12×3	50/12×3	60/12×4	60/10×3	60/8×4	70/10×4
	60/15×3	60/12×4	50/12×3	50/12×3	60/12×4	60/12×4	70/10×4	70/10×4
	50/10×4	50/10×4	50/10×3	50/10×3	60/10×3	60/10×3	60/8×4	60/8×4
	60/15×3	60/12×4	50/12×3	50/12×3	60/12×4	60/10×3	60/8×4	70/10×4
	60/15×3	60/12×4	50/12×3	50/12×3	60/12×4	60/12×4	70/10×4	70/10×4
	60/15×3	60/12×4	50/12×3	50/12×3	60/12×4	60/12×4	70/10×4	70/10×4

表13.4 高级健美运动员和力量训练者的H阶段

练习序号	步骤	1 低			2 中			3 高		
	日期	1	3	5	1	3	5	1	3	
1	安全深蹲	60/12×4	Off	60/15×4	60/15×4	70/10×4	70/10×4	75/10×4	休息	
2	站姿屈腿	60/8×3	休息	60/8×3	60/8×4	60/8×4	60/8×4	65/7×4	休息	
3	弓步	60/12×4	休息	60/15×4	60/15×4	70/10×4	70/10×4	75/10×4	休息	
4	俯身杠铃划船	60/12×4	休息	60/15×4	60/15×4	60/15×4	70/10×4	75/10×4	休息	
5	背部伸展	3×15	休息	4×15	4×12	4×12	4×12	4×15	休息	
6	对角线仰卧起坐	3×15	休息	4×15	4×12	4×12	4×12	4×15	休息	
7	下斜肱三头肌伸展	60/12×4	休息	60/15×4	60/15×4	60/15×4	70/10×4	75/10×4	休息	
	日期	2	4	6	2	4	6	2	4	
1	平卧推	60/12×4	60/12×4	60/15×4	60/15×4	休息	70/10×4	75/10×4	75/10×4	
2	斜托飞鸟	60/12×4	60/12×4	60/15×4	60/15×4	休息	70/10×4	75/10×4	75/10×4	
3	哑铃前推	60/12×4	60/12×4	60/15×4	60/15×4	休息	70/10×4	75/10×4	75/10×4	
4	斜托侧平举	60/10×3	60/10×3	60/10×3	65/8×4	休息	65/8×4	70/8×4	70/8×4	
5	耸肩	60/12×4	60/12×4	60/15×4	60/15×4	休息	70/10×4	75/10×4	75/10×4	
6	肱二头肌牧师椅弯举	60/12×4	60/12×4	60/15×4	60/15×4	休息	70/10×4	75/10×4	75/10×4	
7	驴式提踵	60/12×4	60/12×4	60/15×4	60/15×4	休息	70/10×4	75/10×4	75/10×4	

注：你可以将锻炼次数减少到4次，但是保持相同的负荷。如果锻炼次数减少到4次，应该用有氧训练课取代第5次锻炼。组间RI为45秒。提供信息的格式：负荷/重复次数×组数。所以，60/12×4指的是使用的重量等于1RM的60%，做4组练习，每组重复12次。

表13.5 专业健美运动员的3周H阶段

练习序号	步骤	1 低			2 中		
	日期	1	3	5	1	3	
1	安全深蹲	70/12×4	70/15×4	70/15×5	70/10×5	70/15×5	
2	站姿屈腿	70/8×4	70/15×4	70/10×5	70/10×5	70/15×5	
3	弓步	70/12×3	70/15×3	70/10×3	70/10×3	70/15×3	
4	背部伸展	4×15	4×15	4×18	4×18	4×12	
5	肱二头肌牧师椅弯举	70/12×4	70/15×4	70/10×5	70/10×5	70/15×5	
6	下斜肱三头肌伸展	70/12×4	70/15×4	70/10×5	70/10×5	70/15×5	
	日期	2	4	6	2	4	
1	平卧推	70/12×4	70/15×4	75/10×5	75/10×5	70/15×3	
2	斜托飞鸟	70/12×3	70/15×3	75/10×3	75/10×3	70/15×3	
3	单臂哑铃划船	70/12×4	70/15×4	75/10×4	75/10×4	70/15×4	
4	斜托侧平举	70/12×4	70/15×4	75/10×4	75/10×4	70/15×4	
5	哑铃前推	70/12×3	70/15×3	75/10×3	75/10×3	70/15×3	
6	耸肩	70/12×3	70/15×3	75/10×3	75/10×3	70/15×3	
7	两个腹部练习	4×15	4×15	6×18	6×18	6×12	
8	驴式提踵	70/12×4	70/15×4	75/10×5	75/10×5	75/15×5	

注：组间RI为30～45秒。提供信息的格式：负荷/重复次数×组数。所以，70/12×4指的是使用的重量等于1的70%，做4组练习，每组重复12次。

3	4			5			6		
高	低			中			高		
5	1	3	5	1	3	5	1	3	5
75/10×4	60/12×4	70/10×4	70/10×4	75/10×4	休息	80/8×4	80/8×5	80/8×5	85/5×5
65/7×4	60/10×3	60/10×3	60/10×4	65/7×4	休息	65/10×4	70/8×4	70/8×4	70/8×4
75/10×4	60/12×4	70/10×4	70/10×4	75/10×4	休息	80/8×4	80/8×5	80/8×5	85/5×5
75/10×4	60/12×4	60/12×4	70/10×4	75/10×4	休息	80/8×4	80/8×5	85/5×5	85/5×5
4×15	3×15	3×15	4×12	4×15	休息	4×15	5×15	5×15	5×15
4×15	3×15	3×15	4×12	4×15	休息	4×15	5×15	5×15	5×15
75/10×4	60/12×4	60/12×4	70/10×4	75/10×4	休息	80/8×4	80/8×5	85/5×5	85/5×5
6	2	4	6	2	4	6	2	4	6
75/10×4	60/12×4	休息	70/10×4	75/10×4	75/10×4	80/8×4	80/8×5	休息	85/5×5
75/10×4	60/12×4	休息	70/10×4	75/10×4	75/10×4	80/8×5	80/8×5	休息	85/5×5
75/10×4	60/12×4	休息	70/10×4	75/10×4	75/10×4	80/8×5	80/8×5	休息	85/5×5
70/8×4	60/10×4	休息	60/10×4	70/8×4	75/6×4	75/6×4	75/6×4	休息	75/6×4
75/10×4	60/12×4	休息	70/10×4	75/10×4	75/10×4	80/8×4	80/8×5	休息	85/5×5
75/10×4	60/12×4	休息	70/10×4	75/10×4	75/10×4	80/8×4	80/8×5	休息	85/5×5
75/10×4	60/12×4	休息	70/10×4	75/10×4	75/10×4	80/8×4	80/8×5	休息	85/5×5

2		3		
中		高		
5		1	3	5
75/8×3	80/7×3	80/7×6	80/6×4	85/4×7
80/7×5		80/6×5	80/6×4	85/4×6
75/8×1	80/7×2	80/7×3	80/6×3	85/4×3
4×12		4×15	4×15	4×15
75/8×3	80/7×3	80/7×4	80/7×3	85/4×6
75/8×3	80/7×3	80/7×4	80/7×3	85/4×6
6		2	4	6
75/8×1	80/7×2	80/7×6	80/7×4	85/4×6
75/8×1	80/7×2	80/7×3	80/7×3	85/4×3
75/8×1	80/7×2	80/7×4	80/7×4	85/4×4
75/7×4		80/6×4	80/6×4	80/4×4
75/8×1	80/7×2	80/7×3	80/7×3	85/4×3
75/8×1	80/7×2	80/7×3	80/7×3	85/4×3
6×12		6×15	6×15	6×15
75/8×3	80/7×3	80/7×4	80/6×4	85/4×4

营养

H 阶段类似于大多数健美运动员熟悉的膨胀阶段。像往常一样，你会增加热量摄入。若坚持代谢饮食，目标应该是让体重增加至理想体重的 115%。我们说的理想体重是指你心目中的最佳比赛体重——而且你必须定一个现实的数字。如果你参加了 4 年或 5 年的 200 磅（91 千克）级别竞赛，但你认为理想体重是 315 磅（143 千克），那是不现实的。更合理的做法是，在这个阶段将理想体重定义为 215 磅（98 千克）左右，并将体重提高到比该数字高 15%——约 250 磅（113 千克）。在整个阶段中，最好每周增加 2 磅（0.9 千克）。

如果你放肆地、疯狂地吃，并且最终增重超过了理想体重的 30%，你的身体最终会多了至少 15% 的身体脂肪。这不是你想要的结果。代谢饮食旨在让你有更多的肌肉并限制身体脂肪。即使你的瘦体重增加，并且比其他饮食方法积累了更少的脂肪，但你仍然必须遵守一些纪律。男性的身体脂肪不应超过 10%，女性的身体脂肪不应超过 18%，具体取决于运动员的目标。当男性达到新的理想体重或身体脂肪水平上升到 10% 时，当女性达到新的理想体重或身体脂肪水平上升到 18% 时，其"肌肉量阶段"结束。然而，无论你是否达到了新的理想体重，肌肉量阶段必须在比赛前 12 周结束。

在这个阶段的饮食细节与其他阶段相同——继续在平日采用高蛋白、高脂肪饮食，而周末加载碳水化合物食物。唯一的变化是所摄取的热量。如果你想达到比理想体重高 15% 的水平，你显然必须多吃。

在这个阶段，健美运动员应按每磅目标体重 25 卡来规划饮食。例如，想要达到 250 磅体重的健美运动员每天需要摄取 $25 \times 250 = 6\,250$ 卡。在这个阶段之前，健美运动员可能会吃 3 600 卡的食物，所以你可以看到所需的热量大大增加。

这种热量摄取的增加对于难以增加体重的运动员来说可能是一个很大的问题。他们不习惯吃，胃口不大。他们可能认为自己吃了很多，但事实并非如此。他们会发现自己达到一天 6 000 卡，几天后又下降到 1 500 卡。当被问及原因时，他们会说"我不饿"。在这种饮食方法中，你不能这样做。你必须保持一致。

你可以选择将每天 6 250 卡乘以 7，并以 43 750 卡作为一周的目标。这样，你就可以每天改变热量摄入量。例如，某一天吃 7 500 卡，第二天吃 5 000 卡——但到了这一周结束时，你必须摄入了 43 750 卡的热量。书面记录食用的热量，以确保达到所需的水平。

控制身体脂肪

身体脂肪极其重要。在摄取的热量水平相近的情况下，有些运动员比其他人获得更多的身体脂肪。此外，根据个人目标，只要能增加更多的肌肉和力量，有些人并不介意增加一点脂肪。10% 的规则最适合竞技健美运动员（以及参加特定重量级竞赛的运动员）。然而，其他运动员可能愿意体脂比例更高，并认为如果这意味着更多的肥大训练和力量训练，也是可以接受的。但是，我们建议男性不要超过 10%，女性不要超过 18% 的脂肪量。要记住，如果身体脂肪水平过高，要甩掉脂肪就难多了。

使肌肉看起来这么大的配方是：执行肥大训练，增加足够的蛋白质，并补充适当的补剂。

由于大多数运动员想要最大限度地提高肌肉量和力量，并尽可能减少身体脂肪，因此我们将使用竞技健美模型来讨论如何在肌肉量阶段实现体重和肌肉量的理想增长。如果正确使用代谢饮食，大多数健美运动员可以相对容易地维持 10% 的身体脂肪水平。在准备竞技健美时也应将脂肪约束在这个良好水平。因此，我们建议那些坚持代谢饮食的人密切关注其身体脂肪水平，不要让它超过 10%。

如前所述，目标是继续吃和增加体重，直至达到比理想体重高 15% 的水平或身体脂肪达到 10%，以先达到的指标为准。无论先达到哪一个指标，你都很可能通过这种合成代谢超量饮食而获得自己想达到的肌肉量。它不像以前采用高碳水化合物饮食那样，不得不增加很多的体重和脂肪才可以获得肌肉量。

肥大阶段的持续时间可以改变

通过总是保持约 10% 的身体脂肪，你可以很快拥有比赛体型。比赛前的时间、身体脂肪和体重是此阶段能持续多久的决定因素。如果在比赛前 12 周内你发现自己仍在增加体重并且还没有达到理想体重，无论体重如何，你都应当停止肌肉量阶段并且开始肌肉线条训练阶段来为比赛做适当准备。

阿基姆·阿尔布雷希特（Achim Albrecht）随时可参加比赛的肌肉对称性。

许多健美运动员普遍认为，他们不应该快速获得肌肉量，但我们不同意。每周 2 磅（0.9 千克）是没问题的。在代谢饮食的一周内，如果你可以增重 2 磅，并不会增加很多脂肪。它主要是肌肉。虽然你可以改变这个目标，根据自己的个体代谢增、减 1 磅，但我们认为每周 2 磅是膨胀的最佳基准。

我们已经见过有人采用为期 20 周的循环，他们用 8 周增肌（每周 3 磅），然后用 12 周在塑形阶段（即肌肉线条阶段——塑形是一个术语，意思是线条非常清晰的肌肉）每周减 1 ~ 2 磅。虽然他们只增肌了 8 周，并花 12 周来塑形，但他们的比赛体重仍然高于之前的水平。而且他们的塑形效果与之前相当，甚至可能线条更清晰。

目标是以比坚持代谢饮食前更好一点的状态参加比赛。这可能意味着只有 3 磅或 4 磅（1.4 ~ 1.8 千克）的净增长。或者，通过更长期的训练，可能达到 25 磅（11 千克）。重点是，每个人都可以用这种饮食方法来取得进步。对于那些 15 年都保持不变的人来说，这里有一种突破方法！

有些健美运动员（如奥林匹亚先生）喜欢瞄准大型赛事，并准备一整年的时间。通过这种饮食方法可以很容易地完成目标。你可能想增肌阶段用 30 周，并塑形 20 周，获得 60 磅（27 千克），并在全年内减掉 40 磅（18 千克）。你将比去年同期增加了 20 磅（9 千克），并且看起来不错。

请记住，从增肌到塑形阶段的过程中，你可能还需要用到启动或维持阶段。假设你在 30 周内要参加比赛。你已经在 10 周内获得了所需的身体质量，但是你还不想进入塑形阶段。你可以通过 6 ~ 8 周的维持阶段来保持所增加的体重。然后，当你准备好的时候，就可以进入塑形阶段准备比赛。

每周的体重增长

你可能会看到体重的大幅波动，特别是在开始这种饮食方法时，原因是每周的碳水化合物摄入。所有额外的碳水化合物和水可以让你在星期五和星期一之间获得 5 ~ 10 磅（2.3 ~ 4.5 千克）的增长。如果发生这种情况，不要紧张。这很正常。

当你在星期一回到代谢饮食时，你会立即开始甩掉这些磅数（主要是水）。从星期一到星期三，你将清理周末时进入体内的许多东西。到了星期三，你应该很好地清理完毕，并再次感觉良好。根据你所处的饮食阶段，你可以控制热量，所以到周五时，你可以达到自己所需的每周体重增减。

补剂

在肥大阶段，配合平日的高脂肪、低碳水化合物和周末的碳水化合物摄入，更多的热量摄入应足以让你增加肌肉。但是，你应该定期使用若干种更普遍的补剂，包括 MVM、Antiox 和 EFA+ 中的一种或多种；根据需要使用其他产品，例如 ReNew、Regulate、Joint Support、MRP LoCarb 和 LoCarb 运动能量棒。如果遇到训练问题、关节疼痛、受伤或过度训练问题，我们建议使用 Joint Support 或 ReNew。MRP LoCarb 和 LoCarb 运动能量棒非常适合作为小吃或餐后补充，可以帮助你以健康的低碳水化合物方式实现自己的热量目标。此外，如果在本阶段达到瓶颈，特别是训练瓶颈，你可以使用 Exersol 来最大限度地提高训练效果。

平衡的多种维生素和矿物质配方（MVM）满足运动员对身体保养、康复和修复的特殊需求。因为训练计划既严格又紧张，在这个阶段，MVM 是非常重要的。由于在强化训练期间对身体和精神的要求都提高了，自由基的形成增加，因此在此阶段的 Antiox 补剂很重要。协同增效混合物为身体的所有组织提供保护，包括肌肉骨骼系统和肝脏。

含 EFA+ 的补剂可确保身体接受必需脂肪酸，如 ω-3、ω-6、EPA、DHA、CLA、GLA 和 ALA，可用于强化练习的最佳代谢反应。可以帮助促进必需脂肪酸参与激素生成、肌肉和关节组织修复、胰岛素代谢及脂肪燃烧。EFA+ 与许多成分协调工作，可以优化代谢；提高睾酮的产生并增加生长激素分泌；增强人体免疫系统；提高天然胰岛素敏感性；减少炎症、肌肉酸痛和过度运动引发的关节疼痛；增加身体脂肪的分解和氧化。

在这个阶段，如果因周期化循环时间长而出现锻炼疲劳和过度训练症状，ReNew

是一个很好的先进配方，可以帮助恢复和增强免疫系统。ReNew 通过提供必要的营养结构来提高免疫力，增强免疫系统。这是关键，因为免疫系统是抵御精神压力和身体压力的第一道防线。根据需要使用其他补剂，但请记住要尽量保证饮食均衡，并且食物品种要丰富。这将大大有助于实现你的目标和最终结果。有关 Regulate、Joint Support、MRP LoCarb 和 LoCarb 运动能量棒的更多信息，请参阅 *The Anabolic Solution*。

混合训练（M） 14

在进入第 15 章所述的最大力量（MxS）阶段之前，运动员必须逐步引入一些特定的训练要素来培养最大力量。顾名思义，混合（M）训练包含一些专门针对 H 训练的练习，并在其他训练课中运用 MxS 方法。M 阶段是 H 阶段和 MxS 阶段之间的渐进过渡。

以下是 M 训练范围的特征。

·继续增加肌肉肥大练习。

·引入 MxS 方法，以增加慢性肥大，或长期的肌肉结实度和密度。

·根据运动员的需要，按适当比例使用两种训练。例如，可以使用以下比例：

　·40%的 H 和 60%的 MxS

　·50%的 H 和 50%的 MxS

　·60%的 H 和 40%的 MxS

无论使用何种比例，M 训练都会确保更进一步过渡到最大力量阶段，而极大的负荷可能会考验运动员应对高强度锻炼的紧张压力的能力。

持续时间

对于入门级和业余的健美运动员和力量训练者，混合阶段应持续 3 ~ 6 周，而高级和专业运动员则为 3 周。在完成混合训练阶段之后，无论什么级别的运动员都应该确定自己是否能够处理在 MxS 阶段较高的负荷增量。

在某些情况下，健美运动员肌肉的力量与其尺寸不成正比。换句话说，有些健美训练计划更有利于增大肌肉，而对于最大力量和增加肌肉结实度的贡献则较小。主要原因：在传统的健美计划中，负荷仅为 1RM 的 60% ~ 80%。但是，增加最大力量所需的负荷要高得多，通常高达 95%，甚至 100%。因此，M 训练的目标之一是从 H 训练更好地升级到 MxS 训练。我们通过在 H 阶段和 MxS 阶段之间采用不同比例来确保这一升级。

方案设计

表 14.1 列出了针对 4 种级别的健美运动员的 H 和 MxS 混合训练方案所使用的不同比例。根据 M 阶段的时间长度，可多次重复该方案。如表中所示，MxS 训练一直被推荐安排为一周中的第一次锻炼，或安排在休息日之后。由于 MxS 训练采用接近于最大潜力的负荷，所以在规划这些训练课时必须考虑到运动员在训练之前和训练过程中达到最高专注度的能力。

表 14.1 M 阶段：H 训练和 MxS 训练的比例

级别	周一	周二	周三	周四	周五	周六	周日
入门级	H	H	休息	MxS	休息	H	休息
业余	MxS	H	休息	MxS	休息	H	休息
高级	MxS	H	MxS	H	休息	H	休息
专业	MxS	H	H	休息	MxS	H	休息

将疲劳作为重要因素

众所周知，疲劳会影响人们举起重负荷的能力，如在 MxS 中使用的负荷。例如，如果运动员在 H 锻炼后进行 MxS 锻炼，那么他们举起重负荷的效率会降低。另一方面，带着轻度的残余疲劳开始 H 训练往往对肌肉的发育有刺激作用。轻度疲劳的肌肉似乎更快地耗尽 ATP-PC 储备，从而刺激肌肉生长。在混合训练的情况下，要将疲劳作为这个过程中的重要因素进行考虑，并总是将 MxS 锻炼安排在 H 锻炼的前面。

疲劳会快速耗尽能量储备，这似乎可以刺激肌肉生长。

表 14.2 至表 14.9 提供了针对入门级、业余、高级和专业运动员的 M 训练方案。为了遵循与表 14.1 所示的 H 和 MxS 训练日相同的顺序，你必须将每个级别的计划分拆为两部分：一个 H 部分，一个 MxS 部分。

表 14.2 中的建议训练方案列出了入门级运动员的 M 方案的 H 部分，其中有 3 天计划用于发展 H——第 1、2 和 6 天。表 14.3 列出了入门级运动员的 M 方案的 MxS 部分，其中只有 1 天计划用于 MxS 训练。请只执行你选择的那些练习，不要两个方案都做完。

表 14.2　M 阶段：入门级健美运动员和力量训练者的 H 训练部分

练习序号	周	1			2			3		
	步骤	低			中			高		
	日期	1	3	6	1	3	6	1	3	6
1	腿伸展	40/15×3	休息		50/12×3	休息		60/12×3	休息	
2	腿推	40/12×3	休息	40/12×3	50/12×3	休息	50/12×3	60/10×3	休息	60/10×3
3	弓步	40/12×3	休息	40/12×3	50/12×3	休息	50/12×3	60/10×3	休息	60/10×3
4	站姿屈腿	40/10×3	休息	40/10×3	50/10×3	休息	50/12×3	50/10×3	休息	50/10×3
5	T杆划船	40/12×3	休息		50/12×3	休息		60/10×3	休息	
6	背部伸展	3×10	休息		3×12	休息		3×15	休息	
7	坐姿提踵	40/12×3	休息		50/12×3	休息		60/10×3	休息	
8	平卧飞鸟	40/12×3	休息	40/12×3	50/12×3	休息	50/12×3	60/10×3	休息	60/10×3
	日期	2	5	6	2	5	6	2	5	6
1	哑铃前推	40/12×3	休息		50/12×3	休息		60/10×3	休息	
2	斜托侧平举	40/12×3	休息	40/12×3	50/12×3	休息	50/12×3	60/10×3	休息	60/10×3
3	直立划船	40/12×3	休息		50/12×3	休息		60/10×3	休息	
4	耸肩	40/12×3	休息	40/12×3	50/12×3	休息	50/12×3	60/10×3	休息	60/10×3
5	下斜肱三头肌伸展	40/12×3	休息	40/12×3	50/12×3	休息	50/12×3	60/10×3	休息	60/10×3
6	对角线仰卧起坐	3×10	休息	3×10	3×12	休息	3×12	3×15	休息	3×15

注：40/15 × 3 表示负荷 / 重复次数 × 组数（在本例中，做 3 组练习，每组重复 15 次，使用的重量等于 40% 的 1RM）；组间 RI = 1 ~ 2 分钟。

表 14.3　M 阶段：入门级健美运动员和力量训练者的 MxS 训练部分

练习序号	周	1	2		3
	步骤	低	中		高
	日期	4	4	5	
1	腿推	70/7×3	70/8×1	80/6×2	80/6×3
2	平卧推	70/7×3	70/8×1	80/6×2	80/6×3
3	仰卧屈腿	50/10×3	60/10×3		70/7×3
4	T杆划船	50/10×3	60/10×3		70/8×3
5	坐姿提踵	70/7×3	70/8×1	80/6×2	80/6×3

注：70/7 × 3 表示负荷/重复次数 × 组数（在本例中，做 3 组练习，每组重复 7 次，使用的重量等于 70% 的 1RM）；组间 RI = 3 分钟。

表 14.4　M 阶段：业余健美运动员和力量训练者的 H 训练部分

练习序号	周	1	2	3
	步骤	低	中	高
	日期	2	2	2
1	哑铃前推	50/12×3	60/12×3	70/8×4
2	斜托侧平举	50/12×3	60/12×3	70/8×4
3	肱二头肌牧师椅弯举	50/12×3	60/12×3	70/8×4
4	耸肩	50/12×3	60/12×3	70/8×4
5	坐姿提踵	50/12×3	60/12×3	70/8×4
	日期	6	6	6
1	哈克深蹲	50/12×3	60/12×3	70/8×4
2	仰卧屈腿	50/12×3	60/12×3	70/8×4
3	坐姿滑轮划船	50/12×3	60/12×3	70/8×4
4	斜托飞鸟	50/10×3	60/10×3	60/8×4
5	肱三头肌下压	50/12×3	60/12×3	70/8×4
6	卷腹	3×10	3×12	4×15

注：50/12 × 3 表示负荷/重复次数 × 组数（在本例中，做 3 组练习，每组重复 12 次，使用的重量等于 50% 的 1RM）；组间 RI = 1 ~ 2 分钟。

表 14.5　M 阶段：业余健美运动员和力量训练者的 MxS 训练部分

练习序号	周	1			2			3	
	步骤	低			中			高	
	日期	1	4		1	4		1	4
1	腿推	70/8×3	70/8×2	80/6×1	70/8×1	80/7×2	80/7×3	80/8×4	80/8×4
2	平卧推	70/8×3	70/8×2	80/6×1	70/8×1	80/7×2	80/7×3	80/8×4	80/8×4
3	仰卧屈腿	60/10×3	60/10×3		70/8×3			70/8×4	70/8×4
4	滑轮下拉	70/8×3	70/8×2	80/6×1	70/8×1	80/7×2	80/7×3	80/8×4	80/8×4

注：70/8×3 表示负荷/重复次数 × 组数（在本例中，做 3 组练习，每组重复 8 次，使用的重量等于 70% 的 1RM）；组间 RI=3 分钟。

表 14.6　M 阶段：高级健美运动员和力量训练者的 H 训练部分

练习序号	周	1	2	3			
	步骤	低	中	高			
	日期	6	6	6			
1	弓步	70/8×4	80/9×5	85/5×5			
2	对角线仰卧起坐	4×12	5×15	5×15			
3	肱二头肌牧师椅弯举	70/8×4	80/7×5	85/5×5			

练习序号	日期	2/4	6	2/4	6	2/4	6	2/4	6
1	下斜肱三头肌伸展	70/8×4	70/8×4	80/7×5	80/7×5	80/7×2	85/5×3	80/7×2	85/5×3
2	颈后滑轮下拉	70/8×4	70/8×4	80/7×5	80/7×5	80/7×2	85/5×3	80/7×2	85/5×3
3	站姿俯身哑铃侧平举	60/10×4	70/8×4	70/7×5	80/7×5	75/6×5			
4	耸肩	70/8×4		80/7×5		80/7×2	85/5×3		
5	背部伸展	4×12		4×15		5×15			

注：70/8 × 4 表示负荷/重复次数 × 组数（在本例中，做 4 组练习，每组重复 8 次，使用的重量等于70% 的 1RM）；组间 RI = 30 ~ 45 秒。

表 14.7　M 阶段：高级健美运动员和力量训练者的 MxS 训练部分

练习序号	周	1			2				3	
	步骤	低			中				高	
	日期	1		3	1		3		1	3
1	安全深蹲	70/8×4	80/7×1	80/7×5	80/6×2	90/3×3	85/4×2	90/3×3	90/3×5	90/2×5
2	站姿屈腿	60/8×5		60/8×5	70/7×5		70/7×5		80/6×5	80/6×5
3	平卧推	70/8×4	80/7×1	80/7×5	80/6×2	90/3×3	85/4×2	90/3×3	90/3×5	90/2×5
4	俯身杠铃划船	70/8×4	80/7×1	80/7×5	80/6×2	90/3×3	85/4×2	90/3×3	90/3×5	90/2×5
5	哑铃前推	70/8×4	80/7×1	80/7×5	80/6×2	90/3×3	85/4×2	90/3×3	90/3×5	90/2×5
6	驴式提踵	60/8×5		60/8×5	70/7×5		70/7×5		80/6×5	80/6×5

注：70/8×4 表示负荷/重复次数 × 组数（在本例中，做 4 组练习，每组重复 8 次，使用的重量等于70% 的 1RM）；组间 RI = 3 ~ 4 分钟。

表 14.8　M 阶段：专业健美运动员和力量训练者的 H 训练部分

练习序号	周	1		2		3	
	步骤	低		中		高	
	日期	2	6	2	6	2	6
1	哑铃前推	60/12×3	60/12×3	70/10×3	75/8×3	80/7×2	80/7×2
2	斜托侧平举	60/12×4	60/12×4	70/10×4	75/8×4	80/7×3	80/7×3
3	耸肩	60/12×6	60/12×6	70/10×6	75/8×6	80/7×6	80/7×6
4	下斜肱三头肌伸展	60/12×4	60/12×4	70/10×6	75/8×6	80/7×6	80/7×6
5	肱二头肌牧师椅弯举	60/12×3	60/12×3	70/10×3	70/10×3	80/7×3	80/7×3
	日期	3		3		3	
1	安全深蹲	60/12×6		70/10×7		80/7×3	
2	站姿屈腿	60/12×6		70/10×7		70/7×3	
3	平卧推	60/12×6		70/10×7		80/7×3	
4	俯身杠铃划船	60/12×6		70/10×7		80/7×3	
5	背部伸展	60/12×3		70/10×3		80/7×3	
6	诺德士卷腹	60/12×3		70/10×3		80/7×3	
7	驴式提踵	60/12×6		70/10×7		80/7×3	

注：60/12 × 3 表示负荷 / 重复次数 × 组数（在本例中，做 3 组练习，每组重复 12 次，使用的重量等于 60% 的 1RM）；组间 RI = 30 ~ 45 秒。

表 14.9　M 阶段：专业健美运动员和力量训练者的 MxS 训练部分

练习序号	周	1		2		3			
	步骤	低		中		高			
	日期	1	5	1	5	1		5	
1	安全深蹲	80/7×6	80/7×6	85/4×3	90/3×3	90/3×6	90/3×2	95/2×4	80/3×2	95/2×4
2	站姿屈腿	70/6×5	70/6×5	80/6×5		80/6×5	80/6×5		80/6×5	
3	俯身杠铃划船	80/7×6	80/7×6	85/4×3	90/3×3	90/3×6	90/3×2	95/2×4	80/3×2	95/2×4
4	平卧推	80/7×6	80/7×6	85/4×3	90/3×3	90/3×6	90/3×2	95/2×4	80/3×2	95/2×4

注：80/7×6 表示负荷 / 重复次数 × 组数（在本例中，做 6 组练习，每组重复 7 次，使用的重量等于 80% 的 1RM）；组间 RI=3 ~ 5 分钟。

下面的提示有助于成功地执行 M 阶段。

· 与其他训练阶段的建议一样，先测试 1RM。

· 在混合训练之前和之后做 5 ~ 10 分钟的有氧练习。一定要包括热身和放松练习。

· 根据自己的需要和喜好，可以用相似的练习来代替上述练习。

· 根据自己的潜力可以增加或减少组数。

· 可以选择不同于建议的练习，但要应用相同的负荷模式。

· 如果给定的负荷对你来说太高，请略微降低，直到你可以执行建议的重复次数。

· 每个建议的阶段计划均持续 3 周。如果需要更长时间的 M 阶段，则可以重复整个方案。

实现最佳恢复

H 训练的练习模式要求在执行下一个练习之前要完成前一个练习的所有规划组数，与之不同，MxS 训练要求运动员始终达到组间的最佳恢复。MxS 练习模式是第一个练习执行 1 组，然后下一个练习执行 1 组。始终从上到下地执行一系列两两配对的练习。休息时间间隔应为 5 ~ 6 分钟，然后再回到原来的练习。为了进一步完善恢复过程，所规划的练习应使肌肉群不断轮流锻炼。

严格遵守建议的休息时间间隔是非常重要的。不要犯错：过早地执行练习。在 RI 结束之前，无论身体是否准备好，它都需要时间来在这种训练后恢复。你的最后一组练习的质量应该和第一组同样好。

特雷弗·巴特勒准备以与开始时同样高的强度水平来完成最后一组练习。

营养

混合阶段和最大力量阶段是经典的肥大（或膨胀）阶段与肌肉塑形阶段之间的中间阶段。混合阶段中的营养目标是至少要保持在肥大阶段中获得的体重和肌肉量，理想的是让两者都稍微增加，同时发展通常与体重和肌肉量一起增加的力量。在这一阶段，运动员开始巩固并稍微增加在肌大阶段获得的肌肉量；他们也开始增加力量。

在混合阶段，以肥大阶段达到的最高体重进行计算，健美运动员每天应该按每磅体重摄取 17 ～ 25 卡。他们每周可以按每磅体重减少 2 卡来减少热量摄入。其身体脂肪百分比不应超过肥大阶段的水平。稳定或略高于在肥大阶段的体重，并在体重稳定时停止减少热量。

使用第 13 章的例子，250 磅（113 千克）的健美运动员现在每周每磅体重减少 2 卡路里。这意味着，在混合阶段的第一周，他将遵循每磅体重摄取 23 卡，即每天 $23 \times 250 = 5\,750$ 卡。接下来的一周，他将遵循每磅体重摄取 21 卡，即每天 5 250 卡。第三周，他遵循每磅体重摄取 19 卡，即每天 4 750 卡。第四周，他遵循每磅体重摄取 17 卡，即每天 4 250 卡。一旦他的体重稳定下来，即他的体重不再增加，他就应该将热量摄入保持在该水平，直到开始肌肉塑形阶段。

刻苦训练的健美运动员应定期使用 MVM、Antiox 和 EFA+。

补剂

正如在肥大阶段那样，在混合阶段中，食物比补剂更重要。低碳水化合物的热量配额将为你提供所需的大部分营养去巩固已增加的肌肉量，并开始准备减少身体脂肪。然而，随着摄取的热量下降，营养补剂变得越来越重要。

你需要的不仅仅是基本的每日维生素和矿物质片剂。你应该定期服用 MVM（一种完整的维生素、矿物质和营养补剂）、Antiox（一种抗氧化剂混合物）和 EFA+（一种必需脂肪酸配方，其中不仅仅含有必需脂肪酸）。像在肥大阶段那样，可以根据需要服用其他补剂，如 Exersol（由 Resolve、Power Drink 和 Amino 组成）、ReNew、Regulate、Joint Support、MRP LoCarb 和 LoCarb 运动能量棒（更多信息，请参阅第 13 章和第 15 章）。

最大力量（MxS） **15**

最大力量可以通过增加训练负荷，在提高肌肉的收缩能力的过程中培养。高于80%的训练负荷会增加肌肉的紧张度，并调动有力的快缩运动单元。因此，通过增加肌球蛋白丝的厚度，可以使肌肉中的蛋白质含量更高。由于运动单元按大小顺序调动，从慢缩开始，然后是快缩，需要大于80%的负荷才可以调动有力的快缩运动单元。

以下是最大力量（MxS）训练范围的特征。

·增加肌肉的蛋白质含量，从而诱发慢性肥大并增加肌肉的结实度和密度。

·增加横桥和肌球蛋白丝的厚度（这是诱发慢性肥大的唯一途径）。

·通过应用重负荷，帮助肌肉调动尽可能多的快缩肌纤维；这有助于发展最大力量，提高肌肉的结实度和密度。

MxS 训练背后的生理学

运动员发展最大力量的能力在很大程度上取决于三个因素。

·**肌肉的直径或横截面积**。更具体地说，这是指肌球蛋白丝的直径，包括它们的横桥。虽然肌肉尺寸增长在很大程度上取决于 H 阶段的持续时间，但肌球蛋白丝的直径特别依赖于 MxS 阶段的训练量和持续时间。这是因为 MxS 训练负责增加肌肉的蛋白质含量。

·**调动快缩肌纤维的能力**。这种能力很大程度上取决于训练内容。使用最大负荷，加上大量的运用阻力的练习，这是充分调动有力的快缩运动原单元的唯一训练类型。

·**成功同步参与动作的所有肌肉的能力**。这是随着时间的推移而发展的一个学习功能，以使用重负荷执行相同练习的多次重复为基础。大多数北美的健美运动员仅使用健美（即肥大）方法来增大肌肉。他们往往会忽视刺激快缩肌纤维调动的训练方法，这些方法可以建立高密度肌肉、紧实的肌肉、令人印象深刻的肌肉分离度和更明显的肌肉条纹。虽然北美的健美运动员确实增大了肌肉，但这种增大通常不是长期的：这种生长主要是由于肌肉内的体液位移，而不是肌肉纤维的增厚。

聪明的举重者了解最大力量训练和调动肌纤维的重要性。

周期化方案中的 MxS 阶段可以纠正这种缺陷。最大力量的增强是由于在肌肉中产生很大的张力——只有通过使用足够大的负荷（大于 1RM 85% 的负荷）去调动更多快缩肌纤维才能实现这种张力。

持续时间和训练方法

我们建议 MxS 阶段持续 6 周，但其他变化也是可接受的。发展最大力量的练习不能在力竭的条件（如 H 阶段）下执行。在 MxS 训练期间，应允许肌肉在组间得到最大程度的恢复。由于它最大限度地激活中枢神经系统，并且它要求高度专注和高水平的积极性，MxS 训练可以增强与中枢神经系统的联系，从而改善肌肉的协调性和同步化。力量不仅取决于肌肉的大小和横桥的总数，还取决于中枢神经系统"驱动"肌肉的能力。

中枢神经系统的高度激活（即肌肉同步）也导致对拮抗肌的抑制。因此，当施加最大作用力时，拮抗肌的协调方式是它们不通过收缩来阻挠动作，从而让运动员能够举起更大的重量。

普遍认为力量的大部分变化发生在肌肉组织的级别上。然而，关于神经系统在

MxS 训练期间的参与的讨论极少。事实上，这方面的研究很少。研究表明，中枢神经系统是增强力量的重要因素。中枢神经系统通常在收缩期间作为运动原单元的抑制者。在极端情况下，如生死攸关的情况，这种抑制被消除，所有的运动原单元都被激活，提供如同超人般的力量。MxS 训练的主要目标之一是教会身体消除中枢神经系统的抑制，从而导致力量潜力的大幅提高。

最大负荷法（MLM）

最大力量的提高几乎只能通过最大负荷法（MLM）来实现。因为要承受训练的压力并且要使用最大负荷，只有在经过两年或三年以上的一般健美训练或力量

使用最大负荷来获得真正的肌肉力量。

训练后才能使用这种方法。这种提高主要来源于运动学习，运动员学会更有效地使用和协调参与训练的肌肉。MLM 提供以下好处。

- 它提高运动单元的激活水平，导致调动更多快缩肌纤维，并使其爆发频率更高。
- 它增加生长激素的分泌，并提高儿茶酚胺（化合物，主要是肾上腺素和去甲肾上腺素，它们增加对这种训练的强烈生理反应）的水平。
- 它可以改善肌肉组织在运动过程中的协调性和同步化。参与收缩的肌肉的协调性和同步化越好，越有助于学习如何调动快缩肌肉，运动表现就会越好。
- 它增大肌肉的收缩单元的直径。
- 它提高体内的睾酮水平。

通过 MLM 获得的好处主要是最大力量的增长，而肌肉肥大是次要的好处。通过 MLM 有可能获得肌肉尺寸的大幅增长，但这种情况一般只见于刚开始使用 MLM 的运动员。对于已具有较扎实背景的运动员来说，肌肉尺寸的增加不会像最大力量所取得的成果那么明显。MxS 阶段通过更好的同步和调动更多快缩纤维，为未来的爆炸式增长打下基础。经过 3 年或 4 年 MLM 训练的运动员会非常适应这种训练，他们

可以调动约 85% 的快缩纤维。其余的 15% 是"隐性储备"，不容易通过训练来开发。

一旦运动员达到这么高的水平，他们可能会发现很难进一步提高最大力量。为了避免停滞并进一步提高肌肉密度和分离度，他们必须使用其他方法来为肌肉提供更大的刺激。其中一种方法是增加收缩的离心收缩部分——尽管已经有很高的适应度，但更大的张力有助于身体继续发展最大力量。

在 MLM 训练中，最重要的考虑因素是训练中使用的负荷、负荷模式、休息间隔和执行收缩的速度。以下各节将进一步探讨这些元素。

负荷　如前所述，只有在肌肉中产生最大张力时，最大力量才会发展。虽然较低的负荷会刺激慢缩肌纤维，但是如果要在收缩中调动大多数肌肉纤维（特别是快缩纤维），负荷必须超过 85% 的 1RM。最大负荷配合低重复次数，导致明显的神经系统适应，所涉及的肌肉更好地同步，并提高调动快缩肌纤维的能力。

戈尔德堡（Goldberg et al.）（1975）提出的一种意见（在肌纤维内形成的张力是蛋白质合成的刺激因素）进一步说明为什么最大力量的训练只应使用最大负荷。这是因为 MLM 的负荷是最大的，而每组的重复次数很少，只有 1 ~ 4 次（或最多 6 次）。

休息间隔　组间的休息间隔（RI）部分取决于运动员的体能水平，我们应仔细计算 RI，以确保神经肌肉系统的充分恢复。对于 MLM，需要 3 ~ 5 分钟的 RI，因为最大负荷涉及中枢神经系统（其恢复比骨骼系统更慢）。如果 RI 太短，神经系统的参与（表现为最高专注度、积极性，以及将神经脉冲发送给收缩肌肉的能力）可能未达到最佳水平。此外，如果 RI 太短，也可能无法完全恢复收缩所需的燃料（ATP–PC）储备。

速度　执行速度在 MLM 中起着重要的作用。即使使用典型的最大负荷，运动员也必须尽可能快地发力来抵抗阻力。虽然负荷的大小会限制收缩的速度，但运动员必须集中精力尽可能快地激活肌肉。

离心方法

使用自由重量或大多数等动器械的力量练习都涉及向心和离心类型的收缩。在向心阶段，肌肉在缩短时产生力；在离心阶段，肌肉在拉长或者回到静止位置时产生力。每个人都知道离心阶段比向心阶段更轻松。例如，当执行卧推时，将杠铃降低到胸部（举重的离心部分）比向上推杠铃（举重的向心部分）更容易。

因为离心锻炼更容易，所以运动员可以比只是执行向心锻炼时使用更重的负荷进行锻炼，而更重的负荷则转化为更大的力量增幅。力量训练专家和研究人员得出了同样的结论，即与等长或等张收缩相比，离心训练在肌肉中产生的张力更大。而由于更大的肌肉张力通常等于更大的力量发展，所以离心训练是一种更胜一筹的训练方法。

有些训练专家认为，离心力量训练方法的力量增幅比其他方法高出 10% ~ 35%。离心训练中的负荷远高于运动员的 1RM，所以执行速度需要相当缓慢。如此缓慢的收缩速度对蛋白质合成产生更大的刺激，因此通常会导致肌肉肥大和力量发展。

在使用离心方法的最初几天里，运动员可能会感到肌肉酸痛，因为较大的张力会引起一些轻微的肌肉损伤。随着运动员渐渐适应，肌肉酸痛会在 7 ~ 10 天内消失。你可以使用阶梯式方法逐步增加负荷，以避免这种短时间的不适。

向心收缩和离心收缩在收缩方式、肌肉代谢和神经刺激方面均有许多差异。虽然最大的向心收缩导致最大的肌肉激活，但最大的离心收缩似乎不会引起肌肉的完全激活。换句话说，健美运动员和力量运动员必须在离心阶段使用更重的负荷才能培养出积极的适应能力。离心收缩的神经指令是独特的，因为它决定（1）哪些运动原单元应该被激活，（2）它们必须被激活的程度，（3）何时被激活，以及（4）活动在一组肌肉内应该如何分布。

方案设计

为了获得最大的训练效果，运动员应尽可能长时间地使用 MLM。当他们到达瓶颈期，极少或根本没有提高时，他们应该开始使用离心方法。这种训练方法将突破瓶颈所创造的适应上限，并帮助你达到新的力量水平。

由于离心方法在力量训练中使用最重的负荷（110% ~ 160%），所以只有具有扎实的力量训练背景（即 2 ~ 3 年的力量训练或健美经验）的运动员才能使用它。同样，他们只有在最大负荷法（MLM）不再有效之后，才应该使用离心方法。

离心方法可以单独使用或与 MLM 组合使用，但只能在短时间内使用。不应该滥用离心训练。若被过度使用，它的局限性就会体现出来，并且可能导致出现难以突破的瓶颈。另外，因为离心训练要求高度集中精神，所以每次使用最大负荷或超大负荷时，都会产生很大的心理压力。

在离心训练的过程中（通常用自由重量），必须有两名保护者协助，因为重量总是大于运动员可以自己向心提升的重量。保护者的工作是在向心部分中帮助提升重量，并在离心部分中小心地观察举重者，以确保他们能够处理巨大的负荷。

离心方法的训练指引见表 15.1。负荷表示为同心收缩的 1RM 的百分比，建议为110% ~ 160%。高素质运动员的最有效负荷为 130% ~ 140%。经验不足的运动员应该使用较低的负荷。至少要在包含离心收缩的两个 MxS 训练阶段之后才使用这些负

特雷弗·巴特勒的肌肉系统展示出 MxS 培训的好处。

荷。在训练的最初几个月里，任何情况下都不应使用离心收缩。

入门级运动员必须使用较少的组数，如表 15.1 所示。业余运动员需要的组数可能少于表中列出的组数，取决于他们的能力和训练潜力。对于执行高要求锻炼的能力，RI 是重要的因素。如果在做完一组练习后，运动员在下一组练习中并没有恢复到相同的水平，那么他们应该稍微增加 RI。

由于离心收缩使用极重的负荷，所以运动员在执行每组练习之前都必须具有很高的积极性和最高的专注度。只有在这样的精神状况下，才能有效地执行离心收缩。离心方法很少孤立于其他最大力量方法来执行。即使在 MxS 阶段，离心方法也与 MLM 一起使用。我

表 15.1　MxS 阶段的训练指引

	健美运动员的级别			
	入门级	业余	高级	专业
重复次数 / 组	1 ~ 4	3 ~ 8	3 ~ 8	2 ~ 8
组数 / 训练课	10 ~ 15	15 ~ 20	20 ~ 32	25 ~ 40
组间 RI（分钟）	4 ~ 5	3 ~ 5	3 ~ 5	3 ~ 5
频率 / 周：MLM	无	2 ~ 3	2 ~ 3	2 ~ 3
离心	无	无	1	1 ~ 2
收缩的节奏、速度	慢	慢	活跃	活跃

们建议训练时只加入一节离心训练课。在阶梯式负荷模式的第 3 步中，高素质运动员的频率最终可能会增加。

以下提示将帮助你成功完成 MxS 阶段。

- 在第一周下半周和下一阶段的第一周期间测试 1RM。
- 由于 MxS 训练使神经肌肉系统非常疲劳，请将练习次数减少到最低的现实水平。尽可能多地使用涉及几个肌肉群的多关节练习；然而，这种方法并不排除单关节练习。
- 由于 MxS 训练对生理和心理造成很大的压力，组间 RI 必须为 3 ～ 5 分钟。在整个 RI 过程中，放松肌肉，穿干爽的衣服，保持肌肉温暖，并做适度的伸展练习。
- 如果建议的负荷太高，请降低负荷，并维持建议的重复次数。
- 调整方案和练习，以满足自己的需求和训练潜力。
- 在训练课后要做 20 ～ 25 分钟的有氧运动。
- 高级和专业的健美运动员和力量训练者可以使用更复杂的练习，例如涉及最多 6 个关节的硬拉或力量举。

表 15.2 至表 15.4 是针对业余、高级和专业的健美运动员和力量训练者提供的 MxS 方案。这 3 种人群的负荷差异很大，因为负荷必须与能力和训练潜力相匹配。

表 15.2　业余健美运动员和力量训练者的 MxS 阶段

练习序号	周	1			2	
	步骤	低			中	
	日期	1	3	5	1	3
1	腿推	70/8×3	75/8×4	75/8×4	80/6×4	80/6×4
2	仰卧屈腿	60/10×3	60/10×3	70/7×4	70/7×4	70/7×4
3	滑轮下拉	70/8×3	75/8×4	75/8×4	80/6×4	80/6×4
4	哑铃前推	70/8×3	75/8×4	75/8×4	80/6×4	80/6×4
5	驴式提踵	70/8×3	75/8×4	75/8×4	80/6×4	80/6×4

注：可以组合多个方案。信息提供格式：负荷/重复次数 × 组数，因此 70/8×3 表示使用的重量等于 1RM 的 70%，做 3 组练习，每组重复 8 次。

表 15.3　高级健美运动员和力量训练者的 MxS 阶段

练习序号	周	1				2	
	步骤	低				中	
	日期	1	3	5	7	1	3
1	安全深蹲	75/8×4	75/8×4	75/8×4	75/8×4	80/6×5	85/5×5
2	站姿屈腿	60/10×4	60/10×4	65/10×4	65/10×4	70/7×5	85/5×5
3	斜托卧推	75/8×4	75/8×4	75/8×4	75/8×4	80/6×5	85/5×5
4	俯身杠铃划船	75/8×4	75/8×4	75/8×4	75/8×4	80/6×5	85/5×5
5	驴式提踵	75/8×4	75/8×4	75/8×4	75/8×4	80/6×5	85/5×5
6	诺德士卷腹	60/10×4	60/10×4	65/10×4	65/10×4	70/7×5	85/5×5

注：在第 3 周的最后一次锻炼中，负荷超过 100%，执行离心练习。练习 2 和 6 只能使用 MLM，因为这些练习不适合离心训练。信息提供格式：负荷/重复次数 × 组数，因此 75/8×4 表示使用的重量等于 1RM 的 75%，做 4 组练习，每组重复 8 次。

表 15.4　专业健美运动员的 MxS 阶段，MLM 和离心方法相结合

练习序号	周	1							2		
	步骤	低							中		
	日期	1	2	3	4	5	6		1	2	3
1	安全深蹲	70/8×6	70/8×6	休息	75/8×3	80/6×3	80/6×5	休息	80/6×6	85/4×6	120/4×6
2	站姿屈腿	70/8×5	70/8×5	休息	75/8×6	75/8×6		休息	75/8×6	75/8×6	80/6×5
3	T 杆划船	70/8×6	70/8×6	休息	75/8×3	80/6×3	80/6×5	休息	80/6×6	85/4×6	85/4×6
4	平卧推	70/8×6	70/8×6	休息	75/8×3	80/6×3	80/6×5	休息	80/6×6	85/4×6	120/4×6
5	驴式提踵	70/8×6	70/8×6	休息	75/8×3	80/6×3	80/6×5	休息	80/6×6	85/4×6	120/4×6
6	诺德士卷腹	70/8×5	70/8×5	休息	75/8×6	75/8×6		休息	75/8×6	75/8×6	80/6×5

注：负荷超过 100% 时，执行离心练习。对于负荷较低的练习 2、3 和 6，仅使用 MLM，因为这些练习不适合离心训练。信息提供格式：负荷/重复次数 × 组数，因此 75/8×4 表示使用的重量等于 1RM 的 75%，做 4 组练习，每组重复 8 次。

2		3		
中		高		
5		1	3	5
80/6×3	90/3×1	90/3×4	90/3×4	90/3×4
70/7×4	70/7×4	70/7×4	70/7×4	70/7×4
80/6×3	90/3×1	90/3×4	90/3×4	90/3×4
80/6×3	90/3×1	90/3×4	90/3×4	90/3×4
80/6×3	90/3×1	90/3×4	90/3×4	90/3×4

2		3				
中		高				
5	7	1	3	5		7
90/3×5	90/3×5	90/3×5	95/2×5	95/2×3	100/1×2	120/3×5
90/3×5	90/3×5	80/6×5	80/6×5	80/6×5		80/6×5
90/3×5	90/3×5	90/3×5	95/2×5	95/2×3	100/1×2	120/3×5
90/3×5	90/3×5	90/3×5	95/2×5	95/2×3	100/1×2	120/3×5
90/3×5	90/3×5	90/3×5	95/2×5	95/2×3	100/1×2	120/3×5
90/3×5	90/3×5	80/6×5	80/6×5	80/6×5		80/6×5

2			3						
中			高						
4	5	6	1	2		3	4	5	6
休息	90/3×7	120/3×7	90/3×6	95/2×3	100/1×4	130/3×7	休息	95/2×7	130/3×7
休息	80/6×6	80/6×6	80/6×6	80/6×6		85/4×5	休息	85/4×5	85/4×5
休息	90/3×7	90/3×7	90/3×6	95/2×3	100/1×3	100/1×3	休息	95/2×7	95/2×7
休息	90/3×7	120/3×7	90/3×6	95/2×3	100/1×3	130/3×7	休息	95/2×7	130/3×7
休息	90/3×7	120/3×7	90/3×6	95/2×3	100/1×3	130/3×7	休息	95/2×7	130/3×7
休息	80/6×6	80/6×6	80/6×6	80/6×6		85/4×5	休息	85/4×5	85/4×5

营养

与混合阶段一样，这个阶段也是经典的肥大（膨胀）阶段和肌肉塑形阶段的中间阶段。MxS 阶段的营养目标是保持大部分体重，并巩固在肥大阶段获得的所有肌肉量，理想情况是增加肌肉量，同时最大限度地增强通常与体重和肌肉量一起增加的力量。

在此阶段，你要稳定通过肥大阶段获得的肌肉量，并确保自己的身体脂肪百分比不会超过肥大阶段的水平。继续摄取与混合阶段中相同的热量水平，即用每天摄入的热量保持稳定的体重。将该热量水平保持到进入肌肉线条阶段。与在肥大阶段的摄入量相比，膳食蛋白质摄入量应在同一水平，而膳食脂肪摄入量则更低。

补剂

在 MxS 阶段中，补剂的作用比在前 3 个阶段中更重要。低碳水化合物的热量配额和膳食蛋白质将为你提供所需的大部分营养去巩固已增加肌肉量（通过增加肌肉蛋白质含量和纤维密度），并开始准备减少身体脂肪。然而，由于在肥大阶段中的每日热量大幅下降，而且训练强度在不断增加，用一些有针对性的补剂来补充饮食将帮助你获得更大的进步。

你需要的不仅仅是基本的每日维生素和矿物质片剂。要定期使用 MVM、Antiox 和 EFA+。像在肥大阶段中那样，根据需要使用其他补剂，如 Exersol、ReNew、Regulate、Joint Support、MRP LoCarb 和 LoCarb 运动能量棒。

如果你遇到训练问题、关节疼痛、受伤或过度训练，我们推荐使用 Joint Support 或 ReNew。MRP LoCarb 和 LoCarb 运动能量棒非常适合作为小吃或餐后补充，可以帮助你以健康的低碳水化合物方式实现自己的热量目标。此外，如果在本阶段达到瓶颈，特别是训练瓶颈，你可以使用 Exersol 来最大限度地提高训练效果。

除了已经提到的补剂以外，在 MxS 阶段需要更复杂的组合。此时通常需要用额外的瘦蛋白来补充饮食，并在增加蛋白质后通过降低膳食脂肪来保持卡路里水平不变。你还需要使用 3 种或 4 种以下所列配方来最大化厌氧能量系统和合成代谢动力：Myosin Protein、Creatine Advantage、TestoBoost 和 GHboost。TestoBoost 和 GHboost 一起使用可以最大限度地提高睾酮、生长激素和 IGF–1 的内源性生产，从而最大化其合成代谢和脂肪燃烧作用。

Myosin Protein Complex 当你在食物中难以摄入足够的蛋白质时，这一款补剂产品可以让你在保持蛋白质水平上升同时减少热量。它是高质量蛋白质粉末的协同作用混合物，其中包括特别开发的谷氨酰胺源。Myosin Protein Complex 含有快速吸收和缓慢吸收的蛋白质，旨在增加蛋白质合成和减少肌肉分解。其工作原理是增加合成代谢激素和减少分解代谢激素，为身体提供更多免疫反应来克服过度训练，并最大化运动的合成代谢作用和脂肪燃烧作用。由于分离各种蛋白质的过程比较温和，该配方保持了未变性乳清蛋白、酪蛋白和大豆蛋白的有益免疫作用及其他作用。

Creatine Advantage 尽管热量摄入量下降，但这一款补剂产品使能量系统保持在高水平。通过增加内源性磷酸肌酸的水平，Creatine Advantage 增加了立即可用的能量，这是在 MxS 阶段增加运动强度所必需的燃料。添加的氨基酸和二肽可以自然地增加肌酸的吸收和利用，并增强该配方的量化作用、抗分解作用与合成代谢作用。

TestoBoost TestoBoost 含有多种天然成分；旨在增加天然睾酮的形成，并减少因睾酮转化为雌激素和二氢睾酮引起的任何潜在副作用。通过提高身体的天然睾酮水平，TestoBoost 可以降低身体脂肪，同时增加肌肉量。

GHboost 这一款补剂产品可以提高身体的生长激素（GH）和胰岛素样生长因子 1（IGF-1）的自然产生，从而增加肌肉量并减少身体脂肪。GH 和 IGF-1 的天然生理增长在达到与个人的遗传潜力一致的水平时，将增强肌肉发育和力量并让体型更强壮，同时减少身体脂肪。

良好的最大力量和营养方案对于引起巨大轰动的劳拉·比内蒂的成功有着巨大的作用。

肌肉塑形（MD） **16**

在肌肉塑形（MD）训练阶段中，运动员努力打造最清晰、优美和可见的肌肉。特定的高重复次数训练方法刺激身体使用脂肪酸作为燃料来源，从而有助于燃烧皮下脂肪，燃烧了这些脂肪，肌肉线条才会显现。

以下是 MD 训练范围的特点：

- 燃烧皮下脂肪并增加肌肉条纹的可见度。
- 通过执行长时间、高重复次数的练习来增加肌肉的蛋白质含量。除了更清晰的肌肉线条，在某些情况下，这些练习也可以增加肌肉力量。
- 通过更好地适应有氧锻炼，可明显增加肌肉内的毛细血管密度，从而导致肌肉尺寸略有增加。

持续时间和训练方法

MD 阶段的持续时间取决于运动员的需要。MD 训练的生理需求可能相当苛刻，因此入门级运动员不应该执行。对于有经验的运动员，该阶段可以是 3 周或 6 周，或者参考我们的模型（图 2.1，第 19 页），由两个 6 周的部分组成。由于后一种选择确保让肌肉线条更清晰，因此准备比赛的健美运动员可能会选择它。

如今绝大多数的健美运动员和力量训练者都相信，他们需要执行的重复次数最多就是 15 次。这些传统主义者认为，增加肌肉尺寸并不需要增加重复次数，这种观点肯定是对的。

不同之处在于，我们脱离了传统的健美和力量训练方法，并认为全身的整体效果比纯肌肉量更加重要。我们想打造更好看的体型：肌肉密度更高、完美对称、更高的肌肉分离度和更清晰的肌肉条纹。我们推广的训练类型将彻底改变许多健美运动员和力量训练者的训练理念。那些使用周期化技巧的人永远不会想回到传统的方法。MD 阶段在塑造理想体型方面起着非常重要的作用。

为了使肌肉分离度、条纹和线条的效果最大化，必须尽可能多地燃烧脂肪。为了达到这个目的，必须增加不间断肌肉收缩的持续时间。健美运动员一直尝试通过有氧运动来燃烧脂肪，如跑步或使用划船机、固定式自行车或者爬梯。然而，这种

戴夫·费雪（Dave Fisher）的标志性姿势展示了他深刻的肌肉条纹。

类型的锻炼并不能也不应该满足大多数那些想要变得非常精瘦的健美运动员。这些活动并不能完全达到消除大部分身体皮下脂肪的目的。

在示例训练方案中推广的训练方法（参阅"方案设计"一节）导致从全身消除脂肪，更重要的是，从参与活动的局部肌肉群中消除脂肪。每个肌肉群和每次锻炼的重复次数都必须大幅度但渐进式地提高。同样重要的是，要以不间断的方式执行此方案，在每次锻炼中，每个肌肉群要执行数百次重复。由于不可能长时间不间断地只锻炼一个肌肉群，所以在锻炼过程中必须持续轮换练习。

为了每个肌肉群都能执行极高的重复次数，必须将负荷降低到 1RM 的 30% ~ 50%。在高重复次数、低负荷组开始的时候，只有数量有限的肌肉纤维是活跃的。其他纤维处于静止状态，但由于收缩纤维变得疲劳，其他纤维会活跃起来。这样逐渐增加被调动的肌肉纤维就可以让一个人长时间地执行练习。长时间的运动耗尽 ATP–PC 和糖原能量供应，留下脂肪酸作为唯一可用于维持此活动的燃料。使用这种燃料来源可以燃烧来自身体的脂肪，特别是皮下脂肪。燃烧这种类型的脂肪会加深肌肉条纹和肌肉线条。

方案设计

为了使用脂肪酸作为燃料，运动员必须在每组练习中不间断地执行大量重复。短时间的 RI 将阻止 ATP–PC 和糖原的恢复，从而迫使身体利用其脂肪酸储备。请务必仔细设计 MD 方案。所选择的练习和训练环节必须让转移环节的时间只需要 2 秒或 3 秒。

练习通常是配对的，因此建议为每节训练课选择的练习数量为偶数，如我们的示例方案所示。表 16.1 和表 16.2 列出了针对业余和高级或专业运动员的 MD 方案。建议的练习仅供参考，如果需要，用户可以选择使用其他练习。在最初的 3 个星期里，训练的目的是将每个练习的重复次数增加到 50 或以上。当完成该训练量时，将练习分为 2 个一组，然后 4 个一组，以此类推，直到最后你可以不间断地执行所有 8 个练习。为了获得最大的收益，理想的方案包含 2 个为期 6 周的 MD 阶段。在肌肉塑形阶段所花费的时间越长，燃烧的脂肪就越多，肌肉就显示出越清晰的条纹。

表 16.1 业余健美运动员和力量训练者的 MD 阶段

序号	所有训练周的练习	第1周	第2周	第3周
1	腿推	每个练习的重复次数增加到30。练习间的 RI = 1 分钟	每个练习执行40次重复。练习间的 RI = 1 分钟	每个练习执行50次重复。练习间的 RI = 1 分钟
2	杠铃前推			
3	卷腹			
4	肱二头肌牧师椅弯举			
		第4周	**第5周**	**第6周**
5	平卧推	不间断地执行2个练习，或者100次重复（例如，50次腿推加50次杠铃前推）。以同样的方式执行其他3对练习。练习间的 RI = 1 分钟	不间断地执行4个练习，或者200次重复。以同样的方式执行其他4个练习。4个练习为1组，组间 RI = 1 分钟	不间断地执行所有8个练习，或者400次重复。8个练习为1组，组间 RI = 1 分钟
6	腿伸展			
7	仰卧屈腿			
8	滑轮下拉			

每周用 30% 的 1RM 完成 2 组或 3 组。

表 16.2 高级或专业健美运动员和力量训练者的 MD 阶段

第 1 ~ 4 周	第 5 ~ 6 周	第 7 周	第 8 ~ 9 周	第 10 ~ 12 周
完成表 16.1 中给出的前 4 周	不间断地执行4个练习，或者200次重复。以同样的方式执行其他4个练习	执行一周的轻量训练，以促进再生	不间断地执行4个练习，或者200次重复。以同样的方式执行其他4个练习	不间断地执行8个练习，或者400次重复

根据你的能力和锻炼承受度，可以用 40% ~ 50% 的 1RM 的负荷执行 3 ~ 5 组。练习间没有 RI。组间 RI 是 1 分钟（如果时间太短，可以略微加长，并在之后缩短为 1 分钟）。

我们将使用表 16.1 中建议的 8 个练习来说明如何运用肌肉线条训练方法。在第 1 周，负荷下降到 30% ~ 50% 的 1RM，业余运动员的负荷较低，高级和专业运动员的负荷较高。以表 16.1 为例，实际方案如下：

1. 在腿推机上以适当的负荷执行 30 次重复。没有任何休息，执行 30 次杠铃前推。
2. 将适当配重的杠铃放在牧师椅弯举长凳上，做 30 次卷腹，然后立即做 30 次牧师椅弯举。
3. 接下来，躺在长凳上，执行 30 次卧推，然后是 30 次腿伸展、30 次仰卧屈腿，最后是 30 次滑轮下拉。

对于 MD 方案，1 组要做完所有 8 个练习。建议的组数并不是一种标准或限制。根据你的锻炼潜力和积极性，可以稍微增加组数。如果练习和训练站的数量较少，可以执行更多的组数，如果是做 8 ~ 12 个练习，则可以执行更少的组数。

以下提示将帮助你成功执行 MD 阶段。

- MD 训练要求不断轮换肌肉群。
- 每组可以执行同一个练习 2 次，特别是针对目标肌肉群的练习。
- 每个练习的重复次数可能并不完全相同。这取决于给定肌肉群或者所选择的特定肌肉的优势和劣势。训练有素的运动员可能会做高达 60 甚至 75 次重复。
- 在整组练习中的速度应该适中。快节奏的举重可能产生高水平的乳酸，这可能妨碍完成整组练习的能力。
- 为了避免浪费时间，如果可能，请在训练课开始之前就安装好所需的所有设备。
- 根据运动员的经验，每周可以做 2 ~ 4 次锻炼，业余运动员少一点，高级或专业运动员多一点。额外的一两次锻炼可以安排为有氧、H 或 MxS 训练。

营养

在代谢饮食的机制中，碳水化合物摄入在所有阶段均保持不变。该方案总是包括 5 个高蛋白日，然后是 36 ~ 48 小时的碳水化合物加载。唯一的变化就是摄入卡路里数，因为保持高蛋白质水平很重要，并且由于碳水化合物水平已经很低，所以运动员必须减少在低碳水化合物阶段中摄取的脂肪量，并在高碳水化合物阶段中减到更低的程度。

在肌肉线条阶段，健美运动员通常称之为"塑形"阶段，运动员将减少热量作为除去身体脂肪的方式。这种做法的原因很简单：在运动员训练身体将脂肪作为主要燃料之后，降低热量和脂肪摄入量可使身体脂肪作为燃料，同时保留肌肉组织。

作为经验法则，你应该在第一周，从每天饮食中减少 500 卡。如果在 MxS 阶段是 4 000 卡，则在 MD 阶段的第一周将每天的摄入量减至 3 500 卡。下个星期，你应该从每天饮食中减去 200 ~ 500 卡，这取决于你摄入的热量，例如，只摄取 2 000 卡的人只需减少 200 卡。在此期间，必须每周测量身体脂肪。你想做到的是每周减去 1.5 ~ 2.0 磅（0.7 ~ 0.9 千克）的身体脂肪，这样就不会在塑形时失去明显的瘦体重。

如果在第二周结束时发现，这一周下降了不到 1.5 磅，那么下一周再减少 200 ~ 500 卡，并在随后的几周内继续减少热量（100 ~ 500 卡），直到每周减去 1.5 磅。如果你在一周内减少的身体脂肪超过 2 磅，那么你减少的热量过多，需要向上调整。

你不必每次都减少 500 卡。你可以微调增加或减少的热量。通常是首先一次减 500 卡，然后在接下来的几周内可能是 100 ~ 500 卡，当越来越接近目标时，一次 100 ~ 200 卡。要记住，有一点很重要，你的真正目标不是减少热量，而是身体脂肪。

必须允许卡路里数量的变化，才可以实现每周减脂 1.5 ~ 2.0 磅的最优成果。

在此阶段将需要大量实验，以找到适合你自己的热量摄入量。虽然一般来说，下降 500 卡似乎是一个不错的起点，对于热量摄入量较高的人尤其如此，但你必须找到最适合自己的数字。根据每个人的初始热量摄入量和代谢能力，最终下降的热量水平将会有所不同。有些健美运动员在塑形阶段每天从 5 000 卡降低到 3 000 卡。有些人可能需要降低到 1 500 卡才能看到效果。如果他们减掉了相当多的身体脂肪（记住每周 1.5 ~ 2 磅的准则），他们变得更瘦，并且没有明显地减少瘦体重，他们就应该保持在目前的水平，直到他们"瘦掉"。此时，他们可以增加热量，直到他们在维持甚至可能减少身体脂肪的同时再次增加瘦体重。

健身模特加亚斯·斯塔尔斯非常专注，并且准备好刻苦训练。

只想塑造线条并且从较高身体脂肪水平开始的健美运动员可以直接进入肌肉塑形阶段。他们应该以合理的每日卡路里值开始，通常按每磅体重 15 卡计算。重量为 200 磅（91 千克），身体脂肪为 17% 的人应以每天约 3 000 卡开始，然后按照热量调整说明，保持最佳的每周减脂幅度和最少量的肌肉量损失。不要从太低的热量开始，你将有足够的时间以正确的方式减掉身体脂肪。如果开始时的热量太低，缺乏食物可能比缺乏碳水化合物更容易出问题，这可能会破坏你在重要的第一周中坚持科学饮食计划的努力。

MD阶段的食物选择

表 16.3 中的食物是塑形阶段的理想选择。事实上，在低热量、低碳水化合物的日子里，坚持只食用这份清单中的食物才是明智的做法。所以不在这份清单上的食物，就不应该在那些日子里吃。如果需要，在购物时要坚持清单上的食物，以减少家里可以诱惑自己的"禁品"。在高碳水化合物日子里，家里和餐厅里都会有足够的其他食物。分量很小，因此你需要根据自己的热量水平按倍数食用。例如，如果你每天摄取 3 000 卡，你可以吃 9 盎司（275 克）里脊肉，因此这份里脊肉的热量将是表 16.3 中列出的 141 卡的 3 倍。

表 16.3　塑形阶段的食物选择

食品	热量	碳水化合物
肉		
培根：3 片	129	0
预先烹调的培根：3 片	80	0
牛肉腊肠：2 盎司（60 克）	76	0.4
牛肉汤：1 杯	17	0
牛肉汁加水：6 盎司（180 毫升）	20	0.6
牛肉，烤圆腿肉：3 盎司（90 克）	143	0
牛肉，瘦的碎肉：3 盎司（90 克）	218	0
牛肉，肋眼或 T 骨牛排：3 盎司（90 克）	188	0
牛肉，里脊肉：3 盎司（90 克）	141	0
牛肉，顶级沙朗牛排：3 盎司（90 克）	176	0
野牛或水牛，碎肉：3 盎司（90 克）	207	0
咸牛肉、风干牛肉、瘦的帕马火腿：2 盎司（60 克）	142	0
鹿，麋鹿：3 盎司（90 克）	180	0
动物腰子：3 盎司（90 克）	130	0
羔羊，瘦肉，全切：3 盎司（90 克）	190	0
猪肉，里脊肉 / 猪排 / 火腿，瘦肉：3 盎司（90 克）	170	0
炖、煨的百叶（牛肚）：3 盎司（90 克）	90	3
家禽		
鸡肉（烘、烤或烧烤）：3 盎司（90 克）	133	0
鸡肉汤，低脂肪：1 杯	10	1
小母鸡：3 盎司（90 克）	160	0
鸭肉，纯肉：3 盎司（90 克）	150	0
野鸡或鹌鹑的胸肉：3 盎司（90 克）	120	0
火鸡胸肉：3 盎司（90 克）	133	0
火鸡胸肉，加工过的：1.5 盎司（45 克）	47	0
火鸡萨拉米香肠 2 盎司（60 克）	111	0.3
鱼类和海鲜		
鱼，新鲜或浸在水中：4 盎司（125 克）	120	0
牡蛎，1 打中号的：4 盎司（125 克）	130	4
鲑鱼，新鲜或罐头：3 盎司（90 克）	130	0
虾、螯虾、龙虾或螃蟹：5 盎司（150 克）	125	0
寿司 / 生鱼片，只有鱼：1 盎司（30 克）	30	0
蛋		
蛋替代品，液体，相当于一只大鸡蛋	45	0
一只大鸡蛋的蛋白	19	0
大鸡蛋，煮到全熟或水煮	75	2
乳制品		
奶酪（马斯卡潘、帕尔马）：1 盎司（30 克）	110	1
奶酪，低脂肪：1 盎司（30 克）	60	1
农家干酪或原味酸奶，低脂肪：1/2 杯	90	4
脱脂奶酪：3 盎司（90 克）	80	3

续表

食品	热量	碳水化合物
蔬菜		
苜蓿芽：1/2 杯	5	0.6
芦笋：1/2 杯	15	3
豆（青豆、架菜豆、玉豆或扁豆）：1/2 杯	15	3
抱子甘蓝，煮熟：1/2 杯	25	5
卷心菜、西蓝花或花菜，煮熟：1/2 杯	15	3
胡萝卜：1/2 杯切碎（125 克）	50	12
芹菜：1/2 杯切丁	10	2.2
卷心菜，无卡路里酱汁：2 汤匙	12	2
黄瓜或莳萝酱菜：1 个中号的	5	1
莴苣、松叶生菜、芝麻菜、菊苣：1 杯	10	2
生菜：2 杯加 1 汤匙淡沙拉汁	50	3
蘑菇：1/2 杯	21	4
洋葱、青葱或韭菜：1/2 杯	25	6
辣椒（青椒、红椒或黄椒）：1 个完整的	20	4
小萝卜：1/2 杯	10	2
大黄：1 杯切丁	25	5
泡菜：1/2 杯	21	4
菠菜；瑞士甜菜；芥菜，甜菜，萝卜或芥菜，煮熟：1/2 杯	20	3.5
南瓜（冬南瓜），西葫芦：1 杯切片	20	4
番茄：1/2 杯	15	3
豆瓣菜：1/2 杯切碎	2	0.2
水果		
苹果：1/2 个苹果	45	10
柠檬：1/2 个柠檬	8	2.7
橙或中等大小的葡萄柚：1/2 个橙或葡萄柚	45	10
草莓：1 杯	40	10
MD+ 粉末补剂		
Creatine Advantage：1 勺（10g）	30	3
MRP LoCarb 代餐粉：1 包	250	3
Myosin Protein：1 勺（19 g）	70	1
Power Drink：1 勺（22 g）	80	2
其他		
无热量的人造甜味剂	0	0
无糖汽水、汤力水和其他无碳水化合物饮料	0	0
果冻，无糖：1 杯	8	0
芥末酱，第戎芥末酱：1 汤匙	15	1
芥末酱，普通黄芥末酱：1 汤匙	9	1
芥末酱，普通黄芥末酱，无热量：1 汤匙	0	0
油和脂肪：1 茶匙（4.5 克）	40	0
冰棍，无热量	0	0
辣番茄酱：2 汤匙	14	3
香料和草药	0	0
茶或咖啡，不加糖不加奶	0	0

鱼几乎包括你可以想到的任何鱼类，如鲑鱼、金枪鱼、鳕鱼、比目鱼、黑鳕鱼、圣日比目鱼、鲷鱼、鳗鱼、章鱼、鱿鱼、凤尾鱼、沙丁鱼、鳟鱼和牙鳕鱼。鳗鱼、鲭鱼和鲑鱼等鱼类的身体脂肪更多，因此其热量更多，这些鱼用烤或烧烤的烹调方法可以消除大部分脂肪。

奶酪包括许多种硬奶酪和一些软奶酪。所列出的任何奶酪的低脂肪版本通常是全脂肪版本的一半热量。可以食用的奶酪包括蓝纹奶酪、布里干酪（Brie）、卡门贝（Camembert）、车达奶酪（cheddar）、考尔比干酪（Colby）、红波奶酪（Edam）、山羊奶酪（goat）、高达奶酪（Gouda）、格鲁耶尔奶酪（Gruyère）、林堡干酪（Limburger）、马斯卡彭奶酪（mascarpone）、蒙特里干酪（Monterey）、马苏里拉奶酪（mozzarella）、明斯特干酪（Muenster）、帕尔玛干酪（Parmesan）、菠萝伏洛干酪（provolone）、羊乳干酪（Roquefort）和瑞士干酪（Swiss）。巴氏杀菌加工奶酪切片通常没问题，但要确保每30克奶酪中的碳水化合物含量低于2克。

尽管碳水化合物含量低的水果包括在被允许食物的列表中，但是请勿过度食用这些水果，因为它们会比任何其他被允许的食物更快地提升每天的碳水化合物摄入量。将水果摄入限制在高碳水化合物日，通常是一个好主意，至少在达到体重和身体成分目标之前要这样做。在所有的水果中，也许对这种饮食方法最有用的是葡萄柚和草莓，这两种水果应该是你的首选。如果你需要让它们甜一点，可以使用人造甜味剂。

无论其碳水化合物含量如何，葡萄柚都似乎比大多数其他食物更容易减少体重和脂肪。吃半个葡萄柚（但不是葡萄柚丸或果汁）似乎可以降低胰岛素水平（Fujioka，2004）。因此，它对胰岛素的作用与碳水化合物相反，所以不像真正的碳水化合物。此外，葡萄柚黄烷酮柚皮素可以抑制磷酸肌醇3- 激酶（PI3K）（胰岛素诱导的GLUT4易位的关键调节剂）的活性，从而抑制脂肪细胞中胰岛素刺激的葡萄糖摄取（Harmon and Patel，2003）。这导致更少膳食碳水化合物被储存为脂肪。因此，葡萄柚似乎是通过降低胰岛素水平并降低胰岛素对从碳水化合物形成脂肪的影响来降低胰岛素反应。半个中等大小的葡萄柚有5克纤维，几乎占其热量值的一半。

草莓与葡萄柚一起，是代谢饮食中理想的水果。这些水果的碳水化合物含量相对较低，含有纤维，对健康有积极的影响（Hannum，2004）。葡萄柚的优点是它的糖含量低，对血糖的影响较小。草莓含有丰富的抗氧化剂，相比于苹果和梨，这是极大的优势。

脂肪包括动物脂肪、起酥油和猪油。油包括橄榄油、玉米油、蔬菜油、棕榈油、花生油、大豆油、核桃油、椰子油、亚麻籽油、琉璃苣籽油和鱼油。然而，由于其热量含量高，当你处于塑形阶段时，远离除橄榄油和鱼油之外的大多数其他脂肪和油是明智之举，甚至连橄榄油和鱼油都应谨慎使用。

在肌肉塑形阶段保持尽量不吃脂肪相对较高的食物也是明智的做法，但这些食物的碳水化合物含量低，因此通常在代谢饮的低碳水化合物阶段可以吃。其中包括香肠、腊肠、坚果和花生。鳄梨也属于低碳水化合物但高热量类别的食物，尽管在代谢饮食中通常允许吃鳄梨，但在塑形阶段则不鼓励食用。这是因为一个中等大小的鳄梨（约 145 克）含有 280 卡路里和约 2 克脂肪，其中大部分是不饱和脂肪（占 280 卡中的 250 卡）。它还含有约 1.5 克碳水化合物、1.5 克蛋白质和 4.5 克膳食纤维。在代谢饮食的低碳水化合物阶段，这种组合是可行的，但不适合肌肉塑形阶段的低碳水化合物和低热量需求。

代谢饮食和肌肉线条阶段的最佳含纤维食物

在饮食中包括以下食物将确保你获得最佳分量的不溶性和可溶性纤维，保持肠道健康和整体健康。这些食物因为含有更多的水和纤维，对于塑形阶段尤其有用，它们占的体积更大，使人感觉到更饱，但其热量低于其他食物，从而更容易坚持饮食计划。

苹果（带皮）	葡萄柚
芦笋	青豆、架菜豆
西蓝花	蔬菜（菠菜、瑞士甜菜；
球芽甘蓝	羽衣甘蓝；芜菁、甜菜
卷心菜	和绿叶甘蓝）
胡萝卜	橙
菜花	草莓

试食食品

在高热量、高碳水化合物的日子里，可以吃几乎任何食物。大多数人沉迷于在严格饮食的日子里禁食的食物，包括面包、面食、比萨、甜点、其他水果，以及含酒精的饮品。然而，你必须观察食品的热量，并将卡路里数保持在适合自己所处阶段的范围内。在塑形阶段，明智的做法是保持较低的热量水平，并将碳水化合物限制在每天 150 克。

除了增肌阶段之外，在奖励日摄入太多的碳水化合物食物和热量可以让你退步几天，更难实现你的身体成分目标和成绩目标，因为你可能会每周都前进一步，然后又后退一步。每周都向前两步。后退一步是没问题的，因为后退的一步可以发挥强大的合成代谢影响，并且从长期来看，它可以很好地帮助你最大限度地增加瘦体重。

在肌肉塑形阶段，应该完善比赛准备。在周末试吃各种食物，看看哪些食物会让你的肌肉最大。星期一早上，你就会知道吃的那些食物是否适合自己。如果适合，你看起来会很好——肌肉巨大，看到明显的血管。如果不好看，就知道吃错了。下个周末修改饮食，看看能不能有所改善。这就是代谢饮食的好处——在临近比赛的时候，你已经通过在肌肉线条阶段中每一周的实践来完善了比赛饮食。在雕刻阶段，你已经变成针对比赛操控自己身体的专家（塑形阶段中的最佳食物建议见表 16.3）。

在这些周末实验各种高糖和低糖食品，以及不同的脂肪摄入百分比。了解它们在你身上会有什么效果。每个周末都要当成比赛已迫在眉睫。这样你就可以知道如何以最佳姿态进入比赛。你的信心也会增加，因为你知道对自己的身体有何期待，以及如何让它为比赛做好准备。

赛前阶段

在进入赛前阶段时，你不必做许多更改：你只需要做和前几周的塑形阶段同样的事情。你将离开高脂肪、高蛋白质的饮食，并提高碳水化合物摄入量，以大幅增加肌肉细胞内的糖原和水分。你想要细胞膨胀并增大，但又希望在细胞外液或者说脂肪增多体型变得线条不明显之间停止吃碳水化合物。

代谢饮食的"5天，2天"周几乎像每周都在准备比赛那样。在代谢饮食的周末碳水化合物部分中，你将会准确地知道，在开始变得线条不明显并失去比赛体型之前，可以加载多少个小时的碳水化合物。

这种饮食有许多优点，其中之一是，不论男性还是女性运动员，如果想要参加很多比赛，他们都可以操纵自己的饮食，所以在肌肉塑形阶段，他们绝对不会超过理想的身体脂肪百分比水平。通过这样做，运动员的身体脂肪不会有很大的增长，这让他们可以在两三个星期内下降到比赛水平。

一般来说，在大型比赛前16周左右，就要进入赛前阶段的饮食和训练。因为你已

经通过之前的周末饮食积累了经验，所以你要做的就是根据需要进行微调，即热量的增减。你不应该太过偏离日常的做法。

在比赛之前的最后6 ~ 8周，你应该看起来非常接近于想要在舞台上呈现的样子。通过这种饮食，你可以精确控制每周的进度。在周末的碳水化合物部分之后，你在星期一看起来应该很棒，准备好带着高糖原水平、膨胀的肌肉以及从精准打磨过的周末饮食策略中获得的其他好处继续训练。

只要你保持低脂肪水平，就可以通过赛前阶段准备好一年参加若干场比赛；但是我们建议你每年不要超过4次赛前阶段。显然，这意味着每年最多参加4场比赛。超过这个数字就可能会让你难以重新进入增肌阶段并正确使用它。

你必须在比赛之间建立一定程度的瘦体重，这意味着你会增加一点脂肪。你仍然会膨胀后再减重，但它不会像其他饮食计划一样，使你在获得那么多

这种雕刻过的身体没有一盎司的身体脂肪。

的身体脂肪后，当减脂时，看起来并没有比开始时更好。

在比赛之前要保持一致

在比赛之前，健美运动员的自坑方式有二：恐慌或尝试新的东西。这两种情况都是灾难性的。觉得自己太胖的健美运动员可能会开始做有氧运动，认为这可以摆脱多余的身体脂肪。做大约半小时的有氧运动肯定不会有坏处，因为你会燃烧更多的游离脂肪酸。但人们有时会开始恐慌并过度运动。他们开始每天做 3 ~ 4 个小时的有氧活动来烧掉脂肪；但他们所做的一切都是在消耗能量储备，所以他们的身体开始使用肌肉组织来产生能量。

有些人在进入超级有氧模式时，开始通过大吃大喝来建立肌肉量，他们认为有氧运动会阻止脂肪的积累。事实并非如此。增加卡路里和有氧运动最有可能只是增加身体的分解代谢活动。有氧运动在燃烧脂肪的同时也可以破坏肌肉。即使没有造成大的破坏，也仍然会在一定程度上限制肌肉增长。通常，所摄入的热量越少，同时花越多时间减少身体脂肪，你需要做的有氧运动就越少，并且将保留越多的瘦体重。这使你有足够时间减掉额外的身体脂肪，并在准备比赛时有效地衡量自己的水平。

有些健美运动员决定在比赛前尝试新的东西，期待获得最后的优势。但这是一种错误的想法。他们可能从钠耗竭或钠摄入的手段开始。他们尝试了以前从未尝试过的各种各样的事情，他们最终会突然感到疑惑，他们原来看起来如此美好，怎么现在看起来如此糟糕。在比赛前不要让你的身体系统受惊，使其顺利着陆。不要尝试通过疯狂的特技获得额外的优势而把所有东西都丢掉。不要做任何非常规的事情，当然，也不要恐慌。

停止训练1 ~ 2周

在比赛前 1 ~ 2 周停止训练。无论在哪里，这都是非常适当的。我们的建议是在比赛前 10 天进行最后一次大规模的训练课，为你的肌肉提供最长恢复时间并实现最大增长。不要担心如何保持肌肉量和结实度。你通过练习摆姿势就可以保持，这也会让你有一些有氧活动。当然，除了比赛前一天，在这一段时期内都应该继续练习摆姿势。

虽然在比赛前 10 天左右停止大量训练，但这是你唯一应该停止的时间点。在此过程中任何其他时间点减少训练将使饮食的效果和最终的增长不如预期。饮食和训练携手并进。运动辅助代谢饮食。由运动导致的激素变化导致肌肉中脂蛋白脂肪酶（LPL）的活性增加，而这又会增加游离脂肪酸的分解并减少脂肪的积累。

六十岁的安德烈·埃利（Andre Elie）展示了专注准备比赛的结果。

伦达·默里的赛前准备一直是这项运动中最好的。

确定最好的一天

当你在周末进行碳水化合物加载时，将会了解到需要花多少个小时来让自己达到最佳状态。如前面的建议，你可以尝试各种食物类型来进一步微调时间，从而找出到达最佳状态的精确时间。当比赛临近时，这些信息至关重要，因为你最终会发现自己在一周中的某一天处于最佳状态。在碳水化合物摄入过程中获得的所有水分都已经消失，肌肉糖原和水刚好达到恰当的平衡。你也感觉很好。每个人的系统都不同，运动员之间的差异会很大。目标是为自己找到适合的一天，每周的那一天，也许是星期一、星期二、星期三，无论是哪一天，你都会始终如一。

大多数比赛都在星期六举行。假设你在每星期三状态最好。那么你的目标基本上就是让比赛的那个星期六像星期三一样。由于在碳水化合物摄入后 3 天看起来最好，你应该在比赛前 3 天（在这个例子中就是星期二和星期三）完成碳水化合物摄入。在 3 天后的星期六，你会状态最佳。

请注意，比赛前的周末，你不会像往常一样提高碳水化合物摄取。在周末提高碳水化合物摄取，并在两三天后重复该过程，你可能会重新回到燃烧碳水化合物的代谢，并在比赛的那个星期六让肌肉变得平滑。相反，在比赛前的周末不要碳水化合物摄入。这样，你将在赛前 2 周的星期一至比赛前的那个星期二连续 8 天坚持代谢饮食的高蛋白、高脂肪部分。然后开始你的赛前碳水化合物摄入，那么你就会以最佳状态参加比赛。

这是代谢饮食相比其竞争对手的一个优势领域。坚持高碳水化合物饮食的运动员基本上总是摄入碳水化合物食物，所以他们很难控制其饮食，他们的身体在比赛之前对碳水化合物加载反应良好。经常发生的情况是，他们在比赛前那一周开始时，停止高碳水化合物饮食 3 天，并坚持低碳水化合物 72 小时；然后他们再次摄入碳水化合物食物，希望在参加比赛时可以达到最佳状态。问题是，他们真的不知道自己的身体会如何反应。可能会一切顺利，也可能会是一场灾难。若采用代谢饮食，你确切地知道自己何时看起来最好。因为你的身体每周都会经历一样的循环，所以它已经变得可预测和一致。你确切地知道有何预期，因为你做的事情与前几个月不会有任何不同。

预判

你想精确地预判在哪个小时里自己看起来最好；大多数决定都是在预判中完成的。但身体不是一个可完全准确预测的设备。因此，要确定你的肌肉不会显得平滑，针对预判额外给自己 4 小时，作为一种故障安全机制。也就是说，如果在碳水化合物摄入后 48 小时内达到最佳状态，并且预判将在星期

体液潴留

由于大多数人往往保留一些体液，所有健美运动员都应该考虑这些建议。如果你倾向于潴留体液，请在比赛前 24 小时开始限制自己只喝蒸馏水，并且只摄取少量的钠。蒸馏水和低钠水平可降低细胞外液。还要增加钾、镁和钙摄入量。钾增加细胞内的液体量。较高的钾水平对于肌肉收缩也更好，但你不应该产生过高的钾水平。钙和镁有助于防止痉挛。你希望细胞外液尽可能少，以避免肌肉显得平滑。另一方面，细胞内液会增加细胞大小，所以你的肌肉会更大。它也有助于显露血管。

六的下午 2:00 进行，请倒数 48 小时，就是星期四的下午 2:00。然后，给自己额外的 4 小时，这意味着你应该在星期四下午 6:00 完成碳水化合物摄入。

你也想在晚上的展示中看起来很好，特别是如果预判时间很近，并且最终决定在晚上。幸运的是，你看起来不错的状态通常会持续几个小时，而这几个小时通常会与晚上的显示时间重叠。但是你仍然需要小心。有些参赛者在预判时看起来很好，然后出去吃饭，并认为比赛已经结束。他们会在晚上的展示中因为水分潴留而显得肿胀，而在水平接近的比赛中，他们会因此而输掉。

你必须一整天都保持紧张。保持最少量饮食，并且是高脂肪模式。即使胃里有食物也会导致轻微的肿胀。如果你想保持完美的体型；就要坚持执行方案直至完成晚上的比赛。当然，这只是一个示例。你必须研究饮食，以找到最适合自己的方法。这种饮食方法与你以前一直坚持的任何饮食方法的最大差异就是：你可以准确地计划自己的比赛方案。

补剂

循环营养补剂意味着在每个阶段使用不同的补充剂组合（特定于各个阶段的补充剂）。始终以正确的理由在正确的时间使用补剂。例如，在增肌阶段的饮食需求和各种补剂的效果都会与肌肉塑形阶段有很大差异。训练日所需的营养补剂与休息日需要的也不一样。通过操纵在训练中和训练前后的饮食和营养补剂，可以增加训练中的合成代谢和燃烧脂肪的作用，并且可以缩短恢复时间，提高在下一次训练课

劳拉·比内蒂展示了专注准备比赛的成果。

中的执行能力。

影响饮食和营养补剂的使用的其他因素包括健美运动员的训练背景及其达到的水平。健美新手即使只使用简单的训练程序加上高热量、高蛋白质的饮食也会相对容易地取得进步，他们不需要复杂的饮食改变和先进的营养补剂，那是高级健美运动员取得进步所必需的。

补剂在塑形阶段证明自己的价值，它们在维持和提高对代谢饮食和训练的合成代谢和脂肪燃烧反应方面非常有用。在这个阶段，你始终要减少热量，使身体有效地使用身体脂肪作为燃料；而在这样做的时候，你的系统往往会将其激素和代谢改变为求生模式，这对你的目标会产生反效果。代谢饮食在这里有很大的帮助，但补剂也很重要。以下补剂在此阶段的效果不错。

- Exersol
- MRP LoCarb 和 LoCarb 运动能量棒
- TestoBoost
- GHboost
- Creatine Advantage
- Myosin Protein
- Metabolic

在塑形阶段和赛前阶段中使用的补剂几乎没有区别。唯一要注意的是某些补剂对肌肉线条可能产生的影响。例如，有些健美运动员在比赛前几周停止使用肌酸，因为如果不停止的话，他们会留下更多的水分，肌肉线条不够清晰。某些补剂（如 Myosin Protein、Metabolic、ReNew and Joint Support）则通常应该随着比赛的临近而增加使用。

过渡（T）**17**

如我们的例子中所建议的，年度计划中应该以一个过渡（T）阶段结束。经过多个月的强化训练后，运动员必须让自己的身体得到休息，以便在开始新的一年的训练之前可以恢复和再生。除了年底的过渡阶段，我们还建议在每个不同的训练阶段之间有一个短时间的过渡期。

以下是 T 训练范围的特征。

· 减少训练量并降低训练强度，有助于消除在前一阶段或年度计划中产生的疲劳。
· 补充耗尽的能源储备。
· 帮助放松身心。

持续时间

如果年底的 T 阶段超过 4 ~ 6 周，那么艰苦训练所带来的好处将逐渐消失，训练效果会退化。此外，运动员若坚持 4 ~ 6 周的 T 阶段，但没有进行力量训练，就可能会出现肌肉缩小的情况，并且可能爆发力会大大减弱（Wilmore and Costill，1999）。

在过渡期间，身体活动减少 60% ~ 70%。然而，建议在低强度训练期间轻量训练那些不对称或可能变得不对称的肌肉。

方案设计和停训

只有让身体不断接受适当的训练刺激，才有可能增加或保持肌肉的大小和力量。当训练减少或停止时，如同长时间的过渡阶段一样，对肌肉细胞和身体器官的生物学状态会有干扰。因此，运动员的生理健康和锻炼效果会显著下降（Fry et al.，1991；Kuipers and Keizer，1988）。这种减少训练的状态可能使运动员容易患上停训综合征（Israel，1972）或运动依赖综合征（Kuipers and Keizer，1988），其程度取决于停训时间的长短。

以下是停训的影响:

- **肌肉纤维变小**。只是几周没有活动,肌纤维横截面的面积减少就会变得明显。这些变化是由于蛋白质降解(分解代谢)的速度更快,逆转了在训练过程中获得的肌肉增长。肌肉中较高的钠离子和氯离子水平也会促进肌纤维分解(Appell,1990)。
- **力量损失**。在不活动的第一周内,力量会以每天3% ~ 4%的速度减少(Appell,1990),这主要是由于运动原单位的退化。慢缩纤维通常最早失去发力的能力,而快缩纤维通常需要更长时间才会受到不活动的影响。在停训状态下,身体不再能调动同样数量的运动单位,导致肌肉内部产生的力量净减少(Hainaut and Duchatteau,1989;Houmard,1991)。
- **睾酮水平降低**。停训使身体的天然睾酮水平下降。由于睾酮的存在对于肌肉大小和力量的增加至关重要,因此肌肉中的蛋白质合成会随着睾酮水平的下降而减少(Houmard,1991)。头痛、失眠、疲惫感、食欲不振、更加紧张、情绪障碍和抑郁症都是与完全停训相关的常见症状。运动员可能会出现一种或多种这些症状,所有这些症状都与睾酮和 β - 内啡肽水平降低有关,β - 内啡肽是一种神经内分泌化合物,它是运动后的愉悦感的前兆(Houmard,1991)。

营养

我们通常建议在过渡期间停止代谢饮食的严格部分,并重新引入适量的碳水化合物(占总热量摄入量的20% ~ 50%),减少蛋白质,并仅食用适量的脂肪——换句话说,几乎是正常的北美饮食。不要担心当需要回归严格的代谢饮食时会出现问题。你的身体会"记得",并且会更容易回到那种节奏。

补剂

在 T 阶段,减少除 MVM、维生素和矿物质补剂以外的所有补剂。你可能希望在此阶段使用的另一种补剂是 ReNew,因为此补剂是为了让你的系统(特别是免疫系统)恢复正常。免疫系统是增加训练强度(肥大、混合训练、力量训练)的第一道防线,需要在长时间的周期化训练后恢复正常。ReNew 的配方不仅用于增强免疫系统,还能使代谢正常化,并且自然地支持甲状腺素、睾酮、GH、胰岛素和肾上腺素的功能。在长时间的周期化训练结束时,它是应对锻炼疲劳的完美营养补剂。

理解食品标签 附录 A

在美国，大多数包装食品的营养标签是强制性的，受食品和药物管理局（FDA）及美国农业部的监管。营养成分表通常包括以下组成部分，并按以下顺序排列：

· 分量信息；

· 热量信息；

· 特定营养素的数量和每日营养建议摄入量百分比；

· 维生素和矿物质；

· 成分列表和避免过敏的信息。

听起来很简单，不是吗？很不幸，事实并非如此。并不是只有你一个人会对食品标签中列出的内容感到困惑，特别是比较复杂的标签（Cowburn and Stockley，2005；Rothman et al.，2006）。然而，研究表明，通过一些方式帮助去解读营养成分标签，可以让这些标签成为增加营养知识的有效教育工具（Hawthorne et al.，2006）。

不幸的是，大多数人对食品标签上的内容并不够了解，无法明智地做出对自己最有利的选择。原因有二。首先，大多数人并不完全了解标签上使用的语言；第二，有关较新的低碳水化合物产品的标签信息尚未得到 FDA 的有效监管，也更难于理解。

大多数人认为自己知道在营养标签上有哪些重要信息（例如，食物或补剂中的热量，甚至碳水化合物、脂肪和蛋白质的含量）。但是他们错了——在没有一些指导的情况下，标签并不是那么容易理解和使用的。阅读和评估食品标签的能力不仅仅是选择健康饮食的问题。对于尝试获得肌肉量并改善身体成分的人来说，选择合适的食物组合对成功至关重要。对于试图治疗慢性疾病（如心脏病或糖尿病）的人来说，标签阅读有时甚至可能会救其一命。

知道要找什么是理解营养成分标签的第一步。营养成分标签（附图 1）给出了很多信息，但关键是知道如何使用这些信息来帮助你做出适合自己的食物选择。如你所见，食品标签旨在提供每种食品中的具体成分信息，你可以使用这些信息来保持健康饮食并实现自己的目标。标签上的营养物质排列顺序是从应该限制的营养物质（如脂肪、胆固醇和钠）到需要确保获得足够分量的营养物质（如膳食纤维、维生素A 和 C、钙和铁）。但是，正如你将会看到的，尽管这些信息很有用，但它有局限性。

分量信息　在查看食品上的营养成分标签时，请先阅读标签顶部的食物建议分量和每个包装的份数。一定要比较分量与你的食量。例如，分量是 1 杯，而你可能

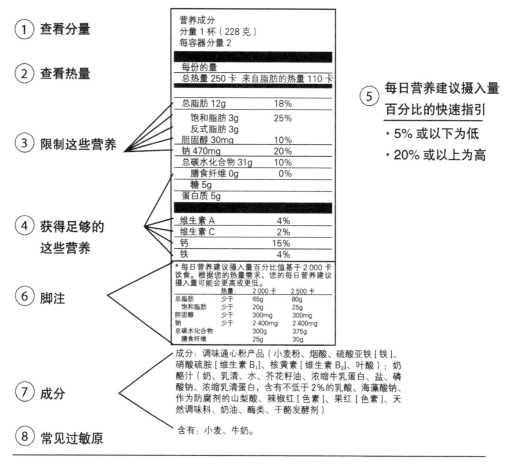

① 查看分量

② 查看热量

③ 限制这些营养

④ 获得足够的
这些营养

⑥ 脚注

⑦ 成分

⑧ 常见过敏原

⑤ 每日营养建议摄入量
百分比的快速指引
· 5% 或以下为低
· 20% 或以上为高

营养成分
分量 1 杯（228 克）
每容器分量 2

每份的量
总热量 250 卡　来自脂肪的热量 110 卡

总脂肪 12g	18%
饱和脂肪 3g	25%
反式脂肪 3g	
胆固醇 30mg	10%
钠 470mg	20%
总碳水化合物 31g	10%
膳食纤维 0g	0%
糖 5g	
蛋白质 5g	

维生素 A	4%
维生素 C	2%
钙	15%
铁	4%

* 每日营养建议摄入量百分比值基于 2 000 卡
饮食。根据您的热量需求，您的每日营养建议
摄入量可能会更高或更低。

	热量:	2 000 卡	2 500 卡
总脂肪	少于	65g	80g
饱和脂肪	少于	20g	25g
胆固醇	少于	300mg	300mg
钠	少于	2 400mg	2 400mg
总碳水化合物		300g	375g
膳食纤维		25g	375g

成分：调味通心粉产品（小麦粉、烟酸、硫酸亚铁［铁］、
硝酸硫胺［维生素 B₁］、核黄素［维生素 B₂］、叶酸）；奶
酪汁（奶、乳清、水、芥花籽油、浓缩牛乳蛋白、盐、磷
酸钠、浓缩乳清蛋白，含有不低于 2% 的乳酸、海藻酸钠、
作为防腐剂的山梨酸、辣椒红［色素］、果红［色素］、天
然调味料、奶油、酶类、干酪发酵剂）

含有：小麦、牛奶。

附图 1　营养标签

会吃两杯。在这种情况下，你吃的是分量的 2 倍，所以你需要将热量和其他营养成分的数字乘以 2，包括每日营养建议摄入量的百分比值。

　　热量信息　继续往下看标签，"总热量"和"来自脂肪的热量"。总热量包括来自脂肪、碳水化合物和蛋白质的热量，是每份建议分量的热量。来自脂肪的热量是在一份食品中来自脂肪的热量。列出来自脂肪的热量，而不是来自碳水化合物或蛋白质的热量，原因是过去几十年来，我们一直强调降低饮食中的脂肪对健康有好处。将这些信息放在标签上让人们可以很容易就了解其饮食中的脂肪量，一般建议是每天的热量中不多于 30% 来自脂肪。这意味着在允许的 2 000 卡中，不超过 600 卡来自脂肪。

　　知道一部分食物的总热量，就可以比较从食物中摄入的热量与每天需要的总热量。如果你在尝试管理体重，选择热量较低的食物将有所帮助。即使每份的热量只有微小差异，汇总一天的量也可能会不少。阅读标签的其余部分时，请记住以下几点。

· 1 克脂肪含约 9 卡。

· 1 克蛋白质含约 4 卡。

· 1 克碳水化合物含约 4 卡。

通过一些简单的计算，就可以确定总热量和来自脂肪的热量之间的差，那就是来自碳水化合物和蛋白质的热量。你还可以通过将碳水化合物和蛋白质的克数各自乘以 4，从而简单地计算出来自这两种营养素的热量。

特定营养素的数量和每日营养建议摄入量的百分比值 标签的下一部分列出了一份食品中特定营养素的含量以及一份食品中所提供的每种营养素的每日营养建议摄入量百分比。营养量以克或毫克计，取决于具体的营养素。右栏中列出的每日营养建议摄入量百分比的基数是普通人的 2 000 卡饮食所建议的每种营养成分的量。在标签下方的脚注中提供了标准的 2 000 卡和 2 500 卡饮食的每日营养建议摄入量。

每日营养建议摄入量百分比值告诉你，一份食物中的营养素对建议的每日摄入量有多少贡献。目标是每天吃足 100% 的营养建议摄入量。例如，如果一份食物列出含有每日营养建议摄入量的 25% 的蛋白质，那么根据 2 000 卡的每日摄入量，这一份食物可提供 25% 的每日蛋白质需求量。每日营养建议摄入量百分比值是衡量某种食物的特定营养素含量高低的指标。如果百分比 10% ~ 19%，该食物被认为是这种营养的良好来源。如果某食物的每日营养建议摄入量百分比值为 5% 或更少，那么可以认为它的这种营养素含量低；如果其百分比值超过 20%，则认为它的这种营养素含量高。

在标签的这个部分中首先列出的营养素包括大多数人应该限制的营养，包括总脂肪、饱和脂肪、反式脂肪、胆固醇和钠。总脂肪是一份食物中的脂肪总量。虽然建议总脂肪要低，但今天的共识是，我们每日摄入的热量中有 20% ~ 30% 应来自脂肪。然而，这种共识是针对普通人，而不是那些遵循阶段性饮食并将其身体从依赖于碳水化合物转变为依赖于脂肪（包括身体脂肪）作为其主要燃料的人。

饱和脂肪和**反式脂肪**被认为是坏脂肪，因为它们能够提高胆固醇水平（膳食胆固醇也同样能够）和增加心脏病的风险。在黄油、奶酪、全脂奶、全脂奶制品、肉类和家禽中可以发现更大量的饱和脂肪，但饱和脂肪实际上并没有显示出可以提高心脏病的发病率（Di Pasquale，2002 ~ 2008）。食品加工商使用反式脂肪来延长加工食品的保质期。反式脂肪含量高的食物包括人造黄油、蔬菜起酥油、曲奇饼、薄脆饼干、小吃食品、油炸食品和其他加工食品。由于最近消费者对反式脂肪的认识有所增加，许多食品制造商正试图减少或消除其产品中的反式脂肪。

在美国，食品制造商必须在所有产品上列出反式脂肪。如果产品来自美国以外，并且未列出反式脂肪的含量，请查看成分列表中是否有部分氢化油 等术语。这些术语表明在产品中可能有反式脂肪。有些膳食补剂（例如高蛋白棒、能量棒和膳食替代物）可能含有来自部分氢化植物油的反式脂肪，以及饱和脂肪和胆固醇。因此，FDA 要求，如果膳食补剂每份含有 0.5 克或更多的反式脂肪，就必须在标签上注明反式脂肪水平。

FDA 没有要求将不饱和脂肪（包括多不饱和脂肪与单不饱和脂肪）列在标签上。如果没有列出，你可以从总脂肪中减去反式和饱和脂肪的量来估计食物中不饱和脂肪的总量（尽管不是单独数量）。

胆固醇　是体内包括维生素 D 和一些激素在内的许多物质的内源性生产所必需的。当然，如果胆固醇水平太高，也可能成为一个问题。

钠　主要来自食物中天然存在的盐，或更常见的是被添加到食物中的盐，钠可能导致液体潴留和高血压，因此应受到限制。要了解食物中有多少钠，这可能对希望在比赛准备期间限制钠摄入量或者希望钠加载的健美运动员特别有用。

关于其他两种营养元素（碳水化合物和蛋白质）的信息也可以在标签的这个部分中找到。碳水化合物被拆分为总碳水化合物、纤维 和糖。总碳水化合物是每份食品中的碳水化合物总量，以克为单位。总碳水化合物总计了食物中所有碳水化合物来源的量，包括纤维、糖、淀粉、糖醇和甘油。

膳食纤维　是来自植物食品的不可消化（不溶性纤维）或部分可消化（可溶性纤维）的部分，以克为单位。已证明高纤维食物有益于体重控制、糖尿病、高胆固醇和某些形式的癌症。含有 5 克或以上纤维的食品被认为是高纤维食品。

糖　是总碳水化合物含量的一部分，以克为单位。糖包括通常存在于食物中的天然糖和添加的糖。可以查看成分列表，了解添加了哪些糖类，例如葡萄糖、果糖、食糖、葡萄糖、麦芽糖、高果糖玉米糖浆、浓缩果汁、原糖、枫糖浆、糖蜜、大麦和麦芽。坚持低碳水化合物饮食者应该将麦芽糖醇、木糖醇、山梨糖醇和甘油等糖醇视为碳水化合物。仔细查看标签，因为现在规定制造商要以克或毫升为单位说明每个指定分量。任何试图改善身体成分、健康和提高成绩的人都应避免这些添加的糖。尽管有足够理据支持在运动后补充糖，但是简单糖类在任何时候对于坚持代谢饮食的人来说都是有反作用的。

蛋白质，以克为单位，告诉你在一份食物中的总蛋白质量有多少。尽管各种蛋白质来源的生物学价值和作用存在差异，但标签中并没有区分蛋白质类型或来源。氨基酸和肽（包括来自水解的小麦麸的谷氨酰胺肽）也没有包括在内，因为不将它们视为全食物蛋白质。在我们看来，这是一个严重的错误，因为氨基酸和肽是全蛋白质的分解产物，因此应该在总蛋白质数量中将它们计算在内。

维生素和矿物质　食品标签上列出了维生素和矿物质。如牛奶制品、亚麻籽、全麦面包和酸奶的标签等大多数标签都会列出维生素 A、维生素 C、维生素 E、钙、铁、硫胺素、镁、锌和硒。若标签仅列出维生素 A、维生素 C、钙和铁，那是因为世界各地的执委会认为这些元素对健康至关重要。所有这些元素都以百分比来标示，因为我们就是要每天摄取 100% 的所有这些营养物质，才可以防止营养缺乏症。

成分列表和避免过敏原的信息　成分列表是营养标签的另一个部分，概述产品中所有的成分。按照食品所含成分多少的顺序列出各种成分。除宏量营养素之外，还会列出其他成分，如香料、防腐剂、人造色素和调味料。成分列表可以帮助你确定该食品是否适合自己，具体取决于你想或不想哪些成分进入身体。

FDA 要求食品制造商在食品标签上以成年人和大龄儿童可以理解的简单术语列出常见的食物过敏原。常见的过敏原包括牛奶、鸡蛋、花生、小麦、大豆、鱼、贝类和坚果。虽然它们已列在成分中，但食品标签还必须清楚地说明（在成分列表之后或旁边）产品是否含有任何这些过敏原。

标签术语及其含义

除了理解食品标签外，消费者（特别是坚持特殊饮食的人）也需要了解贴在食品包装上的营养声明。有些标签声明其产品的胆固醇或脂肪含量低。但是，这些声明具有非常明确的意义（而我们大多数人都不了解），只有在食品符合严格的政府定义的情况下才能使用。

例如，减量的标准总是指比原始参考食品低至少 25%。虽然标签上可能会说食物少脂肪或少钠，但这只意味着食物中的脂肪或钠比原始产品少了 25%。因此，如果原始产品的脂肪或钠含量较高，则减少版本的产品将会含量低一点，但仍可能相对较高。

即使食物的脂肪含量低，该食物也不一定是有营养的。脂肪含量低的食物可能糖含量高。食品公司还会声称"无胆固醇"（意思是制造产品时没有使用动物脂肪），但并不一定意味着该产品的脂肪含量低。根据政府规定的定义，附表 1 提供了一些术语的含义。

附表 1 标签上常用术语的定义

无糖	每份不足 0.5 克糖
减糖	每份起码减少 25% 的糖
无添加糖	在加工或包装过程中没有加糖；可能包括已经含有天然糖的产品，如干果和果汁
无热量	每份不足 5 卡
低热量	每份不超过 40 卡
无脂肪	每份不足 0.5 克的脂肪
无饱和脂肪	每份不足 0.5 克饱和脂肪，反式脂肪酸含量不超过总脂肪的 1%
低脂肪	每份不超过 3 克脂肪，或者，如果每份的量为不足 30 克或 2 汤匙，则每 50 克产品不超过 3 克脂肪
低饱和脂肪	每份不足 1 克饱和脂肪，并且来自饱和脂肪的热量不超过总热量的 15%
减或少脂肪	比原始参考食品每份起码减少 25% 的脂肪
减或少饱和脂肪	比原始参考食品每份起码减少 25% 的饱和脂肪
轻	比相同常规产品少 50% 的脂肪；也可以用来表示少 1/3 的热量或少 50% 的钠
瘦	少于 10 克的脂肪、4 克的饱和脂肪和 95 毫克的胆固醇
极瘦	少于 5 克的脂肪、2 克的饱和脂肪和 95 毫克的胆固醇
无胆固醇	少于 2 毫克的胆固醇和不超过 2 克的饱和脂肪
低胆固醇	每份不超过 20 毫克的胆固醇和不超过 2 克的饱和脂肪，或者，如果每份的量为不超过 30 克或 2 汤匙，则每 50 克产品不超过 20 毫克的胆固醇和不超过 2 克的饱和脂肪
减或少胆固醇	比原始参考食品每份起码减少 25% 的胆固醇，并且不超过 2 克的饱和脂肪
无钠	每份少于 5 毫克钠
低钠	每份不超过 140 毫克的钠
非常低钠	每份不超过 35 毫克的钠
减或少钠	比原始参考食品每份起码减少 25% 的钠
高纤维	每份至少 5 克纤维；高纤维声明也必须符合低脂肪的标准，或在高纤维声明旁边必须显示总脂肪的含量
良好的纤维来源	每份 2.5 ~ 4.9 克纤维
更多的纤维	至少比最初的参考食物每份餐多摄入 2.5 克的纤维

变相的碳水化合物

如果你计算碳水化合物的克数，就需要考虑产品中的大部分碳水化合物，以汇总可以在碳水化合物计算中使用的数量。有许多问题需要考虑，尤其是许多制造商会使用各种把戏来避重就轻地说明其产品的碳水化合物含量。我们很容易发现大多数的碳水化合物食物。大家都知道，糖、土豆、米饭、面包和烘焙食品大都是碳水化合物。但是有些碳水化合物食物或类似碳水化合物的成分会较难察觉，甚至阅读成分表也可能无法知道在某些食品和补剂中真正含有多少克碳水化合物。有些化合物有甜味且高热量，但确切意义上并不是碳水化合物食物，这会给人造成困惑。它们既不是脂肪也不是蛋白质类食物。

到底什么是碳水化合物，什么不是碳水化合物，任何人若试图证明自己的观点或试图欺骗公众，似乎对此都可以有自己的解读。因此，想要将这些物质纳入其产品（因为它们可以增加碳水化合物的味道），但是并不希望在营养成分表中将其列为碳水化合物的制造商就可以在某程度上这样做。

在代谢饮食中，选择低碳水化合物的原因是要最大限度地改善身体成分。因此，你需要计算碳水化合物的克数或来自碳水化合物的热量。在这种情况下，任何破坏脂肪酸分解和氧化的物质都应该被认为是碳水化合物，因此可能对饮食不利。无论确切意义上是否为碳水化合物，重要的是它在体内的作用，以及对内源性和外源性宏量营养素代谢的影响。

对于食品标签，困惑主要来自食品和补剂行业。制造商总是会耍滑头。首先，他们希望你购买其产品。为此，他们必须让你听到你想听的，事实是，如果每份产品含有不超过 3 克的碳水化合物，FDA 指南允许在食品标签上使用低碳水化合物的表述。以 FDA 为碳水化合物定义的食品标签术语可能会令人困惑；然而，有些定义很简单，例如：

- 总碳水化合物的计算是从食物的总重量中减去粗蛋白质、总脂肪、水分和灰分的总和。
- 糖是所有游离单糖和二糖（如葡萄糖、果糖、半乳糖、乳糖、果糖和蔗糖）的总和。
- 糖醇是以羟基代替酮或醛基的糖衍生物的总和，其在食品中的使用被 FDA 列为安全（甘露醇、木糖醇）或通常被认为是安全的（山梨醇）。
- 其他碳水化合物是总碳水化合物减去膳食纤维、糖和糖醇（如果存在）之和的结果（Altman，1998）。
- 丙三醇（Glycerol）和甘油（glycerin）指的是相同的物质。FDA 营养标签规定中要求，当甘油用作食品成分时，必须将其包含在所宣布的每份食品的总碳水化合物克数中。此外，当含有甘油的食品在标签上有关于糖的陈述时，每份食品的甘油含量也必须被列为糖醇（Institute of Food Technologies，2003）。

虽然这些定义很简单，但制造商通过使用一些词语来描述其产品的碳水化合物含量，成功地制造出迷雾。他们知道消费者不太可能有时间或有兴趣计算粗蛋白、总脂肪、水分和灰分。如果他们真的去计算，就不可能有很好的理由去购买这些产品。净碳水化合物（net carbohydrate）和影响碳水化合物(impact carbohydrate)并不是FDA 定义，而是由公司创建的术语，因此你在货架上看到他们的产品时，会觉得他们的说法有足够的吸引力，从而购买其产品。

　　为了计算净碳水化合物，食品公司从总碳水化合物中减去纤维和糖醇的克数。至少就这些公司而言，这种计算背后的原因是身体不会消化纤维，因此纤维不应该被视为总碳水化合物的一部分。尽管他们对不溶性纤维的说法是正确的，但是可溶性纤维或糖醇则不然。不溶性纤维虽然从确切意义来说属于碳水化合物，但它不会被吸收，被排泄出体外时并没有变化。因此，它不提供任何热量，也不会影响系统的宏量营养素组合。所以不溶性纤维不应该计入碳水化合物或热量。

　　可溶性纤维则是另一回事，它在碳水化合物热量等式中是一个灰色区域。例如，果胶在大肠中经历极为"友好"的细菌发酵并产生高水平的短链脂肪酸。这些短链甘油三酯被结肠中的细胞吸收，并且被全身吸收。因此，即使热量来自短链脂肪酸，约一半的可溶性纤维也应算作碳水化合物。

　　基本要点是，几种宏量营养素和成分（包括可溶性纤维、糖醇、酒精、乳酸盐、丙酮酸盐和甘油）的作用都与碳水化合物相似。如果不将其视为相当于全碳水化合物或部分碳水化合物，则会破坏低碳水化合物饮食对减轻体重、减少脂肪和改善身体成分的影响。

　　短链、中链和长链甘油三酯　　短链和中链甘油三酸酯会提供热量，但真正的问题是，身体优先使用它们，而不是长链甘油三酯（构成身体脂肪）。所以它们像碳水化合物一样，可以使代谢不燃烧那么多组成身体脂肪的脂肪酸。因此，如果想最大限度地改善身体成分，短链和中链脂肪酸可能会起到反作用。

　　运动员经常使用中链甘油三酯（MCT）来改善身体成分；然而，它们在阶段性饮食的低碳水化合物阶段可能会起到反作用。虽然 MCT 对高复合碳水化合物的高热量饮食具有保留蛋白质的作用，但对高脂肪、低碳水化合物饮食会有反作用。

　　身体并不会使用构成大部分身体脂肪的长链脂肪酸，而是使用 MCT——绕过使身体燃烧自己的脂肪的代谢过程，从而降低代谢饮食对脂肪酸进入线粒体的脂解促进作用，在线粒体中，脂肪酸经历 β - 氧化并且优先（这是表示以燃烧脂肪代替燃烧碳水化合物的重要词语）被身体用作燃料。

　　在代谢饮食所允许的大部分食物中可发现的长链甘油三酯（LCT）可构成体脂肪，具有优于 MCT 的其他优点。首先，LCT 比 MCT 具有更好的蛋白质保存作用（Beaufrere et al.，1992）。与 LCT 不同，MCT 对参与脂肪生成（增加身体脂肪形成）的酶的活性几乎没有抑制作用（Chanez et al.，1988；Hwang et al.，1993）。有几项研究表明，LCT 可以增加脂解或身体脂肪的分解（Kather et al.，1987）。与 MCT 相比，LCT 的总体水平更高将导致身体脂肪水平降低。

　　糖醇　　制造商声称，虽然糖醇在确切意义上是碳水化合物，并且是热量的来源，但它们对血糖的影响可以忽略不计，并不应算作总碳水化合物的一部分。这不是完全正确的。事实上，低碳水化合物饮食的原因之一就是身体会适应脂肪，并优先燃烧身体脂肪。不幸的是，糖醇就像常规碳水化合物那样阻碍脂肪适应的反应。

美国饮食协会（American Dietetic Association）采取折中，只从热量的角度考虑，建议通过计算碳水化合物质量来控制其血糖的糖尿病患者将糖醇的一半质量作为碳水化合物计算，因为平均来说，有一半的糖醇会被消化（Powers，2003）。

难消化的碳水化合物　有几种碳水化合物是人类难以消化的，因此制造商将它们视为非碳水化合物。例如，菊粉和低聚果糖是在一些植物中发现的贮藏碳水化合物，对代谢的影响低于常规碳水化合物的三分之一，因此可以该水平计入——例如 3 克菊粉将相当于 1 克常规碳水化合物。其原因是菊粉和低聚果糖具有连接果糖分子的 β -（2-1）键。这些键使得它们不会被人的肠道酶消化。

因此，菊粉和低聚果糖通过口、胃和小肠，而没有被代谢。因此，被摄入的菊粉或低聚果糖几乎全部进入结肠，在那里被结肠菌群完全发酵。发酵产生能量的主要原因是，发酵的产物大部分是短链脂肪酸，还有一些乳酸盐，这些脂肪酸和乳酸盐被代谢，并且为低聚果糖和菊粉产生 1.5 卡 / 克的有用能量。乳酸盐和短链脂肪酸等同于碳水化合物，因此，在每克碳水化合物可能产生的 4 卡中，这 1.5 卡必须考虑在碳水化合物摄入量之中。

食品标签和特殊兴趣

你目前阅读的大部分内容将帮助你确定正在吃的食物里有些什么成分，并让你能够做出健康的食物选择。食品标签上的信息主要针对采用普通饮食的普通人。你如何使用营养成分表则取决于你的饮食类型和目标。如果你希望最大限度地改善身体成分、成绩，或两者皆得，又或者，如果你遵循特定的饮食习惯，那么食物标签上的信息对你的意义就会与普通人有所不同。

虽然尽可能减少反式脂肪和糖总是好的，但是其他脂肪、蛋白质和碳水化合物的量可能会有极大的差异，具体取决于你希望实现的目标。例如，如果你遵循低碳水化合物饮食，那么你的总脂肪水平通常会很高，除非你要大幅减少热量。如果红肉在你的饮食中是一个重要组成部分，那么你的饱和脂肪摄入量会相对较高。但这可能并不是一个问题，因为当你的碳水化合物摄入量低时，身体对待饱和脂肪的方式与在碳水化合物摄入量高（特别是糖摄入量高）时并不一样。

不管使用哪种饮食，都应尽量减少糖和反式脂肪的摄入量，并增加多不饱和脂肪与单不饱和脂肪的摄入量。不幸的是，这两种不饱和脂肪都没有要求在食品标签上列出，但有些公司会将它们列出来。列出来自每种宏量营养素及其子类的热量也是有用的。这将使你能够更精确地针对特定的巨量营养素需求来选择食物。例如，知道可溶性纤维有多少，不溶性纤维有多少，这将会很有用。那是因为，虽然不溶性纤维没有可用的热量，但可溶性纤维有。

　　将宏量营养元素分解为子分类让你可以看穿一些制造商用来误导消费者对其产品印象的营销手段。正如你所看到的，在讨论食物和补剂的碳水化合物含量，特别是低碳水化合物蛋白质小吃、能量棒和膳食替代品时，这是最需要了解的。

　　在标签的营养成分表下面，制造商需要提供关于某些营养素的信息；但是，如果列出更多信息将会有所帮助。以下列表是强制性组成部分（粗体字）以及其他有用的组成部分：

- **总热量**
- **来自脂肪的热量**
- 来自饱和脂肪的热量
- **总脂肪**
- **饱和脂肪**
- **反式脂肪**
- 多不饱和脂肪
- 单不饱和脂肪
- **胆固醇**
- **钠**
- **钾**
- **总碳水化合物**
- **膳食纤维**
- 可溶性纤维
- 不溶性纤维
- **糖**
- 糖醇（例如，代糖木糖醇、甘露糖醇和山梨糖醇）
- 其他碳水化合物（总碳水化合物与膳食纤维、糖和糖醇 [如果声明] 之和的差）
- **蛋白质**
- 氨基酸
- 肽
- **维生素 A**
- 表现为 β - 胡萝卜素的维生素 A 的百分比
- **维生素 C**
- **钙**
- **铁**
- 其他必需维生素和矿物质
- 咖啡因（特别是各种市售饮料，如汽水和能量饮料）

食品和饮品中的咖啡因含量

另一个相对不受监管的领域是各种饮品（主要是咖啡和茶、碳酸饮料和能量饮料）和食品（主要是巧克力，特别是黑巧克力、咖啡味的酸奶和糖浆）的咖啡因含量。当咖啡因被添加到食品和饮品中时，它必须出现在标签上的成分列表中。然而，并没有要求制造商列出咖啡因的数量。

只有少数公司自愿在其产品上注明咖啡因的数量。这是碳酸饮料的一个问题（Chou and Bell，2007），特别是新一代的能量饮料，即使产品配方中可能有其他几种成分，例如牛磺酸、B 族维生素和糖，但其能量几乎 100% 来自咖啡因含量及相关的化合物。

每天最多 400 毫克的咖啡因被认为对健康成年人是安全的（Nawrot et al.，2003），但对于特定人群（如育龄妇女）的建议上限为 300 毫克（Higdon and Frei，2006）。虽然这些上限似乎很高，但如果查看咖啡因的所有来源，达到不健康的水平比大多数人想象中更容易。

一杯普通的现煮咖啡中约有 100 毫克的咖啡因。然而，在零售商店中买到的咖啡（包括相同品牌的不同产地的产品）的咖啡因含量可能会有明显差异，大部分为 70 ~ 140 毫克（McCusker et al.，2003；Desbrow et al.，2007）。即使脱咖啡因的咖啡也含有大量的咖啡因（McCusker et al.，2006）。有些能量饮料为了在竞争中突围，会提高产品中的咖啡因水平，使得单独饮用该产品都有可能对健康构成危险（Cohen and Townsend，2006）。例如，一瓶 20 盎司（600 毫升）的 Fixx（足够支持一节训练课）含有 500 毫克的咖啡因，这是一种针对运动人士的能量饮料。一瓶 8 盎司（250 毫升）的 Spike Shooter 含有 300 毫克的咖啡因，每天喝几瓶的人很常见。

有关食品、饮品、非处方药和药物中的咖啡因水平的列表，请访问相关网站。各种饮料中的咖啡因含量有很大的差异，有些相对水平较低，有些则相当于几杯现煮咖啡的咖啡因含量。

能量饮料是健美和力量训练的重要工具，因为一节训练课通常会超过 30 分钟。最有效的能量饮料含有 6% 的碳水化合物（每 100 毫升液体有 6 克碳水化合物）。研究表明，6% 的碳水化合物溶液被肠道快速吸收，提供能量帮助提高成绩，并在汗液流失后恢复电解质平衡。配方中的碳水化合物低于或高于此比例的运动饮料不太可能实现其中某些特性。最简单的碳水化合物百分比计算方法就是将能量饮料的总碳水化合物含量除以 1 份的量（以毫升为单位），再乘以 100。例如，某能量饮料每 240 毫升份含有 14 克碳水化合物，则它的碳水化合物含量为 5.8%：

$$14g \div 240ml \times 100\% = 5.8\%$$

将结果四舍五入到十分位，所以这种能量饮料的碳水化合物百分比约为 6%。避免新款的能量饮料，它们大部分糖含量很高，或只含有咖啡因。摄入后，身体会将水分泌入小肠。这将提高脱水程度，并可能引起胃肠道不适。有些新款能量饮料含有大量的咖啡因。他们可以让运动员感觉自己的精力更充沛，但是非常高的剂量可以通过增加尿液排泄而导致脱水程度提高（Whitney and Rolfes，2008）。

促进运动合成代谢效果的营养方案

就运动对身体成分和成绩的影响而言，在运动后摄取的营养与运动本身几乎同样重要。对于代谢饮食，理想的训练营养与我们通常认为的单独的碳水化合物或碳水化合物和蛋白质的组合是不一样的。因此，运动后补剂不仅无效，实际上还有可能会对改善身体成分（增加肌肉量并减少身体脂肪）、提高成绩和增强恢复有反作用。

毫无疑问，运动后补充蛋白质营养的时间对于增加骨骼肌蛋白质合成和总体净平衡至关重要（Tipton et al.，1999）。运动可以产生适应性反应，使身体能够利用在运动后供应的任何营养。

营养摄入本身提供一种储存响应，因此如果有人在禁食一段时间后食用混合氨基酸，其蛋白质合成会增加，而蛋白质分解保持不变或略有下降。这不同于运动后的反应。

运动后若没有营养摄入，蛋白质合成和蛋白质分解都会增加，但净平衡不会像在禁食后摄入氨基酸那样有正向趋势。由于运动的刺激，运动后摄入氨基酸的蛋白质合成增加幅度通常会比只是运动或在只是摄入氨基酸之后的增加幅度更大。蛋白质分解则与在运动后没有营养摄入的情况保持相近。因此，食用氨基酸可以增强蛋白质合成，并导致正向净蛋白质平衡和蛋白质积累的总体增加（Miller，2007）。

此外，尽管进食后蛋白质合成的增加是暂时的储存现象，但体育活动会刺激长期的适应性反应。在体育活动后提供营养可以利用由体育活动引发的合成代谢信号通路，为蛋白质合成提供氨基酸结构单元和能量。

过度强调运动后的碳水化合物摄入量

由于过度强调要保持糖原储备来最大限度地提高运动成绩，许多研究都侧重于运动后碳水化合物和运动后碳水化合物加蛋白质（Ivy et al.，2002）对葡萄糖转运蛋白（GLUT1、GLUT2、GLUT4）、葡萄糖代谢（包括己糖激酶和糖原合成酶的水平）和胰岛素（Zorzano et al.，2005；Morifuji et al.，2005）的影响。对在运动后仅仅使用蛋白质和脂肪的研究极少。

肌肉糖原和胰岛素作用

众所周知，一节训练课就会让胰岛素敏感性提高数小时。（Cartee et al.，1989；Henriksen，2002）。大家还知道，阻力练习和耐力练习会导致糖原明显降低，并且总能量含量和碳水化合物含量对于肌糖原和肝糖原的再合成都很重要（Roy and Tarnopolsky，1998）。

由于胰岛素的存在，在降低肌糖原浓度并激活糖原合成酶的急性运动之后，葡萄糖吸收和糖原合成会增强（Ivy and Holloszy，1981；Ren et al.，1994）。肌肉糖原浓度基本上决定了胰岛素敏感性在运动后的这种急剧增加（Derave et al.，1999）。因此，运动后数小时内提供更多膳食碳水化合物，以及因此而造成的肌糖原合成的增加，将会导致运动诱发的胰岛素敏感性增加（Kawanaka et al.，1999）。

随着葡萄糖吸收，运动后的氨基酸吸收和蛋白质合成也会增加。在运动后也会更多地使用脂肪酸作为主要燃料，因为糖原合成优先于使用葡萄糖产生有氧能量。但随着肝糖原和肌肉糖原水平的增加，胰岛素敏感性降低，氨基酸吸收、蛋白质合成以及使用脂肪酸作为主要燃料的水平也降低。脂肪酸（最好是来自身体脂肪的分解）可以在剧烈运动，特别是耐力训练之后为更长时间、更高的代谢率提供所需的燃料（Knab et al.，2011；Haden et al.，2011）。

通过增加胰岛素水平，并且不提供碳水化合物，你可以将身体的代谢转变为使用更多的脂肪酸来产生能量，同时在运动后更长时间地保持肌糖原水平低于饱和、氨基酸流入和蛋白质合成提升。实质上，通过限制糖原合成，可以延长胰岛素对蛋白质合成和降解的促进作用，并降低胰岛素对脂肪酸分解和氧化的抑制作用。同时，尽管延迟糖原合成，但仍然可以保持在增加碳水化合物摄入量时快速增加糖原储存的能力。

如果通过限制碳水化合物将肌糖原浓度维持在正常水平以下，则糖原合成能力的增强可能持续数天。通过在训练后保持低碳水化合物、高蛋白质和高能量水平，可以在更长时间内增加蛋白质合成，并获得长期的合成代谢作用（Cartee et al.，1989）。

最近的一项研究考察了在训练后碳水化合物不足，同时保持卡路里摄入量不变的情况下，对胰岛素作用和脂肪氧化有何影响。该研究表明，训练后碳水化合物不足导致脂肪氧化增加，胰岛素作用增强。增强的胰岛素作用与碳水化合物不足的程度成正比（即训练后碳水化合物减少的幅度越大，胰岛素作用越大）（Holtz et al.，2008）。

将胰岛素和营养输送到骨骼肌

胰岛素的作用之一是增加肌肉的微血管（营养）灌注，运动可增强这种作用（Dela et al.，1995；Hardin et al.，1995）。这种增强对于运动和靶向营养的合成代谢作用最大化至关重要。

例如，克拉克（Clark et al.，2003）概述了胰岛素对血管系统和对向肌肉输送营养物质的影响，指出在肌肉中有两条流动路径。一条路径与肌肉的细胞（肌细胞）紧密接触，能够自由地交换营养和激素，因而被视为与营养有关。第二条路径基本上与肌细胞没有接触，被认为与营养无关。该路径可以提供血液给肌肉结缔组织和相邻的脂肪细胞，而不是提供给肌肉细胞。

因此，在流向肌肉的总体流动没有增加的情况下，例如在训练之后，胰岛素可以将流动路线从非营养路径转向营养路径。这种毛细血管募集导致与输送营养有关的血流量增加，使得紧张且正在经历适应性反应的肌肉能够获得恢复和生长所需要的营养。

基于最大重复次数的举重负荷

表 中提供的重量以磅为单位。将以磅为单位的重量除以 2.2，可以转换成以千克为单位。

1RM 的 % 重复次数	100	95	90	85	80	75
举起的磅数	1	2	4	6	8	10
	700.00	665.00	630.00	595.00	560.00	525.00
	695.00	660.25	625.50	590.75	556.00	521.25
	690.00	655.50	621.00	586.50	552.00	517.50
	685.00	650.75	616.50	582.25	548.00	513.75
	680.00	646.00	612.00	578.00	544.00	510.00
	675.00	641.25	607.50	573.75	540.00	507.00
	670.00	636.50	603.00	569.50	536.00	502.50
	665.00	631.75	598.50	565.25	532.00	498.75
	660.00	627.00	594.00	561.00	528.00	495.00
	655.00	622.25	589.50	556.75	524.00	491.25
	650.00	617.50	585.00	552.50	520.00	487.50
	645.00	612.76	580.50	548.25	516.00	483.75
	640.00	608.00	576.00	544.00	512.00	480.00
	635.00	603.25	571.50	539.75	508.00	476.25
	630.00	598.50	567.00	535.50	504.00	472.50
	625.00	593.75	562.50	531.25	500.00	468.75
	620.00	589.00	558.00	527.00	496.00	465.00
	615.00	584.25	553.50	522.75	492.00	461.25
	610.00	579.50	549.00	518.50	488.00	457.50
	605.00	574.75	544.50	514.25	484.00	453.75
	600.00	570.00	540.00	510.00	480.00	450.00
	595.00	565.25	535.50	505.75	476.00	446.25
	590.00	560.50	531.00	501.50	472.00	442.50
	585.00	555.75	526.50	497.25	468.00	438.75
	580.00	551.00	522.00	493.00	464.00	435.00
	575.00	546.25	517.50	488.75	460.00	431.25
	570.00	541.50	513.00	484.50	456.00	427.50
	565.00	536.75	508.50	480.25	452.00	423.75
	560.00	532.00	504.00	476.00	448.00	420.00
	555.00	527.50	499.50	471.75	444.00	416.25
	550.00	522.50	495.00	467.50	440.00	412.50
	545.00	517.75	490.50	463.25	436.00	408.75
	540.00	513.00	486.00	459.00	432.00	405.00
	535.00	508.25	481.50	454.75	428.00	401.25
	530.00	503.50	477.00	450.50	424.00	397.50
	525.00	498.75	472.50	446.25	420.00	393.75
	520.00	494.00	468.00	442.00	416.00	390.00
	515.00	489.25	463.50	437.75	412.00	386.25
	510.00	484.50	459.00	433.50	408.00	382.50
	505.00	479.75	454.50	429.25	404.00	378.75
	500.00	475.00	450.00	425.00	400.00	375.00
	495.00	470.25	445.50	420.75	396.00	371.25

续表

1RM 的 % 重复次数	100	95	90	85	80	75
举起的磅数	1	2	4	6	8	10
	490.00	465.50	441.00	416.50	392.00	367.50
	485.00	460.75	436.50	412.25	388.00	363.75
	480.00	456.00	432.00	408.50	384.00	360.00
	475.00	451.25	427.50	403.75	380.00	356.25
	470.00	446.50	423.00	399.50	376.00	352.50
	465.00	441.75	418.50	395.25	372.00	348.75
	460.00	437.00	414.00	391.00	368.00	345.00
	455.00	432.75	409.50	386.75	364.00	341.25
	450.00	427.50	405.00	382.50	360.00	337.50
	445.00	422.75	400.50	378.25	356.00	333.75
	440.00	418.00	396.00	374.00	352.00	330.00
	435.00	413.25	391.50	369.75	348.00	326.25
	430.00	408.50	387.00	365.50	344.00	322.50
	425.00	403.75	382.00	361.25	340.00	318.75
	420.00	399.00	378.00	357.00	336.00	315.00
	415.00	394.25	373.50	352.75	332.00	311.25
	410.00	389.50	369.00	348.50	328.00	307.50
	405.00	384.75	364.50	344.25	324.00	303.75
	400.00	380.00	360.00	340.00	320.00	300.00
	395.00	375.25	355.50	335.75	316.00	296.25
	390.00	370.50	351.00	331.50	312.00	292.50
	385.00	365.76	346.50	327.25	308.00	288.75
	380.00	361.00	342.00	323.00	304.00	285.00
	375.00	356.25	337.50	318.75	300.00	281.25
	370.00	351.50	330.00	314.50	296.00	277.50
	365.00	346.75	328.50	310.25	292.00	273.75
	360.00	342.00	324.00	306.00	288.00	270.00
	355.00	337.25	319.50	301.75	284.00	266.25
	350.00	332.50	315.00	297.50	280.00	262.50
	345.00	327.75	310.50	293.25	276.00	258.75
	340.00	323.00	306.00	289.00	272.00	255.00
	335.00	318.25	301.50	284.75	268.00	251.25
	330.00	313.50	297.00	280.50	264.00	247.50
	325.00	308.75	292.50	276.25	260.00	243.75
	320.00	304.00	288.00	272.00	256.00	240.00
	315.00	299.25	283.50	267.75	252.00	236.25
	310.00	294.50	279.00	263.50	248.00	232.50
	305.00	289.75	274.50	259.25	244.00	228.75
	300.00	285.00	270.00	255.00	240.00	225.00
	295.00	280.25	265.50	250.75	236.00	221.25
	290.00	275.50	261.00	246.50	232.00	217.50
	285.00	270.75	256.50	242.25	228.00	213.75

续表

1RM 的 % 重复次数	100	95	90	85	80	75
举起的磅数	1	2	4	6	8	10
	280.00	266.00	252.00	238.00	224.00	210.00
	275.00	261.25	247.50	233.75	220.00	206.25
	270.00	256.50	243.00	229.50	216.00	202.50
	265.00	251.75	238.50	225.25	212.00	198.75
	260.00	247.00	234.00	221.00	208.00	195.00
	255.00	242.25	229.50	216.75	204.00	191.25
	250.00	237.50	225.00	212.50	200.00	187.50
	245.00	232.75	220.50	208.25	196.00	183.75
	240.00	228.00	216.00	204.00	192.00	180.00
	235.00	223.25	211.50	199.75	188.00	176.25
	230.00	218.50	207.00	195.50	184.00	172.50
	225.00	213.75	202.50	191.25	180.00	168.75
	220.00	209.00	198.00	187.00	176.00	165.00
	215.00	204.25	193.50	182.75	172.00	161.25
	210.00	199.50	189.00	178.50	168.00	157.50
	205.00	194.75	184.50	174.25	164.00	153.75
	200.00	190.00	180.00	170.00	160.00	150.00
	195.00	185.25	175.50	165.75	156.00	146.25
	190.00	180.50	171.00	161.50	152.00	142.50
	185.00	175.75	166.50	157.25	148.00	138.75
	180.00	171.00	162.00	153.00	144.00	135.00
	175.00	166.25	157.50	148.75	140.00	131.25
	170.00	161.50	153.00	144.50	136.00	127.50
	165.00	156.75	148.50	140.25	132.00	123.75
	160.00	152.00	144.00	136.00	128.00	120.00
	155.00	147.25	139.50	131.75	124.00	116.25
	150.00	142.50	135.00	127.50	120.00	112.50
	145.00	137.75	130.50	123.25	116.00	108.75
	140.00	133.00	126.00	119.00	112.00	105.00
	135.00	128.25	121.50	114.75	108.00	101.25
	130.00	123.50	117.00	110.50	104.00	97.50
	125.00	118.75	112.50	106.25	100.00	93.75
	120.00	114.00	108.00	102.00	96.00	90.00
	115.00	109.25	103.50	97.75	92.00	86.25
	110.00	104.50	99.00	93.50	88.00	82.50
	105.00	99.75	94.50	89.25	84.00	78.75

（表格来源：Bompa 1996.）

最大重量表　附录 D

无论何种原因（如器材），如果你无法举起计算 1RM 所需的负荷，你仍然可以通过举起较小的负荷（2RM ~ 10RM）来确定你的 1RM。为了计算 1RM，请使用可用负荷执行最大重复次数，然后执行以下操作：

1. 在图表的第一行中，选择与你所做的重复次数匹配的列头。

2. 找到你的可用最大负荷的行。

3. 找到所选列和行相交的数字。

4. 这个数字就是当时你的 1RM。

例如，你用 250 磅完成了 4 次重复。在 4 那一列和 250 那一行的交叉点，数字是 278。这就是你的 1RM。

表中提供的重量以磅为单位。将以磅为单位的重量除以 2.2，可以转换成以千克为单位。

磅	10	9	8	7	6	5	4	3	2
5	7	6	6	6	6	6	6	5	5
10	13	13	13	12	12	11	11	11	11
15	20	19	19	18	18	17	17	16	16
20	27	26	25	24	24	23	22	22	21
25	33	32	31	30	29	29	28	27	26
30	40	39	38	36	35	34	33	32	32
35	47	45	44	42	41	40	39	38	37
40	53	52	50	48	47	46	44	43	42
45	60	58	56	55	53	51	50	49	47
50	67	65	63	61	59	57	56	54	53
55	73	71	69	67	65	63	61	59	58
60	80	77	75	73	71	69	67	65	63
65	87	84	81	79	76	74	72	70	68
70	93	90	88	85	82	80	78	76	74
75	100	97	94	91	88	86	83	81	79
80	107	103	100	97	94	91	89	86	84
85	113	110	106	103	100	97	94	92	89
90	120	116	113	109	106	103	100	97	95
95	127	123	119	115	112	109	106	103	100
100	133	129	125	121	118	114	111	108	105
105	140	135	131	127	124	120	117	114	111
110	147	142	138	133	129	126	122	119	116
115	153	148	144	139	135	131	128	124	121
120	160	155	150	145	141	137	133	130	126
125	167	161	156	152	147	143	139	135	132
130	173	168	163	158	153	149	144	141	137
135	180	174	169	164	159	154	150	146	142
140	187	181	175	170	165	160	156	151	147
145	193	187	181	176	171	166	161	157	153
150	200	194	188	182	176	171	167	162	158
155	207	200	194	188	182	177	172	168	163
160	213	206	200	194	188	183	178	173	168
165	220	213	206	200	194	189	183	178	174
170	227	219	213	206	200	194	189	184	179
175	233	226	219	212	206	200	194	189	184
180	240	232	225	218	212	206	200	195	189
185	247	239	231	224	218	211	206	200	195
190	253	245	238	230	224	217	211	205	200
195	260	252	244	236	229	223	217	211	205
200	267	258	250	242	235	229	222	216	211
205	273	265	256	248	241	234	228	222	216
210	280	271	263	255	247	240	233	227	221
215	287	277	269	261	253	246	239	232	226
220	293	284	275	267	259	251	244	238	232

续表

磅	10	9	8	7	6	5	4	3	2
225	300	290	281	273	265	257	250	243	237
230	307	297	288	279	271	263	256	249	242
235	313	303	294	285	276	269	261	254	247
240	320	310	300	291	282	274	267	259	253
245	327	316	306	297	288	280	272	265	258
250	333	323	313	303	294	286	278	270	263
255	340	329	319	309	300	291	283	276	268
260	347	335	325	315	306	297	289	281	274
265	353	342	331	321	312	303	294	286	279
270	360	348	338	327	318	309	300	292	284
275	367	355	344	333	324	314	306	297	289
280	373	361	350	339	329	320	311	303	295
285	380	368	356	345	335	326	317	308	300
290	387	374	363	352	341	331	322	314	305
295	393	381	369	358	347	337	328	319	311
300	400	387	375	364	353	343	333	324	316
305	407	394	381	370	359	349	339	330	321
310	413	400	388	376	365	354	344	335	326
315	420	406	394	382	371	360	350	341	332
320	427	413	400	388	376	366	356	346	337
325	433	419	406	394	382	371	361	351	342
330	440	426	413	400	388	377	367	357	347
335	447	432	419	406	394	383	372	362	353
340	453	439	425	412	400	389	378	368	358
345	460	445	431	418	406	394	383	373	363
350	467	452	438	424	412	400	389	378	368
355	473	458	444	430	418	406	394	384	374
360	480	465	450	436	424	411	400	389	379
365	487	471	456	442	429	417	406	395	384
370	493	477	463	448	435	423	411	400	389
375	500	484	469	455	441	429	417	405	395
380	507	490	475	461	447	434	422	411	400
385	513	497	481	467	453	440	428	416	405
390	520	503	488	473	459	446	433	422	411
395	527	510	494	479	465	451	439	427	416
400	533	516	500	485	471	457	444	432	421
405	540	523	506	491	476	463	450	438	426
410	547	529	513	497	482	469	456	443	432
415	553	535	519	503	488	474	461	449	437
420	560	542	525	509	494	480	467	454	442
425	567	548	531	515	500	486	472	459	447
430	573	555	538	521	506	491	478	465	453
435	580	561	544	527	512	497	483	470	458
440	587	568	550	533	518	503	489	476	463

续表

磅	10	9	8	7	6	5	4	3	2
445	593	574	556	539	524	509	494	481	468
450	600	581	563	545	529	514	500	486	474
455	607	587	569	552	535	520	506	492	479
460	613	594	575	558	541	526	511	497	484
465	620	600	581	564	547	531	517	503	489
470	627	606	588	570	553	537	522	508	495
475	633	613	594	576	559	543	528	514	500
480	640	619	600	582	565	549	532	519	505
485	647	626	606	588	571	554	539	524	511
490	653	632	613	594	576	560	544	530	516
495	660	639	619	600	582	566	550	535	521
500	667	645	625	606	588	571	556	541	526
505	673	652	631	612	594	577	561	546	532
510	680	658	638	618	600	583	567	551	537
515	687	665	644	624	606	589	572	557	542
520	693	671	650	630	612	594	578	562	547
525	700	677	656	636	618	600	583	569	553
530	707	684	663	642	624	606	589	573	558
535	713	690	669	648	629	611	594	578	563
540	720	697	675	655	635	617	600	584	568
545	727	703	681	661	641	623	606	589	574
550	733	710	688	667	647	629	611	595	579
555	740	716	694	673	653	634	617	600	584
560	747	723	700	679	659	640	622	605	589
565	753	729	706	685	665	646	628	611	595
570	760	735	713	691	671	651	633	616	600
575	767	742	719	697	676	657	639	622	605
580	773	748	725	703	682	663	644	627	611
585	780	755	731	709	688	669	650	632	616
590	787	761	738	715	694	674	656	638	621
595	793	768	744	721	700	680	661	643	626
600	800	774	750	727	706	686	667	649	632
605	807	781	756	733	712	691	672	654	637
610	813	787	763	739	718	697	678	659	642
615	820	794	769	745	724	703	683	665	647
620	827	800	775	752	729	709	689	670	653
625	833	806	781	758	735	714	694	676	658
630	840	813	788	764	741	720	700	681	663
635	847	819	794	770	747	726	706	686	668
640	853	826	800	776	753	731	711	692	674
645	860	832	806	782	759	737	717	697	679
650	867	839	813	788	765	743	722	703	684
655	873	845	819	794	771	749	728	708	689

续表

磅	10	9	8	7	6	5	4	3	2
660	880	852	825	800	776	754	733	714	695
665	887	858	831	806	782	760	739	719	700
670	893	865	838	812	788	766	644	724	705
675	900	871	844	818	794	771	750	730	711
680	907	877	850	824	800	777	756	735	716
685	913	884	856	830	806	783	761	741	721
690	920	890	863	836	812	789	767	746	726
695	927	897	869	842	818	794	772	751	732
700	933	903	875	848	824	800	778	757	737
705	940	910	881	855	829	806	783	762	742
710	947	916	888	861	835	811	789	768	747
715	953	923	894	768	841	817	794	773	753
720	960	929	900	873	847	823	800	778	758
725	967	935	906	879	853	829	806	784	763
730	973	942	913	885	859	834	811	789	768
735	980	948	919	891	865	840	817	795	774
740	987	955	925	897	871	846	822	800	779
745	993	961	931	903	876	851	828	805	784
750	1000	968	938	909	882	857	833	811	789
755	1107	974	944	915	888	863	839	816	795
760	1113	981	950	921	894	869	844	822	800
765	1120	987	956	927	900	874	850	827	805
770	1127	994	963	933	906	880	856	832	811
775	1133	1000	969	939	912	886	861	838	816
780	1140	1006	975	945	918	891	867	843	821
785	1147	1013	981	952	924	897	872	849	826
790	1153	1019	988	958	929	903	878	854	832
795	1160	1026	994	964	935	908	883	859	837
800	1167	1032	1000	970	941	914	889	865	842
820	1173	1058	1025	994	965	937	911	886	863
840	1180	1084	1050	1018	988	960	933	908	884
860	1187	1110	1075	1042	1012	983	956	930	905
880	1193	1135	1100	1067	1035	1006	978	951	926
900	1200	1161	1125	1091	1059	1029	1000	973	947
920	1207	1187	1150	1115	1082	1051	1022	995	968

（表格来源：Bompa 1996.）

术语表

乙酰胆碱（acetylcholine）——对神经系统的最佳运作起重要作用的神经递质；它在躯体神经系统和副交感神经系统中的神经纤维的末端被释放。

乙酰辅酶 A（acetyl-CoA）——能量代谢的中间体，由游离脂肪酸、葡萄糖和蛋白质的分解产生。

肌动蛋白（actin）——参与肌肉活动的一种蛋白质。

适应（adaptation）——肌肉的结构或功能的持续变化，是对逐渐增加的训练负荷的直接反应。

适应阈值（adaptation threshold）——一个人在给定的训练阶段达到的适应水平。若要超越阈值，必须增加刺激（负荷）水平。

三磷酸腺苷（adenosine triphosphate，ATP）——对身体所有细胞的运作至关重要的高能量化合物。ATP 对于举重非常重要，因为举重需要能量完成短时间爆发的高强度运动。最大化并补充肌肉组织中的 ATP 储备对于获得最佳成绩至关重要。

脂肪组织（adipose tissue）——含有储存脂肪的一种身体组织。

有氧活动（aerobic activity）——一种低强度、高耐力的活动，需要氧气来产生能量，并长距离或长时间地执行连续锻炼。

有氧耐力（aerobic endurance）——长时间维持好有氧肌肉输出的能力。

主动肌（agonist）——直接参与肌肉收缩，并与其他肌肉的作用相反的肌肉。

全有或全无法则（all-or-none law）——受到刺激的肌肉或神经纤维要么完全收缩或传播神经脉冲，要么完全没有反应（即，最小的刺激也会引起最大的反应）。

α - 亚麻酸（alpha-linolenic acid）——一种必需脂肪酸。

氨基酸（amino acids）——一组氮基有机化合物，是形成蛋白质和肌肉生长的构建块。

合成代谢（anabolic）——通过运动产生更多肌肉组织的能力。这个过程涉及睾酮、生长激素、胰岛素和其他参与肌肉生长的激素的自然产生。

厌氧（anaerobic）——不需要氧气的运动。

雄激素（androgenic）——拥有男性化特质。

拮抗肌（antagonist）——与主动肌的作用相反的肌肉，与主动肌的收缩相对抗。

抗分解（anticatabolic）——预防分解代谢。

抗氧化剂（antioxidant）——一种化合物，天然存在于体内或从外部摄取，可抵抗由于各种形式的压力而在身体中产生的自由基。

ATP 不足理论（ATP deficiency theory）——不断消耗 ATP（即干扰消耗 ATP 和制造 ATP 之间的平衡）可导致增加肌肉肥大的理论。

萎缩（atrophy）——由于不使用或疾病而导致肌肉组织逐渐收缩。

弹震（ballistic）——动态的肌肉运动。

β‑内啡肽（beta-endorphin）——在大脑中产生的天然存在的化学物质（一种肽）。内啡肽通过结合体内某些受体位点（在相同的位点与吗啡结合）产生自然止痛作用。我们认为，在长时间运动的过程中会释放内啡肽。

β‑促脂解素（beta-lipotropin）——由垂体前叶分泌的一种营养激素。其生理功能尚不清楚，但其氨基酸序列与内啡肽和脑啡肽（内源性吗啡样物质）相似，因此也被认为有镇痛作用。

β‑氧化（beta-oxidation）——使用脂肪酸产生能量的代谢过程。

生物电阻抗分析（bioelectrical impedance analysis）——一种测量身体脂肪的方法。电流在体内传播，并测量电流的电阻或阻抗。因为身体的无脂肪体重包含了身体的大部分水分和电解质，因此是更好的电流导体，从对电流的阻抗可以计算出人体脂肪百分比的信息。

生物价值（biological value）——描述从食物蛋白质产生人体组织的效率。

支链氨基酸（branched-chain amino acids，BCAA）——缬氨酸、亮氨酸和异亮氨酸。

卡（calorie）——用于表达食物能量值的测量单位。

热量循环（calorie cycling）——低、中、高热量日交替的饮食实践，目的是防止身体适应任何特定的食物摄入量。有助于在低热量摄入期间避免减慢代谢速度。

碳水化合物（carbohydrate）——仅含碳、氢和氧的任意一种化合物组合，包括糖、淀粉和纤维素。基本食物之一。

碳水化合物饮品（carbohydrate drink）——旨在补充糖原（能量）储备，并向运动肌肉提供能量底物的运动饮料。

二氧化碳（carbon dioxide）——来自碳基分子分解的代谢废物。

致癌物质（carcinogen）——被证明或怀疑在人类或实验室动物中引起癌症的物质。

每搏输出量（cardiac stroke volume，或写作 stroke volume）——心脏每次搏动泵出左心室的血量。普通体型的男性以仰卧姿势静止接受测试时每次搏动的平均泵出量为 70 毫升。

肉碱棕榈酸转移酶 1（carnitine palmityl transferase 1，CPT-1）——将游离脂肪酸带进细胞线粒体燃烧。

分解代谢的（catabolic）——一个通用术语，指的是将较大的物质分解成较小的物质。

分解代谢（catabolism）——肌肉组织的分解或损失。

适应上限（ceiling of adaptation）——一个人在训练期间达到的一定程度的适应性。训练的目标是突破适应上限，以提高适应性，从而提高成绩。

细胞吸收（cellular uptake）——由细胞完成的吸收。

中枢神经系统（central nervous system，CNS）——脊髓和大脑。

欺骗日（cheat day）——在节食期间计划好的一天，用于帮助防止身体适应特定的热量摄入量。

慢性肥大（chronic hypertrophy）——在使用重度负荷（大于 1RM 的 80%）后，在肌肉级发生结构性变化而引起的长期持续肥大。

冷疗（冷冻疗法，cold therapy，cryotherapy）——涉及局部冷却肌肉或关节的过程。

完整的蛋白质（complete protein）——含有全部 9 种必需氨基酸的蛋白质。主要来源于动物蛋白。

复合碳水化合物（complex carbohydrates）——也称为多糖或淀粉。它们由多个葡萄糖单元组成，并且存在于蔬菜、水果和谷物中。

皮质醇（cortisol）——由肾上腺分泌的一种激素，可刺激分解代谢。

肌酸激酶（creatine kinase）——一种可溶性肌肉蛋白质，若在循环系统中发现它，则表示有肌肉损伤。使用肌酸激酶的特异性异构体来区分对骨骼肌的损伤和对心肌的损伤。

横桥（crossbridge）——肌球蛋白的延伸，是一种收缩蛋白。横桥在肌肉收缩中起主要作用。

脂质新生（de novo lipogenesis，DNL）——从碳水化合物和蛋白质形成脂肪。

停训（detraining）——对练习的适应性的逆转。停训的效果出现得比训练成果更快，停止训练仅 2 周后，力量（和锻炼）能力就会明显下降。

二肽（dipeptide）——连接在一起形成 1 个分子的 2 个氨基酸。

双糖（disaccharide）——由两种单糖组成的一种简单糖。最常见的是蔗糖（食糖）和乳糖（存在于牛奶中）。

二十二碳六烯酸（docosahexaenoic acid，DHA）——在身体中形成的一种 ω-3 脂肪酸，存在于鱼油中。

背屈（dorsiflexion）——脚向上朝着胫骨移动。

双金字塔负荷模式（double-pyramid load pattern）——自下而上增加负荷，然后下降到初始水平。

动态柔韧性（dynamic flexibility）——要求柔韧的肌肉以活跃的方式（而不是静态地）执行动作。通常被称为弹震柔韧性。

离心收缩（eccentric contraction）——在肌肉收缩时拉长肌肉纤维的一种肌肉活动。

水肿（edema）——肿胀。局部或全身的身体组织含有过量组织液的情况。急性肿胀或水肿是指某区域中的组织液仅在短时间内快速积聚（即非慢性的）。

二十碳五烯酸（eicosapentaenoic acid，EPA）——在体内形成的一种 ω-3 脂肪酸，主要存在于鱼油中。

肌电图（electromyography，EMG）——测量肌肉或肌肉群兴奋时的膜电位变化。

内膜（endomysium）——包绕在每一条肌纤维周围的结缔组织。

内啡肽（endorphin）——在大脑中产生的功能强大的阿片类肽，可调节疼痛感知。负责在激烈运动过程中产生愉悦感，如跑步者的兴奋、恢复精力等。吗啡家族的成员。

终板电位（end-plate potential，EPP）——钠流入造成的膜区域的去极化。

能量代谢（energy metabolism）——将食物转化为能量的过程。

肌外膜（epimysium）——包绕在每块肌肉外的结缔组织。

机能增进的（ergogenic）——提高机能的任何物质。

必需氨基酸（essential amino acid）——身体不能自己产生的氨基酸，必须从饮食中获得。有时，它还包括在特定条件下不能产生的氨基酸。

应激（excitation）——对刺激做出反应的能力。

肌纤维束（fasciculus，复数形式为 fasciculi）——由结缔组织保持在一起的骨骼肌纤维。

快缩纤维（fast twitch [FT] fiber）——一种肌纤维，其特点是快速收缩、高厌氧能力和低有氧能力，这些特点使这种纤维适合大爆发力输出的活动。

脂肪（fat）——含有甘油和脂肪酸的一种化合物。主要的基本食物之一。

无脂肪体重（fat-free mass）——身体的重量减去脂肪的重量。

固定肌（fixators）——受到刺激后执行稳定骨骼位置以执行动作的肌肉。也称为稳定肌（stabilizers）。

平金字塔负荷模式（flat-pyramid load pattern）——一种负荷模式：在热身举重后，在整个力量训练过程中保持负荷不变。

柔韧性（flexibility）——关节的活动范围（静态柔韧性）；关节对运动的拮抗或阻力（动态柔韧性）。

自由基（free radicals）——具有不成对电子的高反应性分子。虽然在食物的代谢和能源利用中发挥了作用，但它们也被认为可以引起分子损伤和重要的体细胞的死亡。是衰老、疾病和最终的死亡的一个主要原因。

游离形式的氨基酸（free-form amino acids）——结构上没有连接其他结构的单个氨基酸。

全谱氨基酸（full-spectrum amino acids）——含有所有 12 种必需氨基酸。

血糖指数（glycemic index）——某种食物的消化速度与葡萄糖消化速度的比值。指示食物是否会引起有害的胰岛素波动。健美运动员发现，这在节食阶段是很有用的工具。

糖原（glycogen）——碳水化合物（葡萄糖）储存在肌肉和肝脏中的形式。

糖酵解（glycolysis）——将葡萄糖代谢成丙酮酸或乳酸，以产生 ATP 作为能量。

生长激素（growth hormone）——由垂体前叶分泌的一种激素，可以刺激生长发育。

热疗（heat therapy）——涉及局部加热肌肉或关节的一个过程。

重负荷（heavy load）——负荷大于 1RM 的 80% ~ 85%。

组胺（histamine）——因损伤、过敏反应和炎症反应，细胞释放出来的一种神经递质，导致平滑肌收缩和毛细血管扩张。

体内稳态（homeostasis）——维持相对稳定的内部生理状态。

由于运动的压力导致内部环境发生变化，身体不断努力恢复平衡，或达到体内稳态。

充血（hyperemia）——增加流过身体任何部位的血液量。其体验往往是像"泵"，或经过重量训练后血液充满肌肉的感觉。

增生（hyperplasia）——组织或器官中细胞数量增加。

肥大（hypertrophy）——肌肉的细胞组分的增大。基本上就是肌肉生长。

不完全蛋白质（incomplete protein）——通常缺乏一种或多种必需氨基酸的蛋白质。例如，大多数植物蛋白质会有缺少一种或多种氨基酸。然而，通过组合不完全蛋白质，可以产生完整的蛋白质混合物。

抑制（inhibition）——（通过减少电活动）压制或减缓 CNS 的刺激（激发）作用。

胰岛素（insulin）——由胰腺分泌的一种激素，可以降低血糖，增加脂肪沉积，增加蛋白质合成和减少蛋白质分解。

胰岛素抵抗（insulin resistance）——身体抵抗正常胰岛素水平的状态。

胰岛素样生长因子 1（insulin-like growth factor 1，IGF-1）——具有合成代谢作用的生长因子，通常当生长激素水平升高时，在体内，尤其是在肌肉中的 IGF-1 会随之增加。

强度（intensity）——指训练的质量要素。在健美训练中，强度以 1RM 的百分比表示。

退化（involution）——执行能力降低。

缺血（ischemic）——缺乏血液供应。急需血液。

等动收缩（isokinetic contraction）——在这种收缩中，张力会增加，但肌肉长度没有变化。

等张收缩（isotonic contraction）——在这种收缩中，肌肉在提升恒定负荷时缩短。也被称为向心收缩或动态收缩。

关节（joint）——人体中两根或多根骨骼的接合，其中的骨骼连接具有一定功能。

酮（ketones）——由甘油三酯分解产生的有机化合物。用作身体的能量来源，是高脂肪饮食中生产能量的重要组成部分。

乳酸（lactic acid）——因葡萄糖不完全分解导致的糖酵解（厌氧或乳酸）系统的疲劳代谢物。

乳酸系统（lactic acid system）——一种厌氧能量系统，在无氧的情况下通过将葡萄糖分解成乳酸而产生 ATP。这种能量在短时间内（低于 2 分钟）用于高强度锻炼。

瘦体重（lean body mass，LBM）——除身体脂肪外，身体的所有组成部分。

韧带（ligament）——强韧的纤维组织带，使骨骼彼此连接。

限制性氨基酸（limiting amino acid）——体内供应最少的必需氨基酸，因此导致蛋白质合成停止。

肌拉力线（line of pull）——由肌肉产生张力的动力线。

脂肪生成（lipogenic）——产生身体脂肪。

脂解（lipolysis）——甘油三酯（身体脂肪）被分解成其组分脂肪酸和甘油的过程。

脂解的（lipolytic）——增强身体脂肪的分解，可以将它用作理想的能量来源。

低负荷（low load）——负荷为 1RM 的 0% ~ 49%。

大循环（macrocycle）——为期 2 ~ 6 周的训练阶段。

宏量营养素（macronutrient）——大型食物群体，包括碳水化合物、蛋白质和脂肪。

巨噬细胞（macrophage）——吞噬和消化抗原的大型白细胞。

按摩（massage）——对身体的软组织的治疗操作，目标是实现这些组织的正常化。

最大负荷（maximum load）——负荷为 1RM 的 90% ~ 100%。

代餐补剂（meal replacement supplements）——以减轻体重、增加体重或增加膳食蛋白质为目的，用于替代或增强膳食的任何饮料、粉末或其他制剂。

中链脂肪酸（medium-chain fatty acid）——具有 6 ~ 12 个碳原子的脂肪酸。中链甘油三酯含有 3 份中链脂肪酸和 1 份甘油。

中等负荷（medium load）——指负荷为 1RM 的 50% ~ 89%。

膜（membrane）——由脂质和蛋白质组成的结构屏障。

微循环（microcycle）——为期大约 1 周的训练阶段。

微量营养素（micronutrients）——与宏量营养素（例如维生素和矿物质）相比，以微量存在于体内的营养物。

微撕裂（microtear）——在肌肉、韧带或肌腱处发现的小范围撕裂。

线粒体（mitochondria）——一种细胞成分，将食物的分解产物转化为能量，主要是 ATP 形式的能量。

单糖（monosaccharide）——简单的糖。两种最常见的单糖是葡萄糖（血糖）和果糖（存在于水果中）。

单不饱和脂肪酸（monounsaturated fatty acid）——具有一个不饱和碳原子的脂肪酸。

运动神经元（motor neurons）——传出神经元，从中枢神经系统向肌肉传导动作电位。

运动单元（motor unit）——一个独立的运动神经及其支配的所有肌肉纤维。

肌肉量（muscle mass）——身体内骨骼肌的量。

肌原纤维（myofibril）——含有两种蛋白丝的肌纤维部分：肌球蛋白和肌动蛋白。

肌球蛋白（myosin）——参与肌肉收缩的蛋白质。

负热量平衡（negative calorie balance）——身体燃烧的热量高于摄取的热量的状态。如果要减轻体重，这是必需的。

神经适应（neural adaptation）——参与收缩的肌肉群进行更多的神经协调。青春期前的力量增长通常来自更好的神经适应。

神经肌肉接头（neuromuscular junction）——运动神经元的轴突末梢与肌肉质膜的运动终板之间的突触。

神经元（neuron）——专门用于启动、整合和传导电信号的神经细胞。

嗜中性粒细胞（neutrophil）——一种白细胞，其中含有的颗粒所释放的酶有助于抵抗感染。

非必需氨基酸（nonessential amino acid）——可以由身体合成的氨基酸，因此不需要由饮食提供。

一次重复最大值（one-repetition maximum，1RM）——一个人可以举起一次的最大重量；一个人的 100% 的举重能力。

过度补偿（overcompensation）——通常被称为超级补偿（supercompensation），是指锻炼与再生之间的关系，作为重负荷锻炼之前的身体唤醒和心理唤醒的生物基础。

过载（overloading）——增加训练量，目标是增强力量。

外肌束膜（perimysium）——在骨骼肌纤维束周围的结缔组织。

健身的周期化（periodization of bodybuilding）——训练阶段的方法学结构，旨在为肌肉尺寸、结实度和线条带来最佳改善。

营养的周期化（periodization of nutrition）——使用营养和训练补剂的结构，以配合各训练阶段。

特定于阶段的训练（phase-specific training）——与特定训练阶段（例如，肥大阶段、肌肉线条阶段等）有关。

磷酸肌酸（phosphocreatine，PC）——储存在肌肉中的高能量化合物；它为持续不到 30 秒的高强度活动提供能量。

安慰剂效应（placebo effect）——使用无活性的无害物质的体验效果。

这些影响是想象出来的，或者是由于受试者相信它会有效。

瓶颈（plateau）——在训练中没有观察到进步的时期。

PNF（本体感觉神经肌肉易化法，proprioceptive neuromuscular facilitation）——基于神经生理学原理，旨在增强身体部位的放松和收缩的一种柔韧性技巧。

多肽（polypeptide）——氨基酸链，包含连接在一起的至少 4 个氨基酸。

多糖（polysaccharide）——由多个单一单元（单糖，如葡萄糖和果糖）连接在一起组成的碳水化合物。考虑复合碳水化合物与简单碳水化合物的对比，后者通常由一个或两个单糖组成。

多不饱和脂肪酸（polyunsaturated fatty acid）——具有多于一个不饱和碳原子的脂肪酸。多不饱和脂肪酸在室温下往往是液体。

前体（precursor）——身体产生另一物质的中间物质。

原动肌（prime movers）——主要负责执行技术运动的肌肉。

蛋白质（protein）——身体中的一种复合分子，也是食物中的一种宏量营养素，由以多种方式连接在一起的氨基酸构成。

蛋白质补剂（protein supplement）——提供蛋白质的一种补剂，除了通过食物摄入蛋白质，还可以使用这种补剂增加每日蛋白质摄入量。

蛋白质合成（protein synthesis）——氨基酸合成蛋白质的过程，该过程在肌肉中会导致肌肉肥大。

蛋白水解（proteolysis）——蛋白质分解成氨基酸的过程。在骨骼肌中，这是一个分解代谢过程。

泵（pump）——在重量训练期间，因受训肌肉充血造成的膨胀且饱满的感觉。

金字塔负荷模式（pyramid load pattern）——负荷模式的方法，运动负荷开始时较低，每一组都逐步增加，并达到高点。

RDA（建议膳食摄取量，recommended dietary allowance）——针对一般人群的食物摄取指引。RDA 值可能不适合健美运动员，因为其对身体营养摄入量的要求更高。

受体（receptor）——质膜或靶细胞内部的特异性蛋白质结合位点。

恢复（recovery）——指适应性，身体用来克服训练压力，并培养出在未来可接受压力的新体能水平。此时，从肌肉中已去除乳酸，激素稳定，蛋白质合成增加，能量代谢恢复。

肌膜（sarcolemma）——围绕肌纤维的细胞（血浆）膜。

卫星细胞（satellite cells）——与骨骼肌纤维相邻的未分化细胞。

这些细胞可以融合现有的肌肉纤维，并促进肌肉生长（肥大）。在肌肉损伤后，卫星细胞可能会分化并形成新的肌纤维。

饱和脂肪酸（saturated fatty acid）——不含有不饱和碳原子的脂肪酸。

与单不饱和脂肪酸和多不饱和脂肪酸不同，饱和脂肪酸在室温下通常是固体。

感觉神经元（sensory neuron）——从受体向 CNS 传递脉冲的神经细胞。感觉神经元是由声音、疼痛、光和味道激发的那些神经细胞。

斜金字塔负荷模式（skewed-pyramid load pattern）——在这种模式中，除了最后一组练习的负荷下降外，在整节训练课中的负荷都不断增加。

慢缩纤维（slow twitch [ST] fiber）——一种肌纤维，其特点是收缩慢、厌氧能力低和有氧能力高，这些特点使这种纤维适合小爆发力输出的活动。

特异性训练（specificity training）——针对特定活动或技能的训练计划的基本构建原则。

保护者（spotter）——观察并有时协助举重者执行训练活动的人。

稳定肌（stabilizers，也称固定肌 [fixators]）——受到刺激后锚定或稳定肢体位置的肌肉。

标准负荷（standard loading）——在一段时间内保持在相同水平的负荷。

静态柔韧性（static flexibility）——被动拉伸拮抗肌，将其置于最大拉伸位置并保持。

阶梯式负荷原则（step-loading principle）——通常在前 3 周中，每一周都增加负荷，然后减负荷 1 周，以便在下一次增加负荷之前，机体可以再生。

拉伸反射（stretch reflex）或肌静力反射（myostatic reflex）——肌肉拉伸速度的反射。这种反射对刺激（在这种情况下指肌肉拉伸速度）有最快的已知反应。当它感觉到拉伸得太快或太苛刻时，拉伸反射引起被拉伸的肌肉和协同肌的收缩，同时抑制拮抗肌。

皮下脂肪（subcutaneous fat）——指皮肤和肌肉之间的脂肪；可见脂肪。

超大负荷（supermaximum load）——超过 1RM 的 100% 的负荷。这些重量只能由有经验的举重者使用，特别是在训练的最大力量阶段。

协同肌（synergist）——在肌肉收缩期间主动对主动肌提供额外贡献的肌肉。

针对性补剂（targeted supplement）——为了在训练量、恢复与合成代谢驱动方面帮助实现个人具体训练目标而服用的物质。

肌腱（tendon）——胶原纤维束，将肌肉连接到骨骼，并将肌肉收缩力传递给骨骼。

睾酮（testosterone）——在睾丸中产生的雄性性激素；负责男性第二性征。

产热（thermogenic）——通常指通过脂肪氧化产生热量。

短暂性肥大（transient hypertrophy）——由于水分积累导致的肌肉临时增大，不是永久性组织生长。在紧张的重量训练过程中及结束后的短时间内发生，并在身体恢复正常状态（体内稳态）后的短时间内消退。

甘油三酯（triglycerides）——由 3 份游离脂肪酸和 1 份甘油组成的脂肪。

抽搐（twitch）——短暂的收缩期间，随后是放松，这是运动原单元对刺激（神经冲动）的反应。

卸载（unloading）——减少负荷，通常是为了让机体和心灵在新的负荷阶段之前重生并恢复精力。

尿素（urea）——因氨基酸分解而产生的主要身体废物。

血管舒张（vasodilation）——血管的扩张，特别是动脉及其分支血管的扩张。

溜溜球节食（yo yo dieting）——反复获得和失去大量体重的过程。

参考文献

Adam, A., and De Luca, C.J. 2005. Firing rates of motor units in human vastus lateralis muscle during fatiguing isometric contractions. *J Appl Physiol* 99:268-80.

Adams, J.S., and Hewison, M. 2008. Unexpected actions of vitamin D: New perspectives on the regulation of innate and adaptive immunity. *Nat Clin Pract Endocrinol Metab*. 4(2):80-90.

Agarwal, A., Gupta, S., and Sharma, R.K. 2005. Role of oxidative stress in female reproduction. *Reprod Biol Endocrinol* 3:28.

Aguilo, A., Tauler, P., Sureda, A., Cases, N., Tur, J., and Pons, A. 2007. Antioxidant diet supplementation enhances aerobic performance in amateur sportsmen. *J Sports Sci* 25(11):1203-10.

Allen, D., Lamb, G., and Westerblad, H. 2008. Impaired calcium release during fatigue. *J Appl Physiol* 104:296-305.

Altman, T.A. 1998. In: FDA and USDA Nutrition Labelling Guide 9. Technomic Publishing Company Inc. Lancaster, PA. pp. 15-16.

Alway, S.E. 1997. Anatomy and kinesiology of skeletal muscle: The framework for movement. *Muscle Development* 31(3):34-35, 180-81.

Amann, M., Samuele, M., Nybo, L., Duhamel, T., Noakes, T., Jaquinandi, V., Saumet, J.L., Abraham, P., Ameredes, B., Burnley, M., Jones, A., Gandevia, S., Butler, J., and Taylor, J. 2008. *J Appl Physiol* 104:1543-46.

Ameredes, B.T., Zhan, W.Z., Vanderboom, R., Prakash, Y.S., and Sieck, G.C. 2000.

Power fatigue of the rat diaphragm muscle. *J Appl Physiol* 89:2215-19.

Anderson, R.A. 1986. Chromium metabolism and its role in disease processes in man. *Clin Physiol Biochem* 4(1):31-41.

Anderson, R.A., Polansky, M.M., Bryden, N.A., et al. 1982. Effect of exercise (running) on serum glucose, insulin, glucagon, and chromium excretion. *Diabetes* 31(3):212-16.

Andriamanalijaona, R., Kypriotou, M., Bauge, C., Renard, E., Legendre, F., Raoudi, M., Boumediene, K., Gatto, H., Monginoux, P., and Pujol, J.P. 2005. Comparitive effects of 2 antioxidants, selenomethionine and epigallocatechin-gallate, on catabolic and anabolic gene expression of articular chondrocytes. *J Rheumatol* 32(10):1958-67.

Appell, H.J. 1990. Muscular atrophy following immobilization: A review. *Sports Med* 10(1):42-58.

Arivazhagan, P., Ramanathan, K., and Panneerselvam, C. 2001. Effect of DLalpha- lipoic acid on mitochondrial enzymes in aged rats. *Chem Biol Interact* 138(2):189-98.

Armstrong, R.B. 1986. Muscle damage and endurance events. *Sports Med* 3:370-81.

Arnheim, D. 1989. *Modern principles of athletic training*, 7th ed. St. Louis: Times Mirror/Mosby.
Ascherio, A., Rimm, E.B., Stampfer, M.J., Giovannucci, E.L., and Willett, W.C.

1995. Dietary intake of marine n-3 fatty acids, fish intake, and the risk of coronary disease among men. *N Engl J Med* 332(15):977-82.

Asmussen, E., and Mazin, K. 1978. A central nervous component in local muscular fatigue. *Europ J Appl Physiol* 38:9-15.

Aviram, M., and Eias, K. 1993. Dietary olive oil reduces low-density lipoprotein uptake by macrophages and decreases the susceptibility of the lipoprotein to undergo lipid peroxidation. *Ann Nutr Metab* 37(2):75-84.

Awad, A.B., and Zepp, E.A. 1979. Alteration of rat adipose tissue lipolytic response to norepinephrine by dietary fatty acid manipulation. *Biochem Biophys Res Comm* 86:138-44.

Babichev, V.N., Peryshkova, T.A., Aivazashvili, N.I., and Shishkin, I.V. 1989. Effect of alcohol on the content of sex steroid receptors in the hypothalamus and hypophysis of male rats. Biull Eksp Biol Med 107(2):204-7.

Barham, J.B., Edens, M.B., Fonteh, A.N., Johnson, M.M., Easter, L., and Chilton, F.H. 2000. Addition of eicosapentaenoic acid to gamma-linolenic acid-supplemented diets prevents serum arachidonic acid accumulation in humans. *J Nutr* 130(8):1925-31.

Barnett, G., Chiang, C.W., and Licko, V.J. 1983. Effects of marijuana on testosterone in male subjects. *Theor Biol* 104(4):685-92.

Baroga, L. 1978. Contemporary tendencies in the methodology of strength development. *Educatia Fizica si Sport* 6:22-36.

Bartoszewska, M., Kamboj, M., and Patel, D.R. 2010. Vitamin D, muscle function, and exercise performance. *Pediatr Clin North Am* 57(3):849-61.

Bartram, H.P., Gostner, A., Scheppach, W., et al. 1993. Effects of fish oil on rectal cell proliferation, mucosal fatty acids, and prostaglandin E2 release in healthy subjects. *Gastroenterology* 105(5):1317-22.

Bast, A., and Haenen, G.R. 2003. Lipoic acid: A multifunctional antioxidant. *Biofactors* 17(1-4):207-13.

Beaufrere, B., Chassard, D., Broussolle, C., Riou, J.P., and Beylot, M. 1992. Effects of D-beta-hydroxybutyrate and long- and medium-chain triglycerides on leucine metabolism in humans. *Am J Physiol* (*Endocrinol Metab*) 262(3 Pt. 1):E268-74.

Behm, D.G. 1995. Neuromuscular implications and applications of resistance training. *J Strength Condit Res* 9:264-74.

Belzung, F., Raclot, T., and Groscolas, R. 1993. Fish oil n-3 fatty acids selectively limit the hypertrophy of abdominal fat depots in growing rats fed high-fat diets. *Am J Physiol* 264(6 Pt 2): R1111-18.

Bendich, A. 1989. Symposium conclusions: Biological actions of carotenoids. *J Nutr* 119(1):135-36.

Bhasin, S., Woodhouse, L., Casaburi, R., Singh, A.B., Bhasin, D., Berman, N., Chen, X., Yarasheski,

K.E., Magliano, L., Dzekov, C., Dzekov, J., Bross, R., Phillips, J., Sinha-Hikim, I., Shen, R., and Storer, T.W. 2001. Testosterone dose-response relationships in healthy young men. *Am J Physiol Endocrinol Metab* 281:E1172-81.

Bhathena, S.J., Berlin, E., Judd, J.T., et al. 1989. Dietary fat and menstrual-cycle effects on the erythrocyte ghost insulin receptor in premenopausal women. *Am J Clin Nutr* 50(3):460-64.

Bigland-Ritchie, B., Kakula, C., Lippold, O., and Woods, J. 1982. The absence of neuromuscular junction failure in sustained maximal voluntary contractions. *J Physiol* (Lond) 330:265-78.4

Biolo, G., Fleming, R.Y.D., and Wolfe, R.R. 1995. Physiologic hyperinsulinemia stimulates protein synthesis and enhances transport of selected amino acids in human skeletal muscle. *J Clin Invest* 95:811-19.

Blankson, H., Stakkestad, J.A., Fagertun, H., Thom, E., Wadstein, J., and Gudmundsen, O. 2000. Conjugated linoleic acid reduces body fat mass in overweight and obese humans. *J Nutr* 130(12):2943-48.

Blundell, T.L., Bedarkar, S., Rinderknecht, E., and Humbel, R.E. 1979. Insulin-like growth factors: A model for tertiary structure accounting for immunoreactivity and receptor binding. *Proc Natl Acad Sci U.S.A.* 75:180-84.

Boden, G., Jadali, F., Liang, Y., Mozzoli, M., Chen, X., Coleman, E., and Smith, C. 1991. Effects of fat metabolism on insulin-stimulated carbohydrate metabolism in normal men. *J Clin Invest* 88(3):960-66.

Bompa, T.O. 1999. Periodization: Theory and methodology of training. Champaign, IL: Human Kinetics. Bompa, T.O., and Cornacchia, L.J. 1998. *Serious strength training*. Champaign, IL: Human Kinetics.

Bompa, T.O., Di Pasquale, M., and Cornacchia, L.J. 2003. Serious strength training, second edition. Champaign, IL: Human Kinetics. Bond, V., Adams, R., Gresham, K., Tearney, R., Caprarola, M., Ruff, W., Gregory, H., and Stoddart, A. 2005. Human performance lab, Howard University, Washington, DC.

Bonjour, J.P., Guéguen, L., Palacios, C., Shearer, M.J., and Weaver, C.M. 2009.Minerals and vitamins in bone health: The potential value of dietary enhancement.*Br J Nutr* 101(11):1581-96. Epub 2009 Apr 1.

Booth, F., and Thomason, D. 1991. Molecular and cellular adaptation of muscle in response to exercise: Perspectives of various models. *Physiological Reviews* 71:541-85.

Booyens, J., Louwrens, C.C., and Katzeff, I.E. 1986. The Eskimo diet: Prophylactic effects ascribed to the balanced presence of natural cis unsaturated fatty acids and the absence of unnatural trans and cis isomers of unsaturated fatty acids. *Medical Hypotheses* 21(4):387-408.

Borer, K.T. 1994. Neurohumoral mediation of exercise-induced growth. *Med Sci Sport Exerc* 26(6):741-54.

Brehm, B.J., Seeley, R.J., Daniels, S.R., and D'Alessio, D.A. 2003. A randomized trial comparing a very low carbohydrate diet and a calorie-restricted low fat diet on body weight and cardiovascular risk factors in healthy women. *J Clin Endocrinol Metab* 88:1617-23.

Brilla, L.R., and Haley, T.F. 1992. Effect of magnesium supplementation on strength training in humans. *J Am Coll Nutr* 11(3):326-29.

Brown, A.D., Wallace, P., and Breachtel, G. 1987. In vivo regulation of non-insulin mediated and insulin mediated glucose uptake by cortisol. *Diabetes* 36:1230-37.

Bucci, L., Hickson, J.F., Jr., Pivarnik, J.M., et al. 1990. Ornithine ingestion and growth hormone release in bodybuilders. *Nutr Res* 10(3):239-45.

Buell, J.S., Scott, T.M., Dawson-Hughes, B., Dallal, G.E., Rosenberg, I.H., Folstein, M.F., et al. 2009. Vitamin D is associated with cognitive function in elders receiving home health services. Js Gerontol. Series A, *Biol Sci Med Sci* 64:888-895.

Burkart, V., Koike, T., Brenner, H.H., Imai, Y., and Kolb, H. 1993. Dihydrolipoic acid protects pancreatic islet cells from inflammatory attack. *Agents Actions* 38(1-2):60-65.

Butterfield, G., and Calloway, D.H. 1984. Physical activity improves protein utilization in young men. *Br J Nutr* 51:171-84.

Campbell, W.W., Barton, M.L., Jr., Cyr-Campbell, D., Davey, S.L., Beard, J.L., Parise, G., and Evans, W.J. 1999. Effects of an omnivorous diet compared with a lacto-ovo vegetarian diet on resistance-training-induced changes in body composition and skeletal muscle in older men. *Am J Clin Nutr* 70(6):1032-39.

Carey, A.L., Staudacher, H.M., Cummings, N.K., Stepto, N.K., Nikolopoulos, V., Burke, L.M., and Hawley, J.A. 2001. Effects of fat adaption and carbohydrate restoration on prolonged endurance exercise. *J Appl Physiol* 91(1):115-22.

Carrithers, J.A., Williamson, D.L., Gallagher, P.M., Godard, M.P., Schulze, K.E., and Trappe, S.W. 2000. Effects of postexercise carbohydrate-protein feedings on muscle glycogen restoration. *J Appl Physiol* 88(6):1976-82.

Cartee, G.D., Yong, D.A., Sleeper, M.D., Zierath, J., Wallberg-Henriksson, H., and Halloszy, J.O. 1989. Prolonged increase in insulin-stimulated glucose transport in muscle after exercise. *Am J Physiol Endocrinol Metab* 256:E494-99.

Ceglia, L. 2008. Vitamin D and skeletal muscle tissue and function. *Mol Aspects Med* 29(6):407-14.

Chanez, M., Bois-Joyeux, B., Arnaud, M.J., and Peret, J. 1988. Long-term consumption of a diet with moderate medium chain triglyceride content does not inhibit the activity of enzymes involved in hepatic lipogenesis in the rat. [French] Comptes Rendus de I Academie des Sciences – Serie Iii, Sciences de la vie. 307(12):685-8.

Cheung, K., Hume, P., and Maxwell, L. 2003. Delayed onset muscle soreness: Treatment strategies and performance factors. *Sports Med* 33(2):145-64.

Chou, K.H., and Bell, L.N. 2007. Caffeine content of prepackaged national-brand and private-label carbonated beverages. *J Food Sci* 72(6):C337-42.

Chung, K.W. 1989. Effect of ethanol on androgen receptors in the anterior pituitary, hypothalamus and brain cortex in rats. *Life Sci* 44(4):2273-80.

Clark, M.G., Wallis, M.G., Barrett, E.J., Vincent, M.A., Richards, S.M., Clerk, L.H., and Rattigan, S. 2003. Blood flow and muscle metabolism: A focus on insulin action. *Am J Physiol Endocrinol Metab* 284(2):E241-58.

Clifton, P.M., Noakes, M., Keogh, J., and Foster, P. 2003. Effect of an energy reduced high protein red meat diet on weight loss and metabolic parameters in obese women. *Asia Pac J Clin Nutr* 12(Suppl):S10.

Close, G.L., Ashton, T., Mcardle, A., and Maclaren, D.P. 2005. The emerging role of free radicals in delayed onset muscle soreness and contraction-induced injury.*Comp Biochem Physiol* 142:257-66.

Cohen, D.L., and Townsend, R.R. Does consumption of high-caffeine energy drinks affect blood pressure? *J Clin Hypertens* (Greenwich) 8(10):744-45.

Conley, K. 1994. Cellular energetics during exercise. *Adv Vet Sci Comp Med* 38A:1-39.

Cook, M.E., Miller, C.C., Park, Y., and Pariza, M. 1993. Immune modulation by altered nutrient metabolism: Nutritional control of immune-induced growth depression. *Poultry Sci* 72(7):1301-5.

Cordova, A., and Alvarez-Mon, M. 1995. Behaviour of zinc in physical exercise: A special reference to immunity and fatigue. *Neurosci Biobehav Rev* 19(3):439-45.

Coronado, R., Morrissette, J., Sukhareva, M., and Vaughan, D.M. 1994. Structure and function of ryanodine receptors. *Am J Physiol Cell Physiol* 266:C1485-504.

Cowburn, G., and Stockley, L. 2005. Consumer understanding and use of nutrition labeling: A systematic review. *Public Health Nutr* 8(1):21-28.

Curtis, C.L., Hughes, C.E., Flannery, C.R., Little, C.B., Harwood, J.L., and Caterson, B. 2000. N-3 fatty acids specifically modulate catabolic factors involved in articular cartilage degradation. *J Biol Chem* 275(2):721-24.

Dartnall, T., Nordstrom, M., and Semmler, J. 2008. *J Neurophysiol* 99:1008-19.

Davidson, M.H., Hunningshake, D., Maki, K.C., et al. 1999. Comparison of the effects of lean red meat vs lean white meat on serum lipid levels among freeliving persons with hypercholesterolemia: A long term, randomized clinical trial. *Arch Intern Med* 159:1331-38.

Davis, J.M., Murphy, E.A., Carmichael, M.D., and Davis, B. 2009. Quercetin increases brain and muscle mitochondrial biogenesis and exercise tolerance. *Am J Physiol Regul Integr Comp Physiol.* 2009 296(4):R1071-77.

de Vogel, S., Dindore, V., van Engeland, M., Goldbohm, R.A., van den Brandt, P.A., and Weijenberg, M.P. 2008. Dietary folate, methionine, riboflavin, and vitamin B-6 and risk of sporadic colorectal cancer. *J Nutr* 138(12):2372-78.

Deitmer, J.W. 2001. Strategies for metabolic exchange between glial cells and neurons. *Respir Physiol* 129(1-2):71-81.

Dela, F., Larsen, J.J., Mikines, K.J., Ploug, T., Petersen, L.N., and Galbo, H. 1995.Insulin-stimulated muscle glucose clearance in patients with NIDDM: Effects of one-legged physical training.

Diabetes 44:1010-20.

DeLuca, C.J., and Forrest, W.J. 1973. Some properties of motor unit action potential trains recorded during constant force isometric contractions in man. *Kybernetik* 12:160-68.

DeLuca, C.J., LeFever, R.S., McCue, M.P., and Xenakis, A.P. 1982. Behaviour of human motor units in different muscles during linearly varying contractions. *J Physiol* (Lond) 329:113-28.

Denke, M.A., and Grundy, S.M. 1991. Effects of fats high in stearic acid on lipid and lipoprotein concentrations in men. *Am J Clin Nutr* 54(6):1036-40.

Derave, W., Lund, S., Holman, G., Wojtaszewski, J., Pedersen, O., and Richter, E.A. 1999. Contraction-stimulated muscle glucose transport and GLUT-4 surface content are dependent on glycogen content. *Am J Physiol Endocrinol Metab* 277:E1103-10.

Desbrow, B., Hughes, R., Leveritt, M., and Scheelings, P. 2007. An examination of consumer exposure to caffeine from retail coffee outlets. *Food Chem Toxicol* 45(9):1588-92. Epub 2007 Feb 23.

Deschenes, M.R., Kraemer, W.J., Maresh, C.M., and Crivello, J.F. 1991. Exerciseinduced hormonal changes and their effects upon skeletal muscle tissue. *Sports Med* 12:80-93.

Di Pasquale, M. 1997. *Amino acids and proteins for the athlete: The anabolic edge.* Boca Raton, FL: CRC Press.

Di Pasquale, M. 2002-2008. *The Anabolic Solution.* MetabolicDiet.com Books, MD+ Press.

Di Pasquale, M.G. 2000. *The Metabolic Diet.* Austin, TX: Allprotraining.com Books.

Diamond, F., Ringenberg, L., MacDonald, D., et al. 1986. Effects of drug and alcohol abuse upon pituitary-testicular function in adolescent males. *Adol Health Care* 7(1):28-33.

Dinan, T.G., Thakore, J., and O'Keane, V. 1994. Lowering cortisol enhances growth hormone response to growth hormone releasing hormone in healthy subjects. *Acta Physiol Scand* 151:413-16.

Dinneen, S., Alzaid, A., Miles, J., and Rizza, R. 1993. Metabolic effects of the nocturnal rise in cortisol on carbohydrate metabolism in normal humans. *J Clin Invest* 92(5):2283-90.

Dodd, S.L., Herb, R.A., and Powers, S.K. 1993. Caffeine and exercise performance: An update. *Sports Med* 15(1):14-23.

Dorgan, J.F., Judd, J.T., Longcope, C., Brown, C., Schatzkin, A., Clevidence, B.A., Campbell, W.S., Nair, P.P., Franz, C., Kahle, L., and Taylor, P.R. 1996. Effects of dietary fat and fiber on plasma and urine androgens in men: A controlled feeding study. *Am J Clin Nutr* 64:850-55.

Dorup, I., Flyvbjerg, A., Everts, M.E., and Clausen. T. 1991. Role of insulin-like growth factor-1 and growth hormone in growth inhibition induced by magnesium and zinc deficiencies. *Brit J Nutr* 66(3):505-21.

Dragan, G.I., Vasiliu, A., and Georgescu, E. 1985. Research concerning the effects of Refit on elite weightlifters. *J Sports Med Physical Fitness* 25(4):246-50.

Dragan, G.I., Wagner, W., and Ploesteanu, E. 1988. Studies concerning the ergogenic value of protein supply and l-carnitine in elite junior cyclists. *Physiologie* 25(3):129-32.

Dray, F., Kouznetzova, B., Harris, D., and Brazeau, P. 1980. Role of prostaglandins on growth hormone secretion: PGE2 a physiological stimulator. *Adv Prostagl Thrombox Res* 8:1321-28.

Duhamel, T., Stewart, R., Tupling, A., Ouyang, J., and Green, H. 2007. *J Appl Physiol* 103:1212-20.

Duntas, L.H. 2009. Selenium and inflammation: Underlying anti-inflammatory mechanisms. *Horm Metab Res* 41(6):443-47.

Durnin, J.V. 1982. Muscle in sports medicine: Nutrition and muscular performance. *Int J Sports Med* 3(Suppl 1):52-57.

Ebbing, C., and P. Clarkson. 1989. Exercise-induced muscle damage and adaptation. *Sports Med* 7:207-34.

Enoka, R. 1996. Eccentric contractions require unique activation strategies by the nervous system. *J Appl Physiol* 81:2339-46.

Eritsland, J., Arnesen, H., Seljeflot, I., and Hostmark, A.T. 1995. Long-term metabolic effects of n-3 polyunsaturated fatty acids in patients with coronary artery disease. *Am J Clin Nutr* 61(4):831-36.

Evans, J.R. 2006. Antioxidant vitamin and mineral supplements for slowing the progression of age-related macular degeneration. *Cochrane Database Syst Rev* 19(2):CD000254.

Evans, W.J. 1987. Exercise-induced skeletal muscle damage. *Phys Sports Med* 15(1):89-100.

Evans, W.J., and Cannon, J.G. 1991. The metabolic effects of exercise-induced muscle damage. *Exerc Sport Sci Rev* 19:99-125.

Eyjolfson, V., Spriet, L.L., and Dyck, D.J. 2004. Conjugated linoleic acid improves insulin sensitivity in young sedentary humans. *Med Sci Sports Exerc* 36(5):814-20.

Fahey, TD. How to cope with muscle soreness. *Powerlifting USA*. 15 (7): 10-11, 1992.

Faust, A., Burkart, V., Ulrich, H., Weischer, C.H., and Kolb, H. 1994. Effect of lipoic acid on cyclophosphamide-induced diabetes and insulitis in non-obese diabetic mice. *Int J Immunopharmacol* 16(1):61-66.

Flatt, J.P. 1995. Use and storage of carbohydrate and fat. *Am J Clin Nutr* 61(Suppl 4):S952-59.

Fossati, P., and Fontaine, P. 1993. Endocrine and metabolic consequences of massive obesity. *Rev Praticien* 43(15):1935-39.

Fox, E.L., Bowes, R.W., and Foss, M.L. 1989. *The physiological basis of physical education and athletics*. Dubuque, IA: Brown.

Frederick, A., and Frederick, C. 2006. *Stretch to win*. Champaign, IL: Human Kinetics.

Fry, R.W., Morton, R., and Keast, D. 1991. Overtraining in athletics. *Sports Med* 2(1):32-65.

Fryburg, D.A. 1994. Insulin-like growth factor-1 exerts growth hormone- and insulin- like actions on human muscle protein metabolism. *Am J Physiol* 267:E331-36.

Fujioka, K., Greenway, F., Sheard, J., Ying, Y. 2006.The effects of grapefruit on weight and insulin resistance: relationship to the metabolic syndrome. *J Med. Food.* 9(1):49-54.

Ganong, W.F. 1988. The stress response: A dynamic overview. *Hosp Pract* 23:155-71.

Garcia-Roves, P.M., Han, D.H., Song, Z., Jones, T.E., Hucker, K.A., and Holloszy, J.O. Prevention of glycogen supercompensation prolongs the increase in muscle GLUT4 after exercise. *Am J Physiol*

Endocrinol Metab 285:E729-36.

Garland, S.J., Enoka, R.M., Serrano, L.P., and Robinson, G.A. Behavior of motor units in human biceps brachii during a submaximal fatiguing contraction. *J Appl Physiol* 76:2411-19.

Garg, M.L., Wierzbicki, A., Keelan, M., Thomson, A.B., and Clandinin, M.T. 1989. Fish oil prevents change in arachidonic acid and cholesterol content in rats caused by dietary cholesterol. *Lipids* 24(4):266-70.

Garrandes, F., Colson, S., Pensini, M., Seynnes, O., and Legros, P. 2007. Neuromuscular fatigue profile in endurance-trained and power-trained athletes. *Med Sci Sports Exerc* 39(1):149-58.

Gaullier, J.M., Halse, J., Hoye, K., Kristiansen, K., Fagertun, H., Vik, H., and Gudmundsen, O. 2004. Conjugated linoleic acid supplementation for 1 year reduces body fat mass in healthy overweight humans. *Am J Clin Nutr* 79(6):1118-25.

Ghavami-Maibodi, S.Z., Collipp, P.J., Castro-Magana, M., Stewart, C., and Chen, S.Y. 1983. Effect of oral zinc supplements on growth, hormonal levels and zinc in healthy short children. *Ann Nutr Metab* 273:214-19.

Gohil, K., Rothfuss, L., Lang, J., and Packer, L. 1987. Effect of exercise training on tissue vitamin E and ubiquinone content. *J Appl Physiol* 63(4):1638-41.

Goldberg, A.L., Etlinger, J.D., Goldspink, D.F., and Jablecki, C. 1975. Mechanism of work-induced hypertrophy of skeletal muscles. *Med Sci Sports Exerc* 7:185-98.

Goldin, B.R., Woods, M.N., Spiegelman, D.L., et al. 1994. The effect of dietary fat and fiber on serum estrogen concentrations in premenopausal women under controlled dietary conditions. *Cancer* 74(Suppl 3):1125-31.

Goodman, M.N., Lowell, B., Belur, E., and Ruderman, N.B. 1984. Sites of protein conservation and loss during starvation: Influence of adiposity. *Am J Physiol* 246(5 Pt 1):E383-90.

Grandjean, A.C. 1983. Vitamins, diet, and the athlete. *Clin Sports Med* 2(1):105-14.

Grimby, G. 1992. *Strength and power in sport*, ed. P.V. Komi. Oxford: Blackwell Scientific.

Habito, R.C., Montalto, J., Leslie, E., and Ball, M.J. 2000. Effects of replacing meat with soybean in the diet on sex hormone concentrations in healthy adult males. *Br J Nutr* 84(4):557-63.

Haden, T., Lox, C., Rose, P., Reid, S., and Kirk, E.P. 2011. One-set resistance training elevates energy expenditure for 72 h similar to three sets. *Eur J Appl Physiol* 111(3):477-84.

Hainaut, K., and Duchatteau, J. 1989. Muscle fatigue: Effects of training and disuse. *Muscle and Nerve* 12:660-69.

Hamalainen, E.K., Adlercreutz, H., Puska, P., et al. 1983. Decrease of serum total and free testosterone during a low-fat high-fiber diet. *J Steroid Biochem* 18(3):369-70.

Hamalainen, E.K., Adlercreutz, H., Puska, P., et al. 1984. Diet and serum sex hormones in healthy men. *J Steroid Biochem* 20(1):459-64.

Hamilton, B. 2010. Vitamin D and human skeletal muscle. *Scand J Med Sci Sports* 20(2):182-90.

Han, Y.S., Proctor, D.N., Geiger, P.C., and Sieck, G.C. 2001. Reserve capacity for ATP consumption during isometric contraction in human skeletal muscle fibers. *J Appl Physiol* 90(2):657-64.

Hannum, S.M. 2004. Potential impact of strawberries on human health: A review of the science. *Crit Rev Food Sci Nutr* 44(1):1-17.

Hansen, J.C., Pedersen, H.S., and Mulvad, G. 1994. Fatty acids and antioxidants in the Inuit diet. Their role in ischemic heart disease (IHD) and possible interactions with other dietary factors: A review. *Arctic Med Res* 53(1):4-17.

Hardin, D.S., Azzarelli, B., Edwards, J., Wigglesworth, J., Maianu, L., Brechtel, G., Johnson, A., Baron, A., and Garvey, W.T. 1995. Mechanisms of enhanced insulin sensitivity in endurance-trained athletes: Effects on blood flow and differential expression of GLUT4 in skeletal muscles. *J Clin EndocrinolMetab* 80:2437-46.

Harmon, A.W., and Patel, Y.M. 2003. Naringenin inhibits phosphoinositide 3-kinase activity and glucose uptake in 3T3-L1 adipocytes. *Biochem Biophys Res Commun* 305(2):229-34.

Harris, D.B., Harris, R.C., Wilson, A.M., and Goodship, A. 1997. ATP loss with exercise in muscle fibres of the gluteus medius of the thoroughbred horse. *Res Vet Sci* 63(3):231-37.

Harris, W.S. and Bulchandani, D. 2006. Why do omega-3 fatty acids lower serum triglycerides? *Curr Opin Lipid* 17(4):387-93.

Hartman, J.H., and Tünneman, H. 1988. *Fitness and strength training*. Berlin: Sportsverlag.

Hartoma, T.R., Nahoul, K., and Netter, A. 1977. Zinc, plasma androgens and male sterility. *Lancet* 2:1125-26.

Hawthorne, K.M., Moreland, K., Griffin, I.J., and Abrams, S.A. 2006. An educational program enhances food label understanding of young adolescents. *J Am Diet Assoc* 106(6):913-16.

Head, S. 2010. Branched fibres in old dystrophic mdx muscle are associated with mechanical weakening of the sarcolemma, abnormal Ca^{2+} transients and a breakdown of Ca^{2+} homeostasis during fatigue. *Exp Physiol* 95(5):641-56.

Heden, T., Lox, C., Rose, P., Reid, S., and Kirk, E.P. 2011. One-set resistance training elevates energy expenditure for 72 h similar to three sets. *Eur J Appl Physiol* 111(3):477-84.

Helge, J.W. 2000. Adaption to a fat-rich diet: Effects on endurance performance in humans. *Sports Med* 30(5):347-57.

Henriksen, E.J. 2002. Effects of acute exercise and exercise training on insulin resistance. *J Appl Physiol* 93:788-96.

Henzen, C. 1995. Fish oil-healing principle in the Eskimo Diet? *Schweizerische Rundschau für Medicine Praxis* 84(1):11-15.

Hickson, R.C., Czerwinski, S.M., Falduto, M.T., and Young, A.P. 1990. Glucocorticoid antagonism by exercise and androgenic-anabolic steroids. *Med Sci Sports Exerc* 22:331-40.

Hickson, R.C., Czerwinski, S.M., and Wegrzyn, L.E. 1995. Glutamine prevents downregulation of myosin heavy chain synthesis and muscle atrophy from glucocorticoids. *Am J Physiol* 268(4 Pt 1):E730-34.

Hickson, R.C., Kurowski, T.T., Andrews, G.H., et al. 1986. Glucocorticoid cytosol binding in exercise-induced sparing of muscle atrophy. *J Appl Physiol* 60:1413-19.

Higdon, J.V., and Frei, B. 2006. Coffee and health: A review of recent human research. *Crit Rev Food Sci* Nutrition 46(2):101-23.

Hodgson, J.M., Wahlqvist, M.L., Boxall, J.A., and Lalazs, N.D. 1993. Can linoleic acid contribute to coronary artery disease? *Am J Clin Nutr* 58(2):228-34.

Hodgson, J.M., Ward, N.C., Burke, V., Beilin, L.J., and Puddy, I.B. 2007. Increased lean red meat intake does not elevate markers of oxidative stress and inflammation in humans. *J Nutr* 137(2):363-67.

Holtz, K.A., Stephens, B.R., Sharoff, C.G., Chipkin, S.R., and Braun, B. 2008. The effect of carbohydrate availability following exercise on whole-body insulin action. *Appl Physiol Nutr Metab* 33(5):946-56.

Horber, F.F., and Haymond, M.W. 1990. Human growth hormone prevents the protein catabolic side effects of prednisone in humans. *J Clin Invest* 86:265-72.

Houmard, J.A. 1991. Impact of reduced training of performance in endurance athletes. *Sports Med* 12(6):80-93.

Howarth, K.R., Moreau, N.A., Phillips, S.M., and Gibala, M.J. 2009. Coingestion of protein with carbohydrate during recovery from endurance exercise stimulates skeletal muscle protein synthesis in humans. *J Appl Physiol* 106(4):1394-402.Epub 2008 Nov 26.

Howatson, G., and Someren, K. 2008. The prevention and treatment of exerciseinduced muscle damage. *Sports Med* 38(6):483-503.

Howell, J., Chleboun, G., and Conatser, R. 1993. Muscle stiffness, strength loss, swelling and soreness following exercise-induced injury in humans. *J Phys* 464:183-96.

Hsu, J.M. 1977. Zinc deficiency and alterations of free amino acid levels in plasma, urine and skin extract. *Progr Clin Biol Res* 14:73-86.

Hubal, M., Rubinstein, S., and Clarkson, P. 2007. Mechanisms of variability in strength loss after muscle-lengthening actions. *Med Sci Sports Exerc* 39(3):461-68.

Hunt, C.D., Johnson, P.E., Herbel, J., and Mullen, L.K. 1992. Effects of dietary zinc depletion on seminal volume of zinc loss, serum testosterone concentrations and sperm morphology in young men. *Am J Clin Nutr* 56(1):148-57.

Hwang, S.G., Yano, H., and Kawashima, R. 1993. Institution department of animal science, faculty of agriculture, Kyoto University, Japan. Influence of dietary medium- and long-chain triglycerides on fat deposition and lipogenic enzymes activities in rats. *J Am Coll Nutr* 12(6):643-50.

Ingram, D.M., Bennett, F.C., Willcox, D., and de Klerk, N. 1987. Effect of low-fat diet on female sex hormone levels. *J Mat Cancer Inst* 79(6):1225-29.

Institute of Food Technologists. 2003. Food laws and regulations division, Newsletter Vol. 9, No. 1.

Ip, C., Scimeca, J.A., and Thompson, H.J. 1994. Conjugated linoleic acid: A powerful anticarcinogen from animal fat sources. *Cancer* 74(Suppl 3):1050-54.

Ip, C., Singh, M., Thompson, H.J., and Scimeca, J.A. 1994. Conjugated linoleic acid suppresses mammary carcinogenesis and proliferative activity of the mammary gland in the rat. *Cancer Res* 54(5):1212-15.

Israel, S. 1972. The acute syndrome of detraining. *GDR National Olympic Committee* 2:30-35.

Ivy, J.L., and Holloszy, J.O. 1981. Persistent increase in glucose uptake by rat skeletal muscle following exercise. *Am J Physiol* 241:C200-203.

Ivy, J.L., Goforth, H.W., Jr., Damon, B.M., McCauley, T.R., Parsons, E.C., and Price, T.B. 2002. Early postexercise muscle glycogen recovery is enhanced with a carbohydrate-protein supplement. *J Appl Physiol* 93(4):1337-44.

Iwasaki, K., Mano, K., Ishihara, M., et al. 1987. Effects of ornithine or arginine administration on serum amino acid levels. *Biochem Int* 14(5):971-76.

Jacobson, B.H., Weber, M.D., Claypool, L., and Hunt, L.E. 1992. Effect of caffeine on maximal strength and power in elite male athletes. *Br J Sports Med* 26(4):276-80.

Jenkins, D.J.A. 1982. Lente carbohydrate: A newer approach to the management of diabetes. *Diabetes Care* 5:634-39.

Jenkins, D.J.A., Wolever, T.M.S., Collier, G.R., Ocana, A., Rao, A.V., Buckley, G., Lam, Y., Mayer, A., and Thompson, L.U. 1987. Metabolic effects of a lowglycemic- index diet. *Am J Clin Nutr* 46:968.

Jones, W., Li, X., Qu, Z.C., et al. 2002. Uptake, recycling, and antioxidant actions of alpha-lipoic acid in endothelial cells. *Free Radic Biol Med* 33:83-93.

Kara, E., Gunay, M., Cicioglu, I., Ozal, M., Kilic, M., Mogulkoc, R., and Baltaci A.K. 2010. Effect of zinc supplementation on antioxidant activity in young wrestlers. *Biol Trace Elem Res* 134(1):55-63.

Katan, M.B., Zock, P.L., and Mensink, R.P. 1994. Effects of fats and fatty acids on blood lipids in humans: An overview. *Am J Clin Nutr* 60(Suppl 6):S1017-22.

Kather, H., Wieland, E., Scheurer, A., Vogel, G., Wildenberg, U., and Joost, C. 1987. Influences of variation in total energy intake and dietary composition in regulation of fat cell lipolysis in ideal-weight subjects. *J Clin Inv* 80(2):566-72.

Katsouyanni, K., Skalkidis, Y., Petridou, E., et al. 1991. Diet and peripheral arterial occlusive disease: The role of poly-, mono-, and saturated fatty acids. *Am J Epidemiol* 133(1):24-31.

Kawanaka, K., Han, D., Nolte, L.A., Hansen, P.A., Nakatani, A., and Holloszy, J.O. 1999. Decreased insulin-stimulated GLUT-4 translocation in glycogen-super compensated muscles of exercised rats. *AmJ Physiol Endocrinol Metab* 276:E907-12.

Kerksick, C., Harvey, T., Stout, J., Campbell, B., Wilborn, C., Kreider, R., Kalman, D., Ziegenfuss, T., Lopez, H., Landis, J., Ivy, J.L., and Antonio, J. 2008. International Society of Sports Nutrition position stand: Nutrient timing. *J Int Soc Sports Nutr* 5:17.

Keys, A., Menotti, A., Karvonen, J., et al. 1986. The diet and 15-year-death rate in seven countries study. *Am J Epidemiol* 124(6):903-15.

Kieffer, F. 1986. [Trace elements: Their importance for health and physical performance.] *Deut Zeit Sportmed* 37(4):118-23.

Kinnunen, S., Hyyppa, S., Oksala, N., Laaksonen, D.E., Hannila, M.L., Sen, C.K., and Atalay, M. 2009. Alpha-lipoic acid supplementation enhances heat shock protein production and decreases postexercise lactic acid concentrations in exercised standardbred trotters. *Res Vet Sci* May 7.

Kirkendall, D.T. 1990. Mechanisms of peripheral fatigue. *Med Sci Sports Exerc* 22(4):444-49.

Kleiner, S., and Greenwood-Robinson, M. 2007. *Power eating*, 3rd ed. Champaign, IL: Human Kinetics.

Knab, A.M., Shanely, R.A., Corbin, K., Jin, F., Sha, W., and Nieman. D.C. 2011. A 45-minute vigorous exercise bout increased metabolic rate for 14 hours. *Med Sci Sports Exerc* 43(9):1643-48. Epub 2011 Feb 8.

Kobayashi, J., Yokoyama, S., and Kitamura, S. 1995. Eicosapentaenoic acid modulates arachidonic acid metabolism in rat alveolar macrophages. *Prostaglandins Leukot Essent Fatty Acids* 52(4):259-62.

Kobayashi Matsui, H. 1983. Analysis of myoelectric signals during dynamic and isometric contraction. *Electromyog Clin Neurophysiol* 26:147-60.

Kruger, M.C. 1995. Eicosapentaenoic acid and docosahexaenoic acid supplementation increases calcium balance. *Nutr Res* 5:211-19.

Kuipers, H., and Keizer, H.A. 1988. Overtraining in elite athletes: Review and directions for the future. *Sports Med* 6:79-92.

Laires, M.J., and Monterio, C. 2008. Exercise, magnesium and immune function. *Magnes Res* 21(2):92-96.

Lamb, G.D., and Stephenson, D.G.; Bangsbo, J., and Juel, C.J. 2006. Point:Counterpoint: Lactic acid accumulation is an advantage/disadvantage during muscle activity. *J Appl Physiol* 100:1410-14.

Lambert, E.V., Hawley, J.A., Goedecke, J., Noakes, T.D., and Dennis, S.C. 1997. Nutritional strategies for promoting fat utilization and delaying the onset of fatigue during prolonged exercise. *J Sports Sci* 15(3):315-24.

Lapachet, R.A., Miller, W.C., and Arnall, D.A. 1996. Body fat and exercise endurance in trained rats adapted to a high-fat and/or high-carbohydrate diet. *J Appl Physiol* 80(4):1173-79.

Laricheva, K.A., Ialovaia, N.I., Shubin, V.I., Smirnov, P.V., and Beliaev, V.S. 1977. Use of the specialized protein product, SP-11, in the nutrition of highly trained sportsmen in heavy athletics. *Vopr Pitan* Jul-Aug(4):47-51.

Lateef, H., Aslam, M.N., Stevens, M.J., and Varani, J. 2005. Pretreatment of diabetic rats with lipoic acid improves healing of subsequently-induced abrasion wounds. *Arch Dermatol Res* 297(2):75-83.

Lavoie, J.M., Helie, R., Peronnet, F., Cousineau, D., and Provencher, P.J. 1985. Effects of muscle CHO-loading manipulations on hormonal responses during prolonged exercise. *Int J Sports Med* 6(2):95-99.

Lavy, A., Ben-Amotz, A., and Aviram, M. 1993. Preferential inhibition of LDL oxidation by the all-trans isomer of beta-carotene in comparison with 9-cis beta-carotene. *Eur J Clin Chem Clin Biochem* 31(2):83-90.

Lee, H.A., and Hughes, D.A. 2002. Alpha-lipoic acid modulates NF-kappaB activity in human monocytic cells by direct interaction with DNA. *Exp Gerontol* 37(2-3):401-10.

Leenen, R., Roodenburg, A.J., Vissers, M.N., Schuurbiers, J.A., van Putte, K.P., Wieman, S.A., and van de Put, F.H. 2002. Supplementation of plasma with olive oil phenols and extracts: Influence on LDL oxidation. *J Agric Food Chem* 50(5):1290-97.

Lefavi, R.G., Anderson, R.A., Keith, R.E., et al. 1992. Efficacy of chromium supplementation in athletes: Emphasis on anabolism. *Int J Sport Nutr* 2(2):111-22.

Lefebvre, P.J., and Scheen, A.J. 1995. Improving the action of insulin. *Medecine Clinique et Experimentale[Clin Invest Med* 18(4):340-47.

Lemon, P.W. 1998. Effects of exercise on dietary protein requirements. *Int J Sport Nutr* 8(4):426-47.

Lemon, P.W. 2000. Beyond the zone: Protein needs of active individuals. *J Am Coll Nutr* Oct19(Suppl 5):S513-21.

Lichtenstein, A.H., Ausman, L.M., Carrasco, W., et al. 1993. Effects of canola, corn, and olive oils on fasting and postprandial plasma lipoproteins in humans as part of a National Cholesterol Education Program Step 2 diet. *Arterioscl Thromb* 13(10):1533-42.

Lichtenstein, A.H., Ausman, L.M., Carrasco, W., et al. 1994. Rice bran oil consumption and plasma lipid levels in moderately hypercholesterolemic humans. *Arterioscl Thromb* 14(4):549-56.

Liu, S., Baracos, V.E., Quinney, H.A., and Clandinin, M.T. 1994. Dietary omega-3 and polyunsaturated fatty acids modify fatty acyl composition and insulin binding in skeletal-muscle sarcolemma. *Biochem J* 299(Pt 3):831-37.

Lukasju, H.C.L. 2005. Low dietary zinc decreases erythrocyte carbonic anhydrase activities and impairs cardiorespiratory function in men during exercise. Am J Clin Nutr 81:1045-51.

Maassen, N., and Schneider, G. 1997. Mechanism of fatigue in small muscle groups. Int J Sports Med 18(4):S320-21.

Magistretti, P.J., and Pellerin, L. 2000. Functional brain imaging: Role metabolic coupling between astrocytes and neurons. Rev Med Suisse Romande 120(9):739-42.

Mai, K., Bobbert, T., Kullmann, V., Anders, J., Rochlitz, H., Osterhoff, M., Weickert, M.O., Bahr, V., Mohlig, M., Pfeiffer, A.F., Diederich, S., and Spranger, J. 2006. Free fatty acids increase androgen precursors in vivo. J Clin Endocrinol Metab 91(4):1501-7.

Malomsoki, J. 1983. [The improvement of sports performance by means of complementary nutrition]. Sportorvosi szemle [Hungarian Review of Sports Medicine] 24(4):269-82.

Manninen, A.H. 2006. Hyperinsulinaemia, hyperaminoacidaemia and postexercise muscle anabolism: The search for the optimal recovery drink. Br J Sports Med 40(11):900-905.

Mantzioris, E., James, M.J., Givson, R.A., and Cleland, L.G. 1995. Differences exist in relationships between dietary linoleic and alpha-linolenic acids and their respective long-chain metabolites. Am

J Clin Nutr 61(2):320-24.

Margaritis, I., Rousseau, A.S., Hininger, I., Palazzetti, S., Arnaud, J., and Roussel, A.M. 2005. Increase in selenium requirements with physical activity loads in well-trained athletes is not linear. Biofactors 23(1):45-55.

Mariotti, F., Mahe, S., Luengo, C., Benamouzig, R., and Tome, D. 2000. Postprandial modulation of dietary and whole-body nitrogen utilization by carbohydrates in humans. Am J Clin Nutr 72:954-62.

Marsden, C.D., Meadows, J.C., and Merton, P.A. 1971. Isolated single motor units in human muscle and their rate of discharge during maximum voluntary effort. J Physiol (London) 217:12P.

Massaro, M., Carluccio, M.A., and De Caterina, R. 1999. Direct vascular antiatherogenic effects of oleic acid: A clue to the cardioprotective effects of the Mediterranean diet. Cardiologia 44(6):507-13.

Matsuda, J.J., Zermocle, R.F., Vailus, A.C., Perrini, V.A., Pedrini-Mille, A., and Maynard, J.A. 1986. Structural and mechanical adaptation of immature bone to strenuous exercise. J Appl Physiol 60(6):2028-34.

Mauras, N., and Beaufrere, B. 1995. Recombinant human insulin-like growth factor-1 enhances whole body protein anabolism and significantly diminishes the protein catabolic effects of prednisone in humans without a diabetogenic effect. *J Clin Endocrinol Metab* 80(3):869-74.

May, M.E., and Buse, M.G. 1989. Effects of branched-chain amino acids on protein turnover. *Diab Metab Rev* 5(3):227-45.

Mcbride, J.M., Kraemer, W.J., Triplett-Mcbride, T., and Sebastianelli, W. 1998. Effect of resistance exercise on free radical production. *Med Sci Sports Exerc* (3):67-72.

McCall, G.E., Byrnes, W.C., Dickinson, A., Pattany, P.M., and Fleck, S.J. 1996. Muscle fiber hypertrophy, hyperplasia and capillary density in college men after resistance training. *J Appl Physiol* 81:2004-12

McCarger, L.J., Baracos, V.E., and Calandinin, M.T. 1989. Influence of dietary carbohydrate-to-fat ratio on whole body nitrogen retention and body composition in adult rates. *J Nutr* 199(9):1240-45.

McCusker, R.R., Fuehrlein, B., Goldberger, B.A., Gold, M.S., and Cone, E.J. 2006. Caffeine content of decaffeinated coffee. *J Anal Toxicol* 30(8):611-13.

McCusker, R.R., Goldberger, B.A., and Cone, E.J. 2003. Caffeine content of specialty coffees. *J Anal Toxicol* 27:520-22.

McNamara, D.J. 1992. Dietary fatty acids, lipoproteins, and cardiovascular disease. *Adv Food Nutr Res* 36:253-351.

McNaughton, L.R. 1986. The influence of caffeine ingestion on incremental treadmill running. *Br J Sports Med* 20(3):109-12.

Melo, G.L., and Cararelli, E. 1994-1995. Exercise physiology laboratory manual, 25.

Mendelson, J.H., Mello, N.K., Teoh, S.K., Ellingboe, J., and Cochin, J. 1989. Cocaine effects on pulsatile secretion of anterior pituitary, gonadal and adrenal hormones. *J Clin Endocrinol Metab* 69(6):1256-60.

Mensink, R.P., Zock, P.L., Katan, M.B., and Hornstra, G. 1992. Effect of dietary cis and trans fatty acids on serum lipoprotein[a] levels in humans. *J Lipid Res* 33(10):1493-501.

Metges, C.C., and Barth, C.A. 2000. Metabolic consequences of a high dietaryprotein intake in adulthood: Assessment of the available evidence. *J Nutr* 130:886-89.

Miller, B.F. 2007. Human muscle protein synthesis after physical activity and feeding. *Exerc Sport Sci Rev* 35(2):50-55.

Miller, C.C., Park, Y., Pariza, M.W., and Cook, M.E. 1994. Feeding conjugated linoleic acid to animals partially overcomes catabolic responses due to endotoxin injection. *Biochem Biophysic Res Comm* 198(3):1107-12.

Millward, D.J. 1999. Optimal intakes of protein in the human diet. *Proc Nutr Soc* 58(2):403-13.

Morgan, R.E., and Adamson, G.T. 1959. *Circuit weight training.* London: Bell.

Morifuji, M., Sakai, K., Sanbongi, C., and Sugiura, K. 2005. Dietary whey protein increases liver and skeletal muscle glycogen levels in exercise-trained rats. *Br J Nutr* 93(4):439-45.

Moritani, T., and deVries, H.A. 1987. Re-examination of the relationship between the surface integrated electromyogram (IEMG) and force of isometric contraction. *Am J Physiol Med* 57:263-77.

Moritani, T., Muro, M., and Nagata, A. 1986. Intramuscular and surface electromyogram changes during muscle fatigue. *J Appl Physiol* 60:1179-85.

Mozaffarian, D., Katan, M.B., Ascherio, A., Stampfer, M.J., and Willett, W.C. 2006. Trans fatty acids and cardiovascular disease. *N Engl J Med* 354:1601-13.

Muthalib, M., Lee, H., Millet, G., Ferrari, M., and Nosaka, K. 2010. *J Appl Physiol* 109:710-20.

National Research Council. 1989. Protein and amino acids. In *Recommended dietary allowances,* 10th ed. Washington, DC: National Academy Press.

Nawrot, P., Jordan, S., Eastwood, J., Rotstein, J., Hugenholtz, A., and Feeley, M. 2003. Effects of caffeine on human health. *Food Addit Contam* 20(1):1-30.

Nelson, A.G., and Kokkonen, J. 2007. *Stretching anatomy.* Champaign, IL: Human Kinetics.

Newman, K.P., Neal, M.T., Roberts, M., Goodwin, K.D., Hatcher, E.A., and Bhattacharya, S.K. 2007. The importance of lost minerals in heart failure. *Cardiovasc Hematol Agents Med Chem* 5(4):295-99.

Ni, J.S., Wu, J.X., and Xiao, R.Q. 1994. The preventative and curative action of fish oil compound on early atherosclerotic lesions in the aortic of diabetic rats. *Chung-Hua Ping Li Hsueh Tsa Chih[Chinese Journal of Pathology]* 23(1):31-33.

Nielsen, F.H., and Lukaski, H.C. 2006. Update on the relationship between magnesium and exercise. *Magnes Res* 19(3):180-89.

Nielsen, O.B., de Paoli, F., and Overgaard, K. 2001. Protective effects of lactic acid on force production in rat skeletal muscle. *J Physiol* 536(Pt 1):161-66.

Nosaka, K., Newton, M., and Sacco P. 2002. Muscle damage and soreness after endurance exercise of the elbow flexors. *Med Sci Sports Exerc* 34(6):920-27.

Noth, R.H., and Walter, R.M. 1984. The effects of alcohol on the endocrine system. *Med Clin North*

Am 68(1):13346.

Nybo, L. 2008. Hyperthermia and fatigue. *J Appl Physiol* 104:871-78.

Nybo, L., and Nielsen, B. 2001. Hyperthermia and central fatigue during prolonged exercise in humans. *J Appl Physiol* 91:1055-60.

Obici, S., Feng, Z., Morgan, K., Stein, D., Karkanias, G., and Rossetti, L. 2002. Central administration of oleic acid inhibits glucose production and food intake. *Diabetes* 51(2):271-75.

Ohtsuka, A., Hayashi, K., Noda, T., and Tomita, Y. 1992. Reduction of corticosterone- induced muscle proteolysis and growth retardation by a combined treatment with insulin, testosterone and high protein-high-fat diets in rats. *J Nutr Sci Vitaminol* 38(1):83-92.

Opstad, P.K., and Asskvaag, A. 1983. The effect of sleep deprivation on the plasma levels of hormones during prolonged physical strain and calorie deficiency. *Eur J Appl Phys Occup Phys* 51(1):97-107.

O'Sullivan, U.P., Gluckman, D., Breier, B.H., et al. 1989. Insulin-like growth factor-1 (IGF-1) in mice reduces weight loss during starvation. *Endocrinology* 125:2793-95.

Oteiza, P.I., Olin, K.L., Fraga, C.G., and Keen, C.L. 1995. Zinc deficiency causes oxidative damage to proteins, lipids and DNA in rat testes. *J Nutr* 125(4):823-29.

Packer, L. 1997. Oxidants, antioxidant nutrients and the athlete. *J Sports Sci* 15(3):353-63.

Packer, L. 1998. Alpha lipoic acid: A metabolic antioxidant which regulates NFkappaB signal transduction and protects against oxidative injury. *Drug Metab Rev* 30:245-75.

Packer, L., and Landvik, S.I. 1989. Vitamin E: Introduction to biochemistry and health benefits. *Ann NY Acad Sci* 570:1-6.

Packer, L., Tritschler, H.J., and Wessel, K. 1997. Neuroprotection by the metabolic antioxidant alpha-lipoic acid. *Free Radic Biol Med* 22(1-2):359-78.

Packer, L., Witt, E.H., and Tritschler, H.J. 1995. Alpha-lipoic acid as a biological antioxidant. *Free Radic Biol Med* 19:227-50.

Paffenbarger, R.S., Jr., Kampert, J.B., Lee, I.M., et al. 1994. Changes in physical activity and other lifeway patterns influencing longevity. *Med Sci Sports Exerc* 26(7):857-65.

Palaniappan, A.R., and Daim A. 2007. Mitochondrial ageing and the beneficial role of alpha-lipoic acid. *Neurochem Res* 32(9):1552-58.

Pariza, M.W., Ha, Y.L., Benjamin, H., et al. 1991. Formation and action of anticarcinogenic fatty acids. *Adv Exper Med Biol* 289:269-72.

Parrish, C.C., Pathy, D.A., and Angel, A. 1990. Dietary fish oils limit adipose tissue hypertrophy in rats. *Metabolism: Clin Exp* 39(3):217-19.

Parrish, C.C., Pathy,D.A., Parkes, J.G., and Angel, A. 1991. Dietary fish oils modify adipocyte structure and function. *J Cell Phys* 148(3):493-502.

Patrick, L. 2002. Mercury toxicity and antioxidants: Part1: Role of glutathione and alpha-lipoic acid in the treatment of mercury toxicity. *Altern Med Rev* 7(6):456-71.

Pedersen, B.K., Steensberg, A., and Schjerling, P. 2001. Muscle-derived interleukin- 6: Possible biological effects. *J Physiol* 536(Pt 2):329-37.

Philip, W., James, T., and Ralph, A. 1992. Dietary fats and cancer. *Nutr Res* 12 (Suppl):S147-58.

Pitsiladis, Y.P., Smith, I., and Maughan, R.J. 1999. Increased fat availability enhances the capacity of trained individuals to perform prolonged exercise. *Med Sci Sports Exercise* 21(11):1570-79.

Podda, M., Tritschler, H.J., Ulrich, H., et al. 1994. Aplha-lipoic acid supplementation prevents symptoms of vitamin E deficiency. Biochem *Biophys Res Commun* 204:98-104.

Pogliaghi, S., and Veicstenias, A. 1999. Influence of low and high dietary fat on physical performance in untrained males. *Med Sci Sports Exerc* 31(1):149-55.

Posterino, G.S., Dutka, T.L., and Lamb, G.D. 2001. L(+)-lactate does not affect twitch and tetanic responses in mechanically skinned mammalian muscle fibres. *Pflugers Arch* 442(2):197-203.

Powers, M.*Guide to eating right when you have diabetes*. Hoboken, NJ: John Wiley & Sons. 2003: 130, 139.

Powers, S., and Howley, E. 2009. *Exercise physiology: Theory and application to fitness and performance*, 7th ed. New York: McGraw-Hill.

Prasad, A.S. 1996. Zinc deficiency in women, infants and children. *J Am Coll Nutr* 15(2):113-20.

Prentice, W.J. 1990. *Rehabilitation techniques in sports medicine*. Toronto: Times Mirror/Mosby College.

Proske, U., and Allen, T. 2005. Damage to skeletal muscle from eccentric exercise. *Exerc Sport Sci Rev* 33:98-104.

Rabast, U., Kasper, H., and Schonborn, J. 1978. Comparative studies in obese subjects fed carbohydrate-restricted and high carbohydrate 1,000-calorie formula diets. *Nutr Metab* 22(5):269-77.

Reid, M.B., Haack, K.E., Franchek, K.M., et al. 1992. Reactive oxygen in skeletal muscle. I. Intracellular oxidant kinetics and fatigue in vitro. *J Appl Physiol* 73(5):1797-804.

Ren, J.M., Semenkovich, C.F., Gulve, E.A., Gao, J., and Holloszy, J.O. 1994. Exercise induces rapid increases in GLUT4 expression glucose transport capacity and insulin-stimulated glycogen storage in muscle. *J Biol Chem* 269(20):14396-401.

Rennie, M.J., MacLennan, P.A., Hundal, H.S., et al. 1989. Skeletal muscle glutamine transport, intramuscular glutamine concentration, and muscle-protein turnover. *Metabolism* 38(Suppl 8):47-51.

Richardson, J.H., Palmerton, T., and Chenan, M. 1980. Effect of calcium on muscle fatigue. *J Sports Med Phys Fit* 20(2):149-51.

Rizza, R.A., Mandarino, L.J., and Gerich, J.E. 1982. Cortisol-induced insulin resistance in man: Impaired suppression of glucose production and stimulation of glucose utilization due to a postreceptor defect of insulin action. *J Clin Endocrinol Metab* 54:131-38.

Rose, D.P., Cannolly, J.M., Rayburn, J., and Coleman, M. 1995. Influence of diets containing eicosapentaenoic or docosahexaenoic acid on growth and metastasis of breast cancer cells in nude mice. *J Natl Cancer Inst* 87(8):587-92.

Rothman, R.L., Housam, R., Weiss, H., Davis, D., Gregory, R., Gebretsadi, T., Shintani, A., and Elasy,

T.A. 2006. Patient understanding of food labels: The role of literacy and numeracy. *Am J Prev Med* 31(5):391-98.

Roy, B.D., and Tarnopolsky, M.A. 1998. Influence of differing macronutrient intakes on muscle glycogen resynthesis after resistance exercise. *J Appl Physiol* 84(3):890-96.

Ruegg, J. 1992. *Calcium in muscle activation.* Berlin: Springer-Verlag.

Ryschon, T.W., Fowler, M.D., Wysong, R.E., Anthony, A.R., and Balaban, R.S. 1997. Efficiency of human skeletal muscle in vivo: comparison of isometric, concentric, and eccentric muscle action. *J Appl Physiol* 83:867-74.

Sacheck, J., and Blumberg, J. 2001. Role of vitamin E and oxidative stress in exercise. *Nutrition* 17(10):809-814.

Sahlin, K. 1986. Metabolic changes limiting muscular performance. *Biochem Exerc* 16:22-31, 42-53.

Sallinen, J., Pakarinen, A., Ahtiainen, J., Kraemer, W.J., Volek, J.S., and Hakkinen, K. 2004. Relationship between diet and serum anabolic hormone responses to heavy resistance exercise in strength athletes and physically active males. *Int J Sports Med* 25:624-33.

Sallinen, J., Pakarinen, A., Fogelholm, M., Alen, M., Volek, J.S., Kraemer, W.J., and Hakkinen, K. 2007. Dietary intake, serum hormones, muscle mass and strength during strength training in 49-73 year old men. *Int J Sports Med* 28(12):1070-76.

Sanchez-Gomez, M., Malmlof, K., Mejia, W., Bermudez, A., Ochoa, M.T., Carrasco- Rodriguez, S., and Skottner, A. 1999. Insulin-like growth factor-I, but not growth hormone, is dependent on a high protein intake to increase nitrogen balance in the rat. *Br J Nutr* 81(2):145-52.

Sandretto, A.M., and Tsai, A.C. 1988. Effects of fat intake on body composition and hepatic lipogenic enzyme activities of hamsters shortly after exercise cessation. *Amer J Clin Nutr* 47(2):175-79.

Sangha, O., and Stucki, G. 1998. Vitamin E in therapy of rheumatic diseases. *Z Rheumatol* 57(4):207-14.

Saxton, J.M., and Donnelly, A.E. 1995. Light concentric exercise during recovery from exercise-induced muscle damage. *Int J Sports Med* 16(6):347-51.

Sayers, S.P., Clarkson, P.M., and Lee, J. 2000. Activity and immobilization after eccentric exercise: I. Recovery of muscle function. *Med Sci Sports Exerc* 32(9):1587-92.

Schoenle, E., Zapf, J., Humbrel, R.E., and Froesch, E.R. 1982. Insulin-like growth factor-1 stimulates growth in hypophysectomized rats. *Nature* 296:252-53.

Schurch, P.M., Hillen, M., Hock, A., Feinendengen, L.E., and Hollmann, W. 1979.

Possibilities of calculating the fat-free body mass and its reaction to a carbohydrate- poor, fat-rich diet. *Infusionstherapie und Kinische Ernahrung* 6(5):311-14.

Schurch, P.M., Reinke, A., and Hollmann, W. 1979. Carbohydrate-reduced diet and metabolism: About the influence of a 4-week isocaloric, fat-rich, carbohydratereduced diet on body weight and metabolism. *Med Klin Munich* 74(36):1279-85.

Sebokova, E., Gar, M.L., Wierzbicki, A., et al. 1990. Alteration of the lipid composition of rat testicular plasma membranes by dietary (n-3) fatty acids changes the responsiveness of Leydig cells and testosterone synthesis. *J Nutr* 120(6):610-18.

Shamoon, H., Soman, V., and Sherwin, R.S. 1980. The influence of acute physiological increments of cortisol on fuel metabolism and insulin binding in monocytes in normal humans. *J Clin Endocrinol Metab* 50:495-501.

Sherwood, L. 1993. *Human physiology from cells to systems*, 2nd ed. St. Paul, MN: West.

Shultz, T.D., Chew, B.P., Seaman, W.R., and Luedecke, L.O. 1992. Inhibitory effect of conjugated dienoic derivatives of linoleic acid and beta-carotene on the in vitro growth of human cancer cells. *Cancer Letters* 63(2):125-33.

Sidery, M.B., Gallen, I.W., and Macdonald, I.A. 1990. The initial physiological responses to glucose ingestion in normal subjects are modified by a 3 day highfat diet. *Br J Nutr* 64(3):705-13.

Sies, H., Stahl, W., and Sundquist, A.R. 1992. Antioxidant functions of vitamins. Vitamins E and C, beta-carotene, and other carotenoids. *Ann NY Acad Sci* 669:7-20.

Simmons, P.S., Miles, J.M., Gerich, J.E., et al. 1984. Increased proteolysis: An effect of increases in plasma cortisol within the physiological range. *J Clin Invest* 73:412-20.

Simopoulos, A.P. 1999. Essential fatty acids in health and chronic disease. *Amer J Clin Nutr* 70:S560-69.

Simopoulos, A.P. 2008. The importance of the omega-6/omega-3 fatty acid ratio in cardiovascular disease and other chronic diseases. *Exper Biol Med* 233:674-88.

Sjogren, K., Leung, K.C., Kaplan, W., Gardiner-Garden, M., Gibney, J., and Ho, K.Y. 2007. Growth hormone regulation of metabolic gene expression in muscle: A microarray study in hypopituitary men. *Am J Physiol Endocrinol Metab* 293:E364-71.

Soszynski, P.A., and Frohman, L.A. 1992. Inhibitory effects of ethanol on the growth hormone (GH)-releasing hormone-GH-insulin-like growth factor-I axis in the rat. *Endocrinology* 131(6):2603-8.

Starkey, D.B., Pollock, M.L., Ishida, Y., Welsh, M.A., Breshue, W.F., Graves, J.F., and Feigembaum, M.S. 1996. Effect of resistance training volume on strength and muscle thickness. *Med Sci Sports Exerc* 28:1311-20.

Staron, R.S., Karapondo, D.L., Kraemer, W.J., Fry, A.C., Gordon, S.E., Falkel, J.E., Hagerman, F.C., and Hikida, R.S. 1994. Skeletal muscle adaptations during early phase of heavy resistance training in men and women. *J Appl Physiol* 76:1247-55.

Steck, S.E., Chalecki, A.M., Miller, P., Conway, J., Austin, G.L., Hardin, J.W., Albright, C.D., and Thuillier, P. 2007. Conjugated linoleic acid supplementation for twelve weeks increases lean body mass in obese humans. *J Nutr* 137:1188-1193.

Swolin, D., Brantsing, C., Matejka, G., and Ohlsson, C. 1996. Cortisol decreases IGF-1 mRNA levels in human osteoblast-like cells. *J Endocrinol* 149(3):397-403.

Taouis, M., Dagou, C., Ster, C., Durand, G., Pinault, M., and Delarue, J. 2002. N-3 polyunsaturated fatty acids prevent the defect of insulin receptor signaling in muscle. *Am J Physiol Endocrinol Metab* 282(3):E664-71.

Terjung, R.L., and Hood, D.L. 1986. Biochemical adaptation in skeletal muscle induced by exercise training. *J Appl Physiol* 70:1021-28.

Tesch, P.A., Colliander, E.G., and Kaiser, P. 1986. Muscle metabolism during intense, heavy-resistance exercise. *Eur J Appl Physiol Occup Ther*. 55:362-366.

Thirunavukkarasu, V., Nandhini, A.T., and Anuradha, C.V. 2004. Fructose dietinduced skin collagen abnormalities are prevented by lipoic acid. *Exp Diabesity Res* 5(4):237-44.

Thompson, J.R., and Wu, G. 1991. The effect of ketone bodies on nitrogen metabolism in skeletal muscle. *Comp Biochem Physiol* 100(2):209-16.

Tipton, K.D., Ferrando, A.A., Phillips, S.M., Doyle, D., Jr., and Wolfe, R.R. 1999.

Postexercise net protein synthesis in human muscle from orally administered amino acids. *Am J Physiol* 276:E628-34.

Tipton, K.D., Rasmussen, B.B., Miller, S.L., Wolf, S.E., Owens-Stovall, S.K., Petrini, B.E., and Wolfe, R.R. 2001. Timing of amino acid-carbohydrate ingestion alters anabolic response of muscle to resistance exercise. *Am J Physiol Endocrinol Metab* 281(2):E197-206.

Tomobe, Y.I., Morizawa, K., Tsuchida, M., Hibino, H., Nakano, Y., and Tanaka, Y. 2000. Dietary docosahexaenoic acid suppresses inflammation and immunoresponses in contact hypersensitivity reaction in mice. *Lipids* 35(1):61-69.

Tsai, A.C., and Gong, T.W. 1987. Modulation of the exercise and retirement effects by dietary fat intake in hamsters. *J Nut* 117(6):1149-53.

Tuohimaa, P., Keisala, T., Minasyan, A., Cachat, J., and Kalueff, A. 2009. Vitamin D, nervous system and aging. *Psychoneuroendocrino*. 1:S278-286.

Underwood, L.E., D'Ercole, A.J., Clemmons, D.R., and Van Wyk, J.J. 1986. Paracrine functions of somatomedins. *J Clin Endocrinol Metab* 15:5-77.

Urban, R.J., Bodenburg, Y.H., Gilkison, C., Foxworth, J., Coggan, A.R., Wolfe, R.R., and Ferrando, A. 1995. Testosterone administration to elderly men increases skeletal muscle strength and protein synthesis. *Am J Physiol Endocrinol Metab* 269:E820-26.

U.S. Food and Nutrition Board. 1989. *Recommended dietary allowances*, 10th ed. Washington, DC: National Academy Press.

Vincent, H.K., Bourguignon, C.M., Vincent, K.R., Weltman, A.L., Bryant, M., and Taylor A.G. 2006. Antioxidant supplementation lowers exercise-induced oxidative stress in young overweight adults. *Obesity* 14(12):2224-35.

Vissers, M.N., Zock, P.L., Roodenurg, A.J., Leenen, R., and Katan, M.B. 2002. Olive oil phenols are absorbed in humans. *J Nutr* 50(5):1290-97.

Von Schacky, C. 2000. N-3 fatty acids and the prevention of coronary atherosclerosis. *Am J Clin Nutr* 71(Suppl 1):S224-27.

Wahle, K.W., Caruso, D., Ochoa, J.J., and Quiles, J.L. 2004. Olive oil and modulation of cell signaling in disease prevention. *Lipids* 39(12):1223-31.

Wahrburg, U., Martin, H., Sandkamp, M., Schulte, H., and Assmann, G. 1992. Comparative effects of a recommended lipid-lowering diet vs a diet rich in monounsaturated fatty acids on serum lipid profiles in healthy young adults. *Am J Clin Nutr* 56(4):678-83.

Wang, C., Caitlin, D.H., Starcevic, B., et al. 2005. Low-fat high fiber diet decreased serum and urine androgens in men. *J Clin Endocrinol Metab* 90(6):3550-59.

Wardlaw, G.M., and Insel, P.M. 1990. *Perspectives in nutrition*. St. Louis: Times Mirror/Mosby.

Wells, G. 2007. *Speeding recovery from training*.

Westerblad, H., Allen, D.G., Bruton, J.D., Andrade, F.H., and Lannergren, J. 1998. Mechanisms underlying the reduction of isometric force in skeletal muscle fatigue. *Acta Physiol Scand* 162:253-60.

Westerblad, H., Bruton, J.D., Allen, D.G., and Lannergren, J. 2000. Functional significance of calcium in long-lasting fatigue of skeletal muscle. *Eur J Appl Physiol* 83:166-74.

Westman, E.C., Yancy, W.S., Edman, J.S., Tomlin, K.F., and Perkins, C.E. 2002. Effect of 6-month adherence to a very low carbohydrate diet program. *Am J Med* 112(1):30-36.

Whitney, E., and Rolfes, S.R. 2008. *Understanding nutrition*, 11th ed. Independence, KY: Thomson Wadsworth.

Williams, J.H. 1991. Caffeine, neuromuscular function and high-intensity exercise performance. *J Sports Med Phys Fitness* 31(3):481-89.

Willit, W.C., Stampfer, M.J., Manson, J.E., et al. 1993. Intake of trans fatty acids and risk of coronary heart disease among women. *Lancet* 341(8845):581-85.

Wilmore, J.H., and Costill, D.L. 1999. *Physiology of sports and exercise*. Champaign, IL: Human Kinetics.

Wolfe, R.R. 2000. Protein supplements and exercise. *Am J Clin Nutr* 72:S551-57.

Wozniak, A.C., Kong, J., Bock, E., Pilipowicz, O., and Anderson, J.E. 2005. Signaling satellite-cell activation in skeletal muscle: Markers, models, stretch, and potential alternative pathways. *Muscle Nerve* 31:283-300.

Yancy, W.S., Jr., Olsen, M.K., Guyton, J.R., Bakst, R.P., and Westman, E.C. 2004. A low-carbohydrate, ketogenic diet versus a low-fat diet to treat obesity and hyperlipidemia: A randomized, controlled trial. *Ann Intern Med* 140:769-77.

Yoshida, H., and Kajimoto, G. 1989. Effect of dietary vitamin E on the toxicity of autoxidized oil to rats. *Ann Nutr Metab* 33(3):153-61.

Zafarullah, M., Li, W.Q., Sylvester, J., and Ahmad, M. Molecular mechanisms of N-acetylcysteine actions. *Cell Mol Life Sci* 60(1):6-20.

Zapf, J.C., Schmid, H., and Froesch, E.R. 1984. Biological and immunological properties of insulin-like growth factors I and II. *Clin Endocrinol Metab* 13:3-30.

Zorzano, A., Palacin, M., and Guma, A. 2005. Mechanisms regulating GLUT4 glucose transporter expression and glucose transport in skeletal muscle. *Acta Physiol Scand* 183(1):43-58.

关于作者

图德·O.邦帕（Tudor O. Bompa），博士，他于 1963 年在罗马尼亚推行其开创性的周期化理论，革新了西方的训练方法。在采用其训练体系后，东欧国家在 20 世纪 70 年代和 80 年代主宰了国际体育赛事。1988 年，邦帕博士将其周期化原则应用于健美运动。他亲自训练了 11 名奥运会获奖者（包括 4 名金牌得主），并成为全球各地的教练和运动员的顾问。

邦帕博士关于训练方法的著作 *Theory and Methodology of Training: The Key to Athletic Performance and Periodization of Training for Sports*，已被翻译成 17 种语言，在 130 多个国家中用于运动员的训练，以及教练的教育和认证。邦帕受邀在 30 多个国家进行关于训练的演讲，并获得过阿根廷文化部、澳大利亚体育委员会、西班牙奥委会和国际奥委会等知名组织的荣誉证书和认可。

作为加拿大奥林匹克协会和罗马尼亚国家体育委员会的成员，邦帕博士还是约克大学的名誉教授，自 1987 年以来一直在该校教授训练理论。他和妻子塔马拉（Tamara）住在安大略省的沙龙。

莫罗·迪·柏斯古（Mauro Di Pasquale），医学博士，专门研究营养和运动医学的医生，在多伦多大学花了 10 年来教学和研究营养补剂及运动用药。他撰写了 *Bodybuilding Supplement Review* 和 *Amino Acids and Proteins for the Athlete*，并为 *Muscle and Fitness*、*Flex*、*Men's Fitness*、*Shape*、*Muscle Media* 和 *Ironman* 等杂志撰写过数百篇文章。迪·柏斯古的力量举运动员生涯超过 20 年，在 1976 年赢得了力量举的世界冠军，并在 1981 年的世界运动会再次夺冠。

迪·柏斯古从多伦多大学获得了医学学士学位，并且是获得认证的医学审查专家。他目前是国际力量举联合会（International United Powerlifting Federation）主席和泛美力量举联合会（Pan American Powerlifting Federation）主席，居住在安大略省。

作为美国国家摔跤联盟（National Wrestling Alliance, NWA）的前职业摔跤手、健美运动员和运动学家，洛伦佐·J.科内齐（Lorenzo J. Cornacchia）已经领导了大量肌电图（EMG）研究，以确定哪些练习可以产生最大量的肌肉电刺激。1992年，他与邦帕博士及多位同事合作研究，使用科学方法，对健美运动员在周期化训练方法、体能增强剂加典型的健身训练方法，以及周期化方法结合体能增强剂的三种情况确定使用效果。*Ironman* 杂志在1994年5月的"周期化与类固醇的比较"（Periodization vs. Steroids）一文中发表了该研究结果。科内齐还在迪·柏斯古博士的国际通讯、*Drugs in Sports* 和 *Anabolic Research Review* 上发表了结果。科内齐合作撰写了 *Periodization of Strength* 一书。他的 EMG 研究发表在 *Ironman's Ultimate Guide to Arm Training*（2001年）、*Ironman's Ultimate Bodybuilding Encyclopedia*（2002年）和 *Ironman's Ultimate Guide to Building Muscle Mass*（2003）。

科内齐是 *Ironman* 杂志的编辑和作者，负责一个名为 EMG Analysis（EMG 分析）的每月专栏，他还对肌电图进行大量研究，以确定哪些练习可以产生最大量的肌肉电激活。目前，他正在与迪·柏斯古博士合作研究补剂和代谢饮食。

科内齐从约克大学获得体育学士学位。目前，他是一家名称为 FFX 的健身机构的共有人，并且是 Pyrotek Special Effects 公司的总裁兼股东，他在该公司的大部分时间用于为格莱美奖、奥斯卡奖和 BET 奖等颁奖典礼，以及铁娘子乐队、范·海伦乐队、蕾哈娜、泰勒·斯威夫特和李尔·韦恩等艺人设计特效。科内齐居住在佛罗里达州迈阿密和内华达州拉斯维加斯。他最喜欢的消遣是观看辛辛那提孟加拉虎队的 NFL 比赛。

关于译者

李硕，首都体育学院运动科学与健康学院康复专业学士，北京体育大学运动人体科学专业运动解剖方向硕士。卡玛效能（Gamma Performance）联合创始人兼 CEO，"精准减脂""有氧训练专家"认证课程联合创始人、讲师，长期担任健身教练国家职业资格指导师和考评员。

杨斌，现任 Gamma Performance 首席技术官，"有氧训练专家""精准康复""定位伸展""BIOMECHANICS THERAPY"等认证课程标准制定者和创始人，国家体育总局行业职业技能鉴定专家委员会专家，曾担任 ACSM（美国运动医学会）、NSCA（美国国家体能协会）和 ISSA（国际运动科学协会）等国际协会的中国区讲师。